# PERESTROÏKA

Vues neuves sur notre pays
et le monde

MIKHAÏL GORBATCHEV

# PERESTROÏKA

## Vues neuves sur notre pays et le monde

FLAMMARION

Titre original : *Perestroïka. New thinking for our Country and the World*
Titre français : *Perestroïka. Vues neuves sur notre pays et le monde*


I.S.B.N. : 2-08-066136-1
Imprimé en France

# AU LECTEUR

En écrivant ce livre, j'ai voulu m'adresser directement aux peuples de l'Union soviétique et des États-Unis, ainsi, en fait, qu'à ceux de tous les pays.

J'ai rencontré des membres des gouvernements, des chefs d'État de nombreuses nations, ainsi que des représentants du peuple de ces nations, mais le but de cet ouvrage est de m'adresser sans intermédiaire aux citoyens du monde entier pour leur parler de questions qui nous concernent tous, sans exception.

J'ai écrit ce livre car je crois en leur bon sens. Je suis convaincu que, comme moi, ils s'inquiètent de l'avenir de notre planète. C'est là le point essentiel.

Nous devons nous rencontrer et discuter. Nous devons traiter les problèmes dans un esprit de coopération, plutôt que d'animosité. Je me rends bien compte que tout le monde n'est pas d'accord avec moi. Je ne serai d'ailleurs pas moi-même d'accord avec tout ce que les autres diront sur telle ou telle question. C'est ce qui fait que le dialogue est si important. Ce livre est ma contribution à ce dialogue.

*Perestroïka* n'est pas un traité scientifique ou un texte de propagande, bien que les vues que j'exprime, les conclusions et les approches analytiques que le lecteur y trouvera se fondent naturellement sur des valeurs définies et des prémisses théoriques. Il s'agit plutôt d'un ensemble d'idées et de réflexions sur la perestroïka, les problèmes que nous avons à résoudre, l'ampleur des changements à introduire, et sur la complexité, les responsabilités et le caractère unique de notre époque. J'ai volontairement évité d'encombrer cet ouvrage de faits, de chiffres et de détails. C'est un livre qui parle de nos projets, de la manière dont nous comptons les mettre en œuvre et qui est, je le répète, une invitation au dialogue. Une grande partie est consacrée à notre nouvelle mentalité politique et à la philosophie de notre politique étrangère. Et si ce livre contribue à renforcer la confiance entre les nations, je considérerai qu'il a rempli son rôle.

Qu'est-ce que la perestroïka, ou restructuration ? Pourquoi en avons-nous besoin ? De quoi est-elle faite et quels sont ses objectifs ? Qu'est-ce qu'elle rejette, qu'est-ce qu'elle crée ? Comment procède-t-elle et quelles pourraient être ses conséquences pour l'Union soviétique et la communauté mondiale ?

Telles sont les questions légitimes auxquelles beaucoup cherchent des réponses : hommes politiques et hommes d'affaires, universitaires et journalistes, enseignants et médecins, hommes d'Église, écrivains, étudiants, travailleurs, agriculteurs. Nombreux sont ceux qui souhaitent comprendre ce qui se passe vraiment en Union soviétique, en particulier dans la mesure où les journaux et la télévision, à l'Ouest continuent sporadiquement à faire preuve de malveillance à l'égard de mon pays.

La perestroïka est maintenant au centre de la vie intellectuelle de notre société. C'est bien naturel, puisque son objet est l'avenir de ce pays. Les transformations qu'elle apporte touchent toute la population soviétique, et ont trait aux questions les plus vitales. Chacun est anxieux de savoir dans quel type de société nous-mêmes, nos enfants et nos petits-enfants vivront.

D'autres pays socialistes manifestent un authentique et bien naturel intérêt pour la restructuration soviétique. Ces pays passent eux aussi par une difficile mais fondamentale période de recherche dans leur développement, inventant et expérimentant des manières d'accélérer la croissance économique et sociale. Leur succès dépendra largement de notre degré d'interaction, de nos réflexions et de nos réalisations communes.

L'intérêt actuel pour notre pays est donc bien compréhensible, en particulier si l'on considère son influence dans les affaires du monde.

Tenant compte de tous ces éléments, j'ai accepté d'écrire ce livre, à la demande d'éditeurs américains. Nous voulons être compris. L'Union soviétique traverse une période réellement décisive. Le Parti communiste a procédé à une analyse critique de la situation qui s'est développée au milieu des années quatre-vingt, et a formulé la politique de perestroïka — ou restructuration — une politique qui a pour but d'activer les progrès sociaux et économiques du pays et de créer un renouveau dans toutes les sphères de la vie. La population soviétique a compris et accepté cette politique. C'est toute la société que la perestroïka a mis en mouvement. Certes, notre pays est gigantesque, les problèmes s'y sont accumulés en grand nombre, et il ne sera pas facile de les résoudre; mais les changements ont commencé et la société ne peut revenir en arrière.

A l'Ouest, et y compris aux États-Unis, on interprète différemment la perestroïka. Certains considèrent qu'elle a été rendue obligatoire par l'état désastreux de l'économie soviétique, et qu'elle traduit une certaine désillusion vis-à-vis du socialisme ainsi qu'une crise de ses idéaux et de ses buts ultimes. Rien n'est plus loin de la vérité qu'une telle interprétation, quelles qu'en soient les motivations.

Bien entendu, l'évolution peu satisfaisante d'un certain nombre de choses dans notre pays, au cours de ces dernières années, a joué un rôle stimulant important. Mais infiniment plus profondément, on trouve à l'origine de la perestroïka cette prise de conscience : on a sous-employé le potentiel du socialisme. Nous nous en rendons tout particulièrement compte actuellement, en ce soixante-dixième anniversaire de notre Révolution. Nous disposons d'une assise matérielle solide, d'une vaste expérience et d'une large perspective mondiale pour perfectionner notre société de manière réfléchie et soutenue, en cherchant à tirer des bénéfices toujours plus grands en termes de quantité comme de qualité de toutes nos activités.

J'admets d'emblée que la perestroïka a soulevé plus de difficultés que ce à quoi nous nous attendions. Nous avons dû procéder à un certain nombre de réévaluations. Cependant, chaque pas en avant accompli nous convainc davantage d'avoir pris la bonne route et de faire ce qu'il fallait.

Certains disent que les buts ambitieux que s'est donnés la perestroïka dans notre pays sont à l'origine des propositions de paix que nous avons faites dans le domaine international. Il s'agit là d'une simplification abusive; on sait bien partout que l'Union soviétique travaille depuis longtemps en vue de la paix et de la coopération et qu'elle a avancé de nombreuses propositions, qui, si on les avait acceptées, auraient normalisé la situation internationale.

Il est vrai que nous avons besoin d'une situation internationale normale pour accomplir nos progrès internes. Nous voulons certes un monde débarrassé de la guerre, un monde sans course aux armements, un monde sans armes nucléaires et sans violence — mais pas seulement parce qu'un tel monde offrirait les conditions optimales pour notre développement interne. Il s'agit d'une exigence globale objective issue des réalités contemporaines.

Notre nouvelle attitude va plus loin. Le monde ne vit pas seulement dans une atmosphère de menace nucléaire; il connaît aussi des problèmes sociaux majeurs qui n'ont pas été résolus, de nouvelles tensions créées par les progrès scientifiques et technologiques, et l'exacerbation de problèmes d'ensemble. L'humanité est aujourd'hui confrontée à des interrogations sans précédents et son avenir est dans un équilibre périlleux si l'on ne trouve pas de solutions concertées. Tous les pays sont actuellement interdépendants comme ils ne l'ont jamais été, et l'accumulation des armes, en particulier des missiles nucléaires, augmente considérablement la probabilité de l'éclatement d'une guerre mondiale, même si elle n'a pas été voulue, même si elle est accidentelle et due à une défaillance technique ou à une erreur humaine. En ce cas, tout ce qui vit sur terre en pâtirait.

Tout le monde semble être d'accord pour dire qu'en cas de conflit nucléaire il n'y aurait ni vainqueurs ni vaincus. Il n'y aurait pas de survivants. Il s'agit d'une menace mortelle pour tout le monde.

Même si la perspective de la mort par la guerre nucléaire reste le plus terrifiant de tous les scénarios, le problème est plus vaste encore. La spirale de la course aux armements, jointe aux réalités militaires et politiques du monde et à la tradition persistante d'une réflexion politique d'avant le nucléaire, entravent la coopération entre les pays et les peuples, coopération qui — l'Est et l'Ouest sont d'accord là-dessus — est indispensable si les nations du monde veulent préserver l'intégrité de la nature, assurer l'usage rationnel et le renouvellement de ses ressources et par conséquent survivre comme il convient à des groupes humains.

Certes, le monde n'est plus ce qu'il était, et l'on ne peut régler les nouveaux problèmes qui l'assaillent en se fondant sur les solutions élaborées aux siècles précédents. Peut-on, par exemple, s'en tenir encore à cette idée que la guerre n'est que la continuation de la politique par d'autres moyens ?

Nous, dirigeants soviétiques, en sommes arrivés à la conclusion, sur laquelle nous insistons, que nous avons grand besoin d'un nouvel état d'esprit politique. Qui plus est, les dirigeants soviétiques déploient tous les efforts pour traduire en actes, et notamment dans le domaine du désarmement, ce nouvel état d'esprit. Voilà ce qui est à l'origine des initiatives de politique étrangère que nous avons honnêtement proposées au monde.

En ce qui concerne le domaine d'application de ce nouveau mode de pensée historique, il couvre sans aucun doute tous les problèmes fondamentaux de notre époque.

En dépit de toutes les contradictions du monde actuel, en dépit de la diversité des systèmes sociaux et politiques que l'on y trouve, comme des différents choix exercés à des époques différentes par les nations, ce monde constitue un tout. Nous sommes tous passagers d'un même vaisseau, la Terre, et nous devons faire en sorte qu'il ne fasse pas naufrage. Il n'y aura pas de seconde Arche de Noé.

La politique doit se fonder sur des réalités. Et la réalité la plus formidable au monde, aujourd'hui, réside dans les immenses arsenaux militaires, en armes conventionnelles comme nucléaires, des États-Unis et de l'Union soviétique. Ce fait donne à nos deux pays une responsabilité particulière par rapport au reste du monde. Conscients de cela, nous cherchons sincèrement à améliorer les relations américano-soviétiques et à atteindre au moins ce minimum de compréhension mutuelle qui est indispensable pour résoudre des problèmes cruciaux pour l'avenir du monde.

Nous affirmons ouvertement que nous rejetons les aspirations à l'hégémonie et les prétentions globales des États-Unis. Il y a certains aspects de la politique et du mode de vie américains que nous n'aimons pas. Mais nous respectons le droit du peuple américain, comme nous respectons celui de tout peuple, à vivre selon ses principes et ses lois, ses coutumes et ses goûts. Nous n'ignorons pas le rôle de premier plan joué par les États-Unis dans le monde actuel et nous en tenons compte; nous ne méconnaissons pas la contribution américaine à la civilisation mondiale, nous reconnaissons les intérêts légitimes des États-Unis et sommes conscients que, sans ce pays, il est impossible de se débarrasser de la menace d'une catastrophe nucléaire et d'assurer une paix durable. Nous n'avons aucune mauvaise intention envers le peuple américain. Nous ne demandons qu'à coopérer dans tous les domaines et sommes prêts à le faire.

Mais nous voulons coopérer sur un pied d'égalité, dans la compréhension mutuelle et dans la réciprocité. Nous nous sentons parfois déçus et éprouvons des doutes sérieux, lorsque, aux États-Unis, notre pays est traité en agresseur, en «empire du mal». On y répand sur nous toutes sortes d'histoires invraisemblables et mensongères; on fait preuve de méfiance et d'hostilité envers notre peuple; on impose toutes sortes de limitations et, simplement, on nous traite de façon fort peu civilisée. Il s'agit là d'une impardonnable myopie.

Le temps passe, et nous ne devons pas le gaspiller. Il nous faut agir. La situation ne nous permet pas d'attendre le moment idéal; c'est aujourd'hui que nous avons besoin d'un dialogue à la fois constructif et le plus ouvert possible. C'est dans ce but que nous établissons grâce à la télévision, des liens entre des villes américaines et soviétiques, entre des hommes politiques soviétiques et américains, entre des citoyens ordinaires, américains et soviétiques. Nos moyens de communication de masse présentent l'éventail complet des positions occidentales, y compris les plus conservatrices. Nous encourageons les contacts entre les tenants de points de vue et d'options politiques différents. Nous signifions ainsi notre conviction que de telles pratiques nous aident à nous diriger vers un monde plus acceptable pour les uns et les autres.

Nous sommes loin de considérer que notre approche est la seule bonne. Nous ne disposons d'aucune solution universelle, mais nous sommes prêts à coopérer en toute sincérité et honnêtement avec les États-Unis et les autres pays, en vue de chercher des réponses à tous les problèmes, même les plus ardus.

PREMIÈRE PARTIE

# PERESTROÏKA

CHAPITRE I

# La perestroïka : ses origines, son essence, son caractère révolutionnaire

Qu'est-ce que la perestroïka ? Qu'est-ce qui a fait naître l'idée d'une restructuration ? Que signifie-t-elle dans l'histoire du socialisme ? Qu'augure-t-elle pour les peuples de l'Union soviétique ? Comment peut-elle influer sur le monde extérieur ? Toutes ces questions agitent la société entière et font l'objet d'une intense discussion. Commençons par la première.

## *La perestroïka, une urgence*

Je crois qu'il faut avoir une chose présente à l'esprit lorsque l'on se penche sur les origines et l'essence de la perestroïka en U.R.S.S. Il ne s'agit pas du caprice de quelques individus ambitieux ou d'un groupe de dirigeants. Si tel était le cas, ce ne sont pas les exhortations, les assemblées plénières, voire même un congrès du parti qui auraient pu rallier le peuple aux objectifs que nous nous sommes fixés et qui concernent chaque jour de plus en plus de citoyens soviétiques.

L'urgence de procéder à la perestroïka provient des profonds processus de développement à l'œuvre dans notre société socialiste. Celle-ci est mûre pour le changement; cela fait longtemps qu'elle le souhaite profondément. Tout retard dans la mise en œuvre de la perestroïka risquerait d'engendrer, dans un avenir proche, une situation interne exacerbée, laquelle, pour le dire nettement, serait marquée par des crises sérieuses dans les domaines social, économique et politique.

Nous avons tiré ces conclusions d'une vaste et franche analyse de la situation, conduite dans notre société vers le milieu des années quatre-vingt. Cette situation et les problèmes qu'elle soulève interpellent à l'heure actuelle les dirigeants de notre pays, dirigeants parmi lesquels des hommes nouveaux sont apparus au cours des dernières années. J'aimerais présenter ici les principaux résultats de cette analyse, qui nous a obligés à réévaluer nombre de choses et à nous référer à notre histoire, aussi bien récente que plus lointaine.

La Russie, où s'est produit une grande Révolution voici soixante-dix ans cette année, est un pays ancien avec une histoire unique, pleine de tentatives, de réussites et d'événements tragiques. Elle a donné au monde de nombreuses découvertes et a produit des personnalités hors du commun.

L'Union soviétique reste cependant un jeune État, sans équivalent dans l'histoire du monde moderne. Au cours des sept dernières décennies — une brève période comparée à l'histoire de la civilisation humaine — notre pays a franchi des siècles d'un bond. L'une des plus grandes puissances de la planète a vu le jour lorsqu'elle a remplacé l'Empire russe arriéré et son système à demi-colonial et à demi-féodal. Des forces productives considérables, un puissant potentiel intellectuel, une culture très développée, une communauté unique composée de plus de cent nations et nationalités, une solide protection sociale pour 280 millions de personnes sur un territoire qui couvre le sixième de la Terre — telles sont nos grandes et incontestables réussites, et c'est à juste titre que les citoyens soviétiques en sont fiers.

Je ne rappelle pas ces faits pour faire un portrait flatteur de ce qu'était ou de ce qu'est mon pays. Je ne voudrais pas passer pour un esprit chauvin, pour lequel tout ce qui est « mien » serait marqué du sceau de l'excellence et d'une incontestable supériorité. Ce sont de simples faits bien réels et authentiques que je viens de décrire, le produit visible du travail de plusieurs générations de nos citoyens. Il est également bien clair que ces progrès n'ont été rendus possibles, dans mon pays, que grâce à la Révolution; ils en sont le produit. Ils constituent les fruits du socialisme, avec son nouveau système social, et sont les résultats des choix historiques exercés par notre peuple. Ils sont l'œuvre de nos pères et de nos grands-pères, l'œuvre de millions d'ouvriers, de paysans et d'intellectuels, qui, il y a soixante-dix ans, ont pris sur leurs épaules la responsabilité directe de l'avenir de leur pays.

J'aimerais que le lecteur médite ces faits : sinon, il lui sera difficile de comprendre ce qui s'est passé et ce qui se passe dans notre société. Je reviendrai plus loin sur les aspects historiques de notre développement. Que l'on me permette tout d'abord d'expliquer la situation, loin d'être simple, qui s'est créée dans ce pays au cours des années quatre-vingt et qui a rendu la perestroïka nécessaire et inévitable.

A un certain moment — le phénomène est devenu particulièrement évident pendant la deuxième moitié des années soixante-dix — s'est produit quelque chose d'inexplicable à première vue. Ce pays a commencé à perdre son dynamisme. Les échecs économiques se mirent à devenir plus fréquents. Les difficultés s'accumulèrent, les choses se détériorèrent, les problèmes non résolus se multiplièrent. Des aspects de ce que l'on appelle la stagnation se mirent à faire leur apparition dans notre société, ainsi que d'autres phénomènes étrangers au socialisme. Il se forma une sorte de « mécanisme de freinage » qui affecta le développement sur les plans social et économique. Et tout cela se produisit en un temps où la révolution scientifique et technologique ouvraient de nouvelles perspectives aux progrès sociaux et économiques.

Il se passait quelque chose d'étrange : le gigantesque volant de la puissante machine tournait bien, mais l'engin dérapait, ou bien les courroies d'entraînement sautaient.

En analysant la situation, nous découvrîmes en premier lieu un ralentissement de la croissance économique. Au cours des quinze années qui avaient précédé, le taux de croissance du revenu national avait décliné de plus de cinquante pour cent pour tomber, au début des années quatre-vingt, à un niveau proche de la stagnation. Notre pays, qui jusqu'ici rattrapait peu à peu les nations les plus avancées du monde, voyait ses positions de plus en plus menacées. De plus le fossé, en efficacité de production, qualité des produits, développement scientifique et technique, production de technologies avancées et utilisation des techniques de pointe, ne cessait de se creuser à notre désavantage.

La course à la production, en particulier dans l'industrie lourde, se révéla être une tâche classée « priorité absolue » comme si c'était une fin en soi. La même chose se produisit dans la capitalisation : une partie non négligeable de la richesse nationale se transforma en un capital « dormant ». On vit de coûteux projets ne jamais atteindre les normes scientifiques et technologiques de haut niveau qu'ils s'étaient fixées. On considérait comme le ou la meilleure, le travailleur ou l'entreprise qui dépensait la plus grande quantité de travail, de matière première et d'argent. Il est naturel de la part du producteur de « satisfaire », si je puis dire, le consommateur. Chez nous, le consommateur se trouva au contraire complètement à la merci du producteur, devant se résigner à faire avec ce que ce dernier décidait de lui offrir. C'était là le résultat, une fois de plus, de cette course à la production.

De manière typique, nombre de nos responsables économiques se mirent à penser non pas à la meilleure façon de consolider les actifs de la nation, mais à la meilleure façon de mettre un maximum de matières premières, de main-d'œuvre et de temps de travail dans un produit pour le vendre plus cher. La conséquence fut, qu'en dépit des efforts faits pour « produire », il y eut pénurie de biens. Nous dépensions (et en fait nous dépensons toujours) bien plus, en termes de matières premières, d'énergie et d'autres ressources par unité de production que les autres nations développées. La richesse de notre pays, pour les ressources en matière première et en main-d'œuvre nous a gâtés, corrompus même, pourrait-on dire. C'est d'ailleurs avant tout grâce à cette richesse que notre économie avait pu se développer de façon aussi considérable pendant des décennies.

Accoutumés que nous étions à donner la priorité à la croissance quantitative, nous avons essayé d'enrayer la baisse du taux de croissance, mais nous l'avons fait en augmentant continuellement les dépenses : nous avons renforcé les industries énergétiques et augmenté la consommation de ressources naturelles.

Toutefois avec le temps, les ressources en matières premières commencèrent à devenir plus difficiles à obtenir et plus coûteuses. Par ailleurs, l'extension accélérée du « capital fixe » aboutit à un déficit artificiel de main-d'œuvre. Dans le but de pallier ce déficit, on commença à distribuer des primes importantes et injustifiées, c'est-à-dire ne correspondant à aucune activité réelle, et on introduisit toutes sortes d'incitations imméritées sous la pression de la pénurie. Cette méthode conduisit, à un stade ultérieur, à gonfler les rapports comptables par simple appât du gain. Le parasitisme alla en augmentant, le prestige attaché à un travail consciencieux et de qualité alla en diminuant, et une mentalité « de nivellement des salaires » se généralisa. Le déséquilibre entre travail et consommation devint la pièce maîtresse du mécanisme de freinage — ou presque : non seulement il faisait obstacle à la croissance en productivité du travail, mais il se traduisait par un dévoiement du principe de justice sociale.

C'est ainsi que l'inertie du développement économique extensif conduisit à une impasse économique et à la stagnation.

Financièrement, l'économie se trouvait de plus en plus étranglée. La vente de grandes quantités de pétrole et d'autres ressources énergétiques ainsi que de matières premières sur le marché mondial n'apporta aucune aide. Cela ne fit qu'aggraver la situation. L'apport de devises ainsi obtenues servait avant tout à régler des problèmes ponctuels plutôt qu'à moderniser l'économie ou à combler notre retard technologique.

Les taux de croissance déclinant et la stagnation économique ne pouvaient pas ne pas affecter d'autres aspects de la vie de la société soviétique. Des forces négatives graves s'attaquaient à la sphère sociale. Cela déboucha sur l'apparition de ce que l'on a appelé le « principe résiduel », selon lequel les programmes sociaux et culturels recevaient ce qui restaient du budget, une fois attribuées les allocations allant à la production. On semblait faire « la sourde oreille » à tout ce qui était problème social. Le domaine du social se retrouva à la traîne par rapport à d'autres domaines en termes de développement technologique, de personnel, de savoir-faire et, plus gravement, de qualité de travail.

Nous tombons ici sur d'autres paradoxes. Notre société assure le plein emploi et procure à chacun les garanties sociales fondamentales. Mais en même temps, nous n'arrivons pas à utiliser à son maximum le potentiel du socialisme pour répondre aux exigences croissantes en matière de logement, de qualité et souvent de quantité des denrées alimentaires, d'organisation convenable des transports publics, de services de santé, d'éducation, sans parler d'autres problèmes qui apparaissent naturellement au cours du développement d'une société.

C'est ainsi que se développait une situation absurde : l'Union soviétique, le premier producteur mondial d'acier, de matières premières, de pétrole et de produits énergétiques, connaissait des déficits d'approvisionnement dans ces domaines, déficits dus au gaspillage ou à une utilisation inefficace. L'un des plus grands producteurs de grains alimentaires se trouvait malgré tout dans l'obligation d'acheter des millions de tonnes de céréales chaque année pour l'alimentation du bétail. Nous avons le plus grand nombre de médecins et d'hôpitaux par millier d'habitants, et on constate en même temps des insuffisances criantes dans nos services de santé. Nos fusées sont capables d'atteindre, avec une stupéfiante précision, la comète de Halley ou Vénus, mais à côté de ces triomphes de la science et de la technologie, nous manquons de façon évidente d'efficacité lorsqu'il s'agit d'appliquer les percées scientifiques aux besoins économiques, si bien que, par exemple, nombre d'appareils ménagers soviétiques sont de médiocre qualité.

Ce n'est malheureusement pas tout. Une érosion

progressive des valeurs idéologiques et morales de notre peuple s'est manifestée.

Il était évident pour chacun que les taux de croissance s'effondraient et que tout le système du contrôle de la qualité fonctionnait mal; que l'on ne cherchait pas à adapter les progrès de la science et de la technologie; que l'amélioration du niveau de vie ralentissait et qu'il y avait des difficultés dans l'approvisionnement en denrées alimentaires, en logements, en biens et services de consommation.

Sur le plan idéologique, le mécanisme de freinage entraîna également une résistance toujours plus grande aux tentatives faites pour analyser minutieusement et de manière constructive les problèmes qui apparaissaient, et un refus des idées nouvelles. La propagande concernant des succès — réels ou imaginaires — prévalait sur tout, et l'on encourageait la flagornerie et la servilité; on ignorait les besoins et les opinions de la masse ordinaire des travailleurs et de la population en général. Dans les sciences sociales, n'étaient encouragées et développées que les théorisations scolastiques; toute pensée créative en était évacuée, et on transformait en vérités irréfutables des assertions volontaristes ou des jugements superficiels. Dans tous les domaines, les discussions scientifiques et théoriques, qui sont indispensables au développement de la pensée et aux tentatives créatives, se retrouvaient émasculées. Des tendances négatives similaires affectaient également la culture, les arts et le journalisme, aussi bien que les méthodes d'enseignement et la médecine, domaines dans lesquels on voyait apparaître aussi la médiocrité, le formalisme et la flagornerie la plus grossière.

Mais à vouloir présenter une réalité « débarrassée de tout problème », il fallait s'attendre à un retour de bâton; un fossé s'était creusé entre les paroles et les actes, ce qui ne faisait qu'accroître la passivité de la population et son peu de foi dans les slogans proclamés. Il était bien naturel que cette situation entraînât une rupture de crédibilité : tout ce qui était annoncé du haut des tribunes et imprimé dans les journaux et les manuels devint sujet à caution. La morale publique se dégrada; les grands sentiments de solidarité qui s'étaient forgés aux temps héroïques de la Révolution, des premiers plans quinquennaux, de la Grande Guerre patriotique et du relèvement des décombres qui l'avait suivie — tout cela s'affaiblissait. En revanche l'alcoolisme, l'usage des drogues, la criminalité allaient croissant, et la pénétration des stéréotypes d'une culture de masse qui nous était étrangère ne fit qu'alimenter la vulgarité comme les goûts les plus bas, et accroître le désert idéologique.

Il y eut du relâchement dans le rôle dirigeant du Parti ainsi qu'une perte d'initiative dans certains des processus sociaux les plus vitaux.

Tout le monde commença à remarquer la stagnation des dirigeants et la violation des processus naturels de renouvellement à ce niveau. A un certain stade, cela se traduisit par de moins bons résultats du Politburo[1] et du Secrétariat[2] du Comité central du PCUS, ainsi que du gouvernement, mais aussi de tout le Comité central et de l'ensemble de l'appareil.

La séduction politique et la distribution massive de récompenses, de titres et de primes remplaçaient souvent un intérêt authentique pour le peuple, ses conditions de vie et de travail, et pour une atmosphère sociale favorable. Une ambiance de « laisser-faire » s'établit, et les exigences allèrent en diminuant en matière de discipline et de responsabilité. On assista à des tentatives pour camoufler tout cela par des campagnes emphatiques ou des entreprises grandioses, et la célébration d'innombrables anniversaires, au niveau national ou local. L'univers des réalités quotidiennes et celui d'une prétendue prospérité ne cessaient de s'éloigner de plus en plus l'un de l'autre.

Beaucoup d'organisations du Parti, dans les régions, se montraient incapables de respecter les principes ou de s'attaquer avec détermination aux tendances néfastes, aux attitudes négligentes, à la pratique consistant à se couvrir mutuellement, et au relâchement de la discipline. Trop souvent, le principe d'égalité entre les membres du Parti était bafoué. Ceux qui détenaient un rôle dirigeant ne pouvaient être ni contrôlés ni critiqués, ce qui se traduisait par du mauvais travail et de sérieuses malversations.

A certains niveaux de l'administration, on vit apparaître un mépris de la loi doublé de faux en écriture, de corruption, de servilité et de flagornerie. C'est à juste titre que les travailleurs s'indignaient de ces abus de pouvoir, de l'interdiction de toute critique, de ces fortunes vite faites par des responsables qui, dans certains cas devenaient même les complices, sinon les instigateurs, d'actes criminels.

En toute honnêteté, il faut aussi reconnaître qu'au cours de ces années de nombreuses questions vitales furent résolues d'une manière ou d'une autre. Mais, en premier lieu, il s'agissait de quelques-uns des problèmes restés en suspens depuis longtemps et, en second lieu, une fois les décisions prises, elles n'étaient que partiellement mises en œuvre voire pas du tout. En outre, et c'est essentiel, aucune des mesures prises n'eut un caractère global; elles n'affectaient que tel ou tel aspect de la vie de la société, tout en laissant intact le mécanisme de freinage.

Naturellement, les organisations du Parti accomplissaient leur tâche et une écrasante majorité des Communistes remplissaient avec sincérité et désintéressement leurs devoirs vis-à-vis du peuple. Mais il faut néanmoins reconnaître qu'aucun effort efficace n'était fait pour se débarrasser des individus malhonnêtes, arrivistes et égoïstes. D'une manière générale, les décisions pratiques prises par le Parti et les corps d'État étaient bien en dessous de ce qu'exigeaient les temps et la vie elle-même. Les problèmes faisaient boule de neige plus vite qu'ils n'étaient résolus. Dans l'ensemble, la société devenait de plus en plus ingouvernable. Nous pensions avoir les choses bien en mains, alors que la réalité de la situation en train de se créer était de celles contre lesquelles Lénine nous avait mis en garde : l'automobile n'allait plus dans la direction où celui qui était au volant croyait qu'elle allait.

Il ne faut pas pour autant peindre cette période uniquement en couleurs sombres. L'immense majorité des citoyens soviétiques travaillait honnêtement. Science, économie et culture continuaient leur développement. Ce phénomène négatif en était d'autant plus inadmissible et douloureux.

Je crois en avoir suffisamment dit pour qu'on comprenne à quel point la situation était sérieuse, et urgente une transformation complète. Le Parti avait trouvé la force et le courage d'évaluer sagement la situation et de reconnaître que transformations et changements fondamentaux étaient indispensables.

Une approche honnête et impartiale nous conduisait à la seule conclusion logique, à savoir que le pays était au bord de la crise. Cette conclusion fut présentée à la séance plénière du Comité central en avril 1985. Elle inaugura la nouvelle stratégie de la perestroïka et en formula les principes de base.

Je voudrais insister ici sur le fait que cette analyse commença bien longtemps avant la séance plénière d'avril[3], et que ses conclusions n'avaient donc rien de hâtif. Elles ne sortaient pas du néant, mais étaient l'aboutissement de jugements mesurés. Ce serait une erreur de croire qu'un mois après la séance plénière du Comité central de mars 1985, où je fus élu Secrétaire général, apparut un groupe d'individus qui soudainement comprenaient tout et savaient tout, et que ces gens arrivaient avec des réponses sans failles à toutes les questions. De tels miracles ne se produisent pas.

Le besoin d'un changement se faisait sentir non seulement dans le domaine matériel de la vie, mais aussi dans la conscience publique. Les gens qui avaient une expérience pratique, le sens de la justice et qui croyaient aux idéaux du bolchevisme critiquaient les procédés en vigueur et relevaient avec angoisse les symptômes d'une dégradation et d'un affaiblissement des idéaux révolutionnaires et des valeurs socialistes.

Ouvriers, paysans et intellectuels, fonctionnaires locaux ou nationaux du Parti, s'inquiétaient de la situation du pays. Tout le monde prenait de plus en plus conscience que les choses ne pouvaient pas durer bien longtemps en l'état. On était perplexe, puis indigné à l'idée que les grandes valeurs nées de la Révolution d'Octobre et le combat héroïque pour le socialisme étaient foulés aux pieds.

Les gens honnêtes constataient avec amertume que tout intérêt se perdait pour les affaires sociales, que le travail ne jouissait plus d'un statut respectable, et que certains, en particulier chez les jeunes, étaient à la recherche du profit à tout prix. Notre peuple a toujours eu le don de discerner le fossé entre les actes et les paroles. Il n'est pas étonnant que le folklore russe soit plein de contes où l'on se moque de ceux qui aiment la pompe et l'apparat; et la littérature, qui a constamment joué un rôle de premier plan dans la vie spirituelle du pays, est sans pitié pour toutes les manifestations d'injustice et d'abus de pouvoir. Dans leurs meilleures œuvres, les écrivains, les cinéastes, les metteurs en scène de théâtre et les comédiens s'efforcèrent de stimuler la foi du peuple en ce qui a été accompli idéologiquement par le socialisme, et de lui donner l'espoir d'un renouveau de l'esprit, le préparant moralement à la venue de la perestroïka, en dépit des criailleries bureaucratiques et même des persécutions.

En disant tout cela, je veux permettre au lecteur de comprendre que l'énergie nécessaire à un changement révolutionnaire s'accumulait depuis longtemps déjà dans notre peuple comme dans le Parti. Les idées de la perestroïka ne sont pas seulement le fruit d'intérêts et de considérations pragmatiques, mais aussi l'indice du trouble de nos consciences et le signe de notre foi indomptable en ces idéaux que nous avons hérités de la Révolution; elles sont aussi le résultat d'une enquête théorique qui nous a donné une meilleure connaissance de la société et a renforcé notre détermination d'aller de l'avant.

### *Lénine, source idéologique de la pérestroïka*

L'impulsion qui a donné vie à notre grande Révolution a été trop puissante, dans le peuple comme dans le Parti, pour que l'un et l'autre acceptent un phénomène qui menaçait d'en dissiper les gains. Les ouvrages de Lénine et son idéal socialiste restent pour nous une source inépuisable de pensée créative dialectique, de richesse théorique, de sagacité politique. Il est jusque dans son image un exemple immortel de force morale d'une grande élévation, de culture spirituelle universelle et de dévouement désintéressé à la cause du peuple et du socialisme. Lénine vit dans le cœur et l'esprit de millions de personnes. Briser toutes les barrières élevées par les scolastiques et les dogmatiques, puiser dans l'héritage de Lénine avec le désir ardent de le comprendre plus à fond dans sa pensée originale — tout cela s'est constitué en un besoin d'ampleur grandissante au fur et à mesure que se multipliaient les phénomènes négatifs dans notre société.

S'adresser à Lénine a vigoureusement stimulé le Parti comme la société dans la recherche d'explications et de réponses aux questions qui se posaient. On s'est tout particulièrement intéressé aux œuvres qui couvrent les dernières années de sa vie. Je ferai appel à ma propre expérience pour confirmer ce point. Dans mon rapport du 22 avril 1983, lors d'une session consacrée au 113e anniversaire de la naissance de Lénine, je me suis référé à ses principes sur la nécessité qu'il y avait de prendre en compte les exigences des lois objectives de l'économie pour ce qui concerne la planification et la comptabilité des prix de revient[4], et l'utilisation intelligente des relations marchandises-argent comme stimulants matériels et moraux. Le public avait alors soutenu avec enthousiasme cette référence aux idées de Lénine. Une fois de plus, j'avais senti que mes réflexions rejoignaient le sentiment de mes collègues membres du Parti et de tous ceux, fort nombreux, qui s'inquiétaient sérieusement de nos problèmes, et voulaient sincèrement remédier à la situation. En effet, nombre de mes collègues membres du Parti, ressentaient comme un besoin urgent la nécessité de changements, d'un renouvellement de la société. Je dois cependant ajouter que tout le monde n'avait pas apprécié mon rapport, trouvant qu'il n'avait pas l'optimisme de rigueur à cette époque.

Nous bénéficions aujourd'hui d'une meilleure compréhension des dernières œuvres de Lénine, qui constituent dans leur essence son testament politique, et des raisons qui les ont inspirées. Gravement malade, Lénine s'inquiétait profondément pour l'avenir du socialisme; il voyait les dangers qui guettaient le nouveau système. Nous devons nous aussi comprendre cette inquiétude. Il voyait que le socialisme allait se cogner à des problèmes colossaux, et qu'il avait à résoudre toutes sortes de difficultés que la Révolution bourgeoise avait laissées sans solution. D'où son utilisation de méthodes qui ne paraissent pas intrinsèquement socialistes ou qui, tout au moins, s'écartent dans une certaine mesure des concepts classiques du développement socialiste, tels qu'ils sont généralement acceptés.

La période léniniste est effectivement très importante. Elle est instructive en ce qu'elle prouve la force de la dialectique marxiste-léniniste, dont les conclusions sont fondées sur une analyse de la situation historique réelle. Nombre d'entre nous se sont rendu compte (souvent bien avant la séance plénière d'avril) qu'il fallait réévaluer tout ce qui touchait à l'économie, à la culture, à la démocratie et à la politique étrangère. L'important était de traduire cette réévaluation dans le langage de la vie quotidienne.

### *Un programme soigneusement préparé plutôt que des déclarations fracassantes*

Le concept de restructuration, avec tous les problèmes qu'il implique, a évolué progressivement. Bien avant la séance plénière d'avril, un groupe, formé de membres du Parti et de dirigeants politiques, avait entrepris une analyse exhaustive de l'état de l'économie. Cette analyse servit de fondement aux documents de la perestroïka. A l'aide des recommandations de nos savants et de nos experts, de tout notre potentiel, de ce que la réflexion sociale avait élaboré de mieux, nous avons mis au point les idées de base et tracé les axes d'une politique que nous avons ensuite commencé à mettre en œuvre.

On avait ainsi accumulé un arsenal d'idées constructives et c'est pourquoi, lors de la séance plénière d'avril 1985, nous avons été en mesure de proposer un programme systématisé, qui fut apprécié à des degrés divers, et d'esquisser une stratégie concrète pour pousser le développement de notre pays, ainsi qu'un plan d'action. Il était clair qu'un simple replâtrage ne ferait pas l'affaire; il fallait procéder à une reconsidération détaillée de grande envergure. Il n'était pas non plus possible d'attendre, car trop de temps avait déjà été perdu.

La première question qui se posait était celle de l'amélioration de la situation économique; il fallait arrêter et inverser les tendances défavorables dans ce domaine.

La tâche la plus immédiate, celle sur laquelle nous nous sommes naturellement penchés en premier, était de remettre un certain ordre dans l'économie, de renforcer la disciplinc, de relever le niveau d'organisation et de responsabilité, et de rattraper notre retard là où nous en avions. Un travail considérable a déjà été effectué en ce sens, travail qui se poursuit toujours. Comme on s'y attendait, il a produit ses premiers résultats. Le taux de croissance économique a cessé de décliner et commence même à donner des signes d'amélioration.

Nous savions bien que ces seules mesures ne suffiraient pas à donner un grand dynamisme à l'économie, et que les grandes priorités se trouvaient ailleurs : dans une profonde réorganisation structurelle de l'économie, dans la reconstitution de ses fondements matériels, dans les nouvelles technologies, dans une transformation de la politique d'investissement, et dans des critères sévères de gestion. Tout cela pouvait se résumer en une notion : l'accélération des progrès sur les plans scientifique et technologique.

Et ce n'est certainement pas par hasard que le premier geste de la nouvelle direction de l'Union soviétique, après la séance plénière d'avril, fut la mise à l'ordre du jour de la discussion de ces questions lors d'une importante conférence du Comité central du PCUS, en juin 1985. Ce ne fut pas le genre de discussion auquel on était habitué depuis un certain nombre d'années. On y entendit quantité de critiques — souvent rudes, mais passionnées. Le thème principal de cette réunion, néanmoins, resta la détermination de moyens effectifs et de méthodes spécifiques pour passer à une économie intensive et à un stade de croissance économique d'une qualité supérieure.

Pendant cette même année, ont été mis au point de solides programmes d'ensemble dans les domaines essentiels de la science et de la technologie. Ils ont pour but de réussir une percée sérieuse afin de rattraper le niveau mondial dès la fin de ce siècle.

Nous avons là, en effet, les principes d'une nouvelle politique d'investissement et de réformes structurelles. L'accent a été mis non pas sur une politique d'investissement dans de nouvelles constructions mais sur le renouvellement de l'outillage des entreprises, les économies de ressources et une amélioration radicale de la qualité des produits. Nous continuerons à surveiller de près le développement des industries minières, mais, tout en continuant à procurer à l'économie ce dont elle a besoin en matières premières, pétrole et énergie, l'accent sera dorénavant mis sur les technologies peu gourmandes en ressources et sur l'utilisation rationnelle de ces dernières.

On a mis au point un programme spécial pour la modernisation des industries mécaniques, chose qui avait été négligée. Ce programme a pour but un renouvellement complet des produits de ce secteur et la parité avec le niveau mondial dès le début des années quatre-vingt-dix. Et, cela va sans dire, notre programme comporte une transformation radicale des mécanismes de gestion, lesquels, nous le savons bien, sont essentiels si l'on veut réussir une percée en technologie et améliorer l'efficacité de l'économie.

Cette question est d'une telle importance que j'aurai à y revenir à plusieurs reprises dans ce livre.

L'économie était et reste, bien entendu, notre principale préoccupation. Mais nous avons en même temps entrepris de transformer la situation psychologique et morale de notre société. Dès les années soixante-dix, nombreux sont ceux qui ont pris conscience que nous ne pourrions rien changer sans une transformation radicale de la pensée et de la psychologie, de l'organisation, du style et des méthodes de travail à tous les niveaux — dans le Parti, dans les rouages de l'État comme aux échelons supérieurs. Et c'est ce qui s'est produit, au Comité central du Parti, au Gouvernement comme ailleurs. Il a fallu procéder à des changements de personnel à tous les échelons. Des personnalités nouvelles se sont retrouvées à des postes de responsabilité : des personnes qui comprenaient bien la situation et qui avaient des idées sur ce qu'il fallait faire et comment le faire.

On a lancé une campagne sans merci contre les violations des principes de la justice socialiste, sans qu'il soit tenu compte de la personne qui avait commis ces violations. On a proclamé une politique de transparence.

Ceux qui souhaitaient s'exprimer sur le Parti, le gouvernement, les instances économiques et les organisations publiques eurent la lattitude de le faire — et les restrictions ou interdictions furent abrogées.

Nous en sommes arrivés à la conclusion que si nous ne donnions pas une réelle impulsion au facteur humain, autrement dit, si nous ne prenions pas en compte les divers intérêts des gens, des collectivités de travail, des corps publics et des différents groupes sociaux, si nous ne leur faisions pas confiance et ne les incitions pas à prendre une part active et constructive dans cette démarche, il serait impossible pour nous d'accomplir aucune des tâches que nous nous sommes assignées ou de changer la situation de notre pays.

J'ai depuis toujours apprécié une remarquable formule due à Lénine : le socialisme est la création vivante des masses. Le socialisme n'est pas une construction théorique a priori, selon laquelle la société se diviserait en deux groupes, ceux qui donnent les instructions et ceux qui les suivent. Je m'oppose fermement à de telles simplifications mécaniques du socialisme.

Le peuple, les êtres humains dans toute leur diversité créatrice, sont les artisans de l'histoire. C'est pourquoi la tâche initiale de la restructuration — sa condition indispensable et son gage de succès — est d'« éveiller » ceux qui se sont « endormis », afin qu'ils se sentent réellement concernés, qu'ils soient vraiment actifs; il faut que chacun se sente comme s'il était le maître du pays, de son entreprise, de son bureau, de son institut. C'est le point principal.

Faire que les individus se sentent impliqués dans tous les processus est l'aspect le plus important de ce que nous faisons. La perestroïka doit jouer un rôle de « melting-pot » pour la société et, par-dessus tout, pour les individus eux-mêmes. Nous nous retrouverons alors avec une société rénovée. Telle est la lourde tâche à laquelle nous nous sommes attelés, tâche qui est loin d'être facile. Mais le but est digne de l'effort.

On peut interpréter et évaluer de plusieurs manières tout ce que nous faisons. Je voudrais rappeler une vieille histoire. Un voyageur s'approche d'un groupe de gens en train de bâtir un édifice et demande : « Que faites-vous là? » L'un d'eux répond avec irritation : « Eh bien, tu vois ! Du matin au soir il nous faut transporter ces maudites pierres... ». Un autre se relève, redresse fièrement les épaules et dit : « Eh bien, tu vois ! Nous élevons un temple ! ».

C'est pourquoi si l'on a présent à l'esprit ce noble but — un temple éclatant en haut d'une verte colline — toutes les pierres les plus lourdes paraîtront légères et le travail le plus pénible un plaisir.

Pour mieux accomplir quelque chose, il faut en mettre un coup. Cette expression me plaît bien : *en mettre un coup*. Pour moi il ne s'agit pas seulement d'un slogan, mais d'un état d'esprit habituel, d'une disposition. On doit entreprendre toute tâche qui nous est donnée de toute son âme, de tout son cœur, de tout son esprit; ce n'est que dans ces conditions que l'on saura *en mettre un coup*.

Une personne sans convictions ne saurait *en mettre un coup*. Au contraire, quiconque est dénué de force d'âme et de foi abandonnera devant les difficultés et se laissera submerger par elles. Mais si quelqu'un a de solides convictions, des connaissances sérieuses, une morale à toute épreuve, on ne peut le briser, il saura affronter les tempêtes. Notre histoire nous l'a appris.

Aujourd'hui, notre tâche principale est d'élever spirituellement les individus, dans le respect de leur monde intérieur, et de leur donner une force morale. Nous cherchons à mettre en marche tout le potentiel intellectuel de notre société, toutes les potentialités de la culture afin de créer un individu socialement actif, spirituellement riche, juste, consciencieux. Un être doit savoir et sentir que l'on a besoin de sa contribution, que l'on ne méprise pas sa diginité, qu'il est traité avec confiance et respect. S'il le constate, il sera capable d'accomplir beaucoup.

Bien entendu, la perestroïka touche chacun d'une manière ou d'une autre; elle en arrache beaucoup à la calme satisfaction habituée que leur procure leur mode de vie actuel. Je crois bon d'attirer ici l'attention sur une caractéristique spécifique du socialisme. Je pense au degré élevé de protection sociale de notre société. D'un côté, c'est sans aucun doute une bonne chose et l'un de nos grands sujets de satisfaction. D'un autre côté, il a tendance à transformer certains en parasites.

Nous ne connaissons pratiquement pas le chômage. L'État s'inquiète d'assurer le plein emploi. Même une personne licenciée pour paresse ou pour manquement à la discipline du travail doit se voir offrir un autre travail. L'égalisation des salaires reste également une constante de notre vie quotidienne; même si quelqu'un est un mauvais travailleur, il gagne suffisamment pour vivre dans un relatif confort. Les enfants du dernier des parasites ne seront pas abandonnés à leur destin. Nos fonds sociaux distribuent d'énormes sommes d'argent en assistance financière. Ces mêmes fonds alimentent les crèches et jardins d'enfants, les orphelinats, les maisons des jeunes pionniers[5] et d'autres institutions s'occupant de sport et de créativité de l'enfant. Les soins médicaux sont gratuits, comme l'éducation. Les gens sont protégés des vicissitudes de la vie, et nous en sommes fiers.

Mais nous constatons aussi que des gens malhonnêtes tentent d'exploiter ces avantages du socialisme; ils ne connaissent que leurs droits, et ne veulent rien savoir de leurs devoirs. Ils travaillent mal, pratiquent l'absentéisme, s'adonnent à la boisson. Trop se servent des lois existantes et des coutumes pour satisfaire leurs seuls intérêts égoïstes. Ils donnent peu à la société, mais s'arrangent néanmoins pour obtenir d'elle tout ce qui est possible et même quelquefois ce qui semble impossible; ils vivent sur des revenus qu'ils n'ont pas gagnés.

La politique de restructuration remet chaque chose à sa place. Nous restaurons le principe du socialisme dans son intégralité: « De chacun selon ses capacités, à chacun selon son travail. » Notre volonté est d'affirmer pour tous la justice sociale, les mêmes règles de discipline, des droits égaux, une loi unique, et pour chacun des responsabilités réelles. La perestroïka élève le niveau des responsabilités sociales comme celui des espérances. Seuls redoutent le changement ceux qui croient déjà avoir tout ce dont ils ont besoin : pourquoi alors devraient-ils faire un effort d'ajustement ? Mais quiconque a une conscience, et n'oublie pas où est le bien de son peuple, ne peut pas et ne doit pas raisonner ainsi. La *glasnost*, la transparence, révèle alors les privilèges illégitimes. Nous ne pouvons pas tolérer plus longtemps la stagnation.

La question se pose pour nous en ces termes : travailleur et cadre, mécanicien de machine agricole et directeur de club, journaliste et politicien — chacun a quelque chose à revoir dans son style et ses méthodes de travail et doit procéder à une évaluation critique de sa situation. Nous avons présenté la lutte contre l'inertie et le conservatisme en termes vifs — afin que chacun se sente piqué dans son orgueil. Cela touche le bon nerf chez la plupart des gens, bien qu'une petite minorité réagisse négativement, en particulier tous ceux qui ont conscience de leur dépendance au passé. Nous devons également nous demander si nous vivons et agissons bien en accord avec notre conscience. Nous pouvons nous être fourvoyés dans certains domaines, avoir adopté des normes qui nous sont étrangères; ainsi par exemple nous sommes-nous mis à contracter une mentalité de vulgaire consommateur. Si nous apprenons à travailler mieux, à être plus honnêtes et plus soucieux des autres, alors nous aurons créé un mode de vie véritablement socialiste.

Il est essentiel de se tourner vers l'avenir. Nous devons disposer de suffisamment d'expérience politique, de références théoriques et de courage civique pour arriver au succès, pour faire en sorte que la perestroïka soit à la hauteur des normes élevées de la morale socialiste.

Nous avons besoin que toutes les organisations publiques, toutes les équipes de production et de création, toutes les nouvelles formes d'activités des citoyens (et les anciennes, quand elles ont été oubliées) fonctionnent sainement et à plein rendement. En un mot, *nous avons besoin d'une large démocratisation de tous les aspects de la société.* Cette démocratisation est aussi la principale garantie de l'irréversibilité du processus actuel.

Nous savons aujourd'hui que nous aurions pu éviter bien des difficultés si le processus démocratique s'était développé normalement dans notre pays. Nous avons bien appris cette leçon de notre histoire et nous ne l'oublierons jamais. Nous nous en tiendrons maintenant fermement à la ligne qui veut que nous ne pourrons accomplir de progrès dans la production, la science, la technologie, la culture, les arts et toutes les sphères sociales que par un solide développement des formes démocratiques inhérentes au socialisme et par l'extension de l'autonomie. C'est la seule manière que nous ayons d'obtenir une discipline volontairement consentie. La perestroïka elle-même ne peut aboutir que dans le cadre de la démocratie. Étant donné que nous considérons que notre tâche consiste à déployer et utiliser le potentiel du socialisme au moyen d'une intensification du facteur humain, il ne peut y avoir d'autre route que la démocratisation, y compris dans la réforme des mécanismes de gestion économique, réforme dont l'élément fondamental est la promotion du rôle des collectifs de travail.

C'est précisément parce que nous mettons l'accent sur le développement de la démocratie socialiste que nous portons autant d'attention au domaine intellectuel et à la conscience populaire, et que nous proposons une politique sociale active.

Voilà pourquoi nous tenons à promouvoir le facteur humain.

En Occident, on présente souvent Lénine comme un défenseur des méthodes autoritaires d'administration. C'est faire la preuve de son ignorance des idées de Lénine, et des déformations qu'on leur fait délibérément subir. En effet, pour lui, socialisme et démocratie sont indivisibles. Les masses laborieuses ont conquis le pouvoir en gagnant des libertés démocratiques. C'est également dans le cadre d'une démocratisation en marche qu'elles pourront consolider leur pouvoir et lui donner sa réalité. Lénine avance également une autre idée profondément vraie : plus vaste est le champ de la tâche et plus profonde est la réforme, plus indispensable est l'exigence d'augmenter l'intérêt pour elles, et de convaincre des millions et des millions de gens de leur nécessité. Ce qui signifie que si nous sommes embarqués pour une restructuration radicale et complète, nous devons également déployer tout le potentiel de la démocratie.

Il est essentiel d'apprendre à ajuster une politique en fonction de la manière dont elle est reçue par les masses, d'assurer une circulation dans les deux sens, et d'intégrer les idées, les opinions et les conseils qui viennent du peuple. Les masses suggèrent nombre de choses utiles et intéressantes qui ne sont pas toujours clairement perçues « d'en haut ». C'est pourquoi nous devons à tout prix éviter de prendre une attitude arrogante devant ce que disent les gens. En dernière analyse, la chose la plus importante pour le succès de la perestroïka est l'attitude qu'aura notre peuple vis-à-vis d'elle.

Ainsi, ce n'est pas seulement la théorie mais la réalité des processus mis en route qui nous fait nous engager dans le programme de transformations démocratiques complètes de la vie publique que nous avons présenté en janvier 1987, à la séance plénière du Comité central du PCUS.

Elle a encouragé un effort considérable pour renforcer les bases démocratiques de la société soviétique, développer l'autonomie, étendre la transparence dans tous les réseaux de gestion. Nous constatons maintenant à quel point cette impulsion a été stimulante pour la nation. Des changements démocratiques ont lieu dans toutes les collectivités de travail, dans chaque organisation d'État, dans chaque organisme public, à l'intérieur du Parti. Davantage de transparence, un authentique contrôle par « la base », et un plus grand esprit d'initiative et d'entreprise font maintenant partie de notre vie.

Le processus démocratique a donné un élan supplémentaire à toute la perestroïka; il en a élevé les buts, et a permis à notre société de mieux comprendre ses problèmes. Il nous a permis d'avoir un point de vue plus large sur les questions économiques et d'y introduire un programme de réformes radicales. Les mécanismes économiques s'accordent bien, maintenant, avec le système d'ensemble de la gestion sociale, fondé sur des principes démocratiques réactivés.

Cette tâche a été accomplie en juin 1987, lors de la séance plénière du Comité central du PCUS, avec l'adoption des « Fondements d'une restructuration radicale de la gestion économique ». Il s'agit peut-être du programme le plus important et le plus décisif dans notre pays, en matière de réforme économique, depuis que Lénine a lancé sa Nouvelle politique économique en 1921.

L'actuelle réforme envisage que l'accent soit mis à tous les niveaux sur des méthodes de gestion économique plutôt que sur des méthodes de gestion administrative, elle fait appel à une vaste démocratisation de cette gestion, et à une activation poussée du facteur humain.

La réforme se fonde sur l'indépendance, spectaculairement augmentée, des entreprises et des associations, prévoit une transition vers une responsabilisation complète et l'autofinancement, et accorde tous les droits appropriés aux collectivités de travail. Elles auront maintenant l'entière responsabilité de l'efficacité de leur gestion et de leurs résultats finaux.

Dans ce contexte, on envisage également une réorganisation radicale de la gestion économique centralisée, dans l'intérêt des entreprises. Nous libérerons l'administration centrale de ses fonctions opérationnelles dans la gestion des entreprises, ce qui lui permettra de se consacrer à fond aux processus-clefs qui déterminent la stratégie de la croissance économique. Pour faire de ce projet une réalité, nous avons lancé une réforme radicale dans la planification, l'évaluation des prix, les mécanismes de financement et de crédit, le réseau de fournitures de produits matériels et techniques, et dans la gestion des progrès scientifiques et technologiques, la main-d'œuvre et le domaine social. Le but de cette réforme est d'assurer (et cela dans les deux ou trois années qui viennent) la transition entre un système excessivement centralisé et autoritaire, et un système démocratique, fondé sur la combinaison du centralisme démocratique et de l'autonomie.

L'adoption de principes fondamentaux pour une transformation radicale de la gestion économique a constitué un grand pas en avant dans le programme de la perestroïka. Actuellement, elle touche pratiquement à tous les aspects de la vie publique. Bien entendu, nos conceptions sur le contenu, les méthodes et les formes de la perestroïka auront besoin d'être développées, clarifiées et corrigées avec le temps. Cela est inévitable et naturel. Il s'agit d'un processus vivant. Sans aucun doute, ces changements se traduiront par de nouveaux problèmes majeurs qui réclameront à leur tour des solutions non orthodoxes. Mais le concept global, ce qui constitue le projet de la perestroïka, non seulement du point de vue de son esprit, mais aussi des élements qui la composent, est quelque chose de clair pour nous.

Perestroïka, cela signifie surmonter le processus de stagnation, rompre le mécanisme de freinage, créer des systèmes fiables et efficaces pour accélérer le progrès social et économique et lui donner un plus grand dynamisme.

Perestroïka, cela signifie aussi initiative de masse. C'est le développement complet de la démocratie, l'autonomie socialiste, l'encouragement de l'initiative et des attitudes créatives, c'est aussi davantage d'ordre et de discipline, davantage de transparence, la critique et l'autocritique dans tous les domaines de notre société. C'est le respect le plus absolu pour l'individu et la prise en considération de la dignité de la personne.

Perestroïka, c'est l'intensification systématique de l'économie soviétique, le renouveau et l'épanouissement des principes du centralisme démocratique dans la gestion de l'économie nationale, l'introduction en tous lieux de méthodes économiques, le renoncement à une gestion fondée sur l'injonction et les méthodes administratives, l'encouragement sans réserve de l'innovation et de l'esprit d'entreprise socialiste.

Perestroïka, cela signifie que l'on adopte résolument les méthodes rationnelles, que l'on est capable de donner une solide base scientifique à toute nouvelle initiative. Cela signifie la combinaison des grandes conquêtes de la révolution scientifique et technologique avec une économie planifiée.

Perestroïka, cela signifie le développement prioritaire du domaine social, avec pour objectif de mieux satisfaire les aspirations du peuple soviétique à de meilleures conditions d'existence et de travail, à de meilleurs loisirs, à une meilleure éducation et de meilleurs soins médicaux. Cela signifie un souci constant des biens spirituels et intellectuels, un soucis de la culture de chaque individu et de la société dans son ensemble.

Perestroïka, cela signifie éliminer de la société les détournements de la morale socialiste, mettre réellement en pratique les principes de la justice sociale. Cela signifie l'adéquation des paroles et des actes, des droits et des devoirs. C'est respecter le travail honnête et hautement qualifié, c'est surmonter les tendances nivelantes en matière de salaires et de consommation.

C'est ainsi que nous concevons aujourd'hui la perestroïka. C'est ainsi que nous envisageons notre tâche, et l'esprit, et le contenu de notre activité pour les temps à venir. Il est difficile de dire à l'heure actuelle ce que durera cette période. Cela prendra évidemment plus de deux ou trois ans. Nous sommes prêts aux efforts les plus soutenus et les plus ardus pour faire en sorte que notre pays atteigne de nouveaux sommets d'ici la fin du vingtième siècle.

On nous demande souvent ce que nous attendons de la perestroïka. Quels sont nos objectifs ultimes ? Il nous est difficile de donner une réponse exacte et circonstanciée. Il n'est pas dans notre nature de faire des prophéties et de tenter d'établir d'avance tous les éléments architecturaux de l'édifice public que nous construisons.

Mais je peux néanmoins dire que, dans son principe, la finalité de la perestroïka est quelque chose de clair pour nous. C'est un complet renouvellement de tous les aspects de la vie soviétique; c'est donner au socialisme les formes les plus avancées de l'organisation de la société; c'est la manifestation la plus complète de la nature humaniste de notre système dans ses aspects cruciaux — économique, social, politique et moral.

J'y insiste encore : la perestroïka n'est en rien une illumination ou une révélation. Restructurer notre existence signifie comprendre la nécessité objective d'un renouveau et d'une accélération des changements. Et cette nécessité voit le jour au plus profond de notre société. L'essence de la perestroïka réside dans le fait qu'elle unifie socialisme et démocratie et redonne vie à la conception léniniste de « construction socialiste », aussi bien en théorie qu'en pratique. Telle est bien l'essence de la perestroïka, ce qui explique son authentique esprit révolutionnaire et son champ global d'application.

Un tel but mérite tous nos efforts. Et je suis convaincu que ceux que nous ferons constitueront une contribution honorable au progrès social de l'humanité

*Davantage de socialisme, davantage de démocratie*

En tant que système, la perestroïka est en étroite relation avec le socialisme. Cet aspect de la question fait l'objet de nombreuses discussions, en particulier à l'étranger, et on ne saurait être clair sur la perestroïka sans l'aborder.

La perestroïka signifie-t-elle que nous abandonnons le socialisme, ou du moins certains de ses fondements ? Certains posent la question avec espoir, d'autres avec inquiétude.

Il y a des gens, à l'Ouest, qui aimeraient nous faire croire que le socialisme traverse une crise profonde parce qu'il a conduit notre société dans une impasse. C'est ainsi qu'ils interprètent notre analyse critique de la situation de la fin des années soixante-dix et du début des années quatre-vingt. Nous n'avons qu'une issue, prétendent-ils : adopter les méthodes de gestion économique capitalistes et ses modèles sociaux; autrement dit, dériver, vers le capitalisme.

Ils ajoutent que rien ne sortira de la perestroïka dans le cadre de notre système; que c'est ce système que nous devrions changer, en nous inspirant de l'expérience d'un autre système socio-politique. Ils disent aussi que si l'Union Soviétique emprunte ce chemin et abandonne la voie socialiste, des liens étroits avec l'Occident deviendront alors éventuellement possibles. Ils vont jusqu'à affirmer que la Révolution d'Octobre 1917 n'a été qu'une erreur, et n'aurait eu pour résultat que de nous couper presque complètement des progrès sociaux accomplis dans le monde.

Pour mettre un terme à ces rumeurs et à ces spéculations, qui se multiplient à l'Ouest, j'aimerais une fois de plus faire remarquer que nous conduisons toutes nos réformes en conformité avec la voie socialiste. C'est dans le cadre du socialisme, et non pas à l'extérieur, que nous cherchons les réponses à toutes les questions qui se posent. C'est en fonction de ses critères que nous évaluons nos succès comme nos erreurs. Ceux qui espèrent que nous allons nous éloigner de la voie socialiste seront profondément déçus. Chaque élément du programme de la perestroïka — et le programme dans son ensemble — se fonde entièrement sur l'idée qu'il faut davantage de socialisme, davantage de démocratie.

Davantage de socialisme signifie un rythme plus dynamique, un esprit d'entreprise créatif, davantage d'organisation, de loi et d'ordre, davantage de méthodes scientifiques et d'initiatives dans la gestion de l'économie, d'efficacité dans l'administration et une vie meilleure et matériellement plus riche pour la population.

Davantage de socialisme signifie davantage de démocratie, de transparence et de sens de la collectivité dans la vie de tous les jours, davantage de culture et d'humanité dans le travail, de relations sociales et personnelles entre les gens, davantage de dignité et d'amour-propre pour les individus.

En d'autres termes, davantage de toutes ces choses qui sont inhérentes au socialisme et aux préceptes théoriques qui le caractérise comme un modèle socio-économique distinct.

Nous nous dirigerons vers davantage de socialisme plutôt que le contraire. Nous proclamons cela honnêtement, sans essayer de tromper ni notre peuple ni le reste du monde. Tout espoir que nous puissions nous mettre à bâtir une société différente, non socialiste et passer dans l'autre camp est irréaliste et dérisoire. Ceux qui, à l'Ouest, s'attendent à nous voir abandonner le socialisme en seront pour leurs frais. Il est grand temps qu'ils le comprennent et, plus important, qu'ils partent de ce constat dans leurs relations pratiques avec l'Union soviétique.

A ce propos, j'aimerais également qu'il soit bien compris que si nous, le peuple soviétique, sommes pour le socialisme — je viens d'expliquer pour quelles raisons, nous ne cherchons à imposer notre point de vue à personne. Que chacun fasse son choix; l'histoire se chargera de mettre les choses à leur place. Aujourd'hui, comme j'ai déjà eu l'occasion de le préciser devant un groupe de personnalités américaines (Cyrus Vance, Henry Kissinger et d'autres), nous sentons plus clairement que jamais que grâce au système socialiste et à l'économie planifiée, les transformations structurelles de notre politique se font bien plus aisément que si nous nous trouvions dans un système d'entreprises privées, même si nous avons nos propres difficultés.

Nous voulons davantage de socialisme, et par suite, davantage de démocratie.

Tels que nous les comprenons, les problèmes et les difficultés des années soixante-dix et quatre-vingt ne traduisent pas une crise du socialisme en tant que système politique et social, mais furent plutôt le résultat d'un certain manque de rigueur dans l'application des principes du socialisme, d'écarts par rapport à ses normes, et d'une fidélité indue à des méthodes et des formes de gestion sociale mises en place dans des conditions historiques spécifiques au cours des premiers stades du développement socialiste.

Tout au contraire, le socialisme, en tant que système jeune, en tant que mode de vie, détient d'exceptionnelles possibilités d'autodéveloppement et d'autoperfectionnement, qui n'ont pas encore donné toute leur mesure, pour la solution des problèmes fondamentaux, à savoir les progrès de la société contemporaine en matière scientifique, technologique, économique, culturelle et intellectuelle, et le développement de la personnalité individuelle. C'est ce que montre la voie suivie par notre pays depuis octobre 1917, une voie qui fut semée d'innombrables difficultés, de drames et de travaux harassants, mais en même temps riche de grandes victoircs et d'éclatantes réussites.

*Les leçons de l'Histoire*

Il est juste de rappeler que le développement qui suivit la Révolution a connu des étapes difficiles, dues en grande partie à la brutale ingérence des forces impérialistes dans nos affaires internes; mais nous avons commis également des erreurs et fait quelques mauvais calculs. L'Union soviétique a malgré tout progressé, réussissant à créer une société dans laquelle le peuple avait confiance en son avenir. Et si la vérité prévaut, tout observateur impartial devra convenir que d'une manière globale, l'histoire soviétique est l'histoire d'incontestables progrès accomplis en dépit de toutes les pertes, des déconvenues, des échecs. Nous avons poursuivi notre chemin en l'absence de routes, au sens propre comme au sens figuré; nous nous sommes parfois fourvoyés et avons commis des erreurs, et beaucoup de sueur et de sang ont arrosé ce chemin. Mais nous avons opiniâtrement continué d'avancer sans penser un seul instant à battre en retraite, à abandonner le terrain conquis, ou à remettre en question la voie socialiste.

Et il est bien difficile d'imaginer qu'alors que nous marchions vers un avenir inconnu, accomplissant des tâches ambitieuses en un laps de temps si court, nous aurions pu éviter toutes les erreurs comme si le chemin avait été aussi dégagé et droit que les trottoirs de la Perspective Nevski[6]. Prenons, par exemple, l'industrialisation. Dans quelles conditions l'avons-nous accomplie ? La Guerre civile et l'intervention étrangère[7] avaient laissé le pays complètement dévasté. Nous étions victimes d'un blocus et entouré d'un « cordon sanitaire »[8]. Pas de réserves, pas de colonies, au contraire, il était indispensable d'utiliser l'argent disponible pour améliorer la situation du pays lui-même, si longtemps opprimé par le régime tsariste. Afin de sauver les gains de la Révolution, nous avons dû créer, et vite, une base industrielle nationale avec nos seules ressources, réduisant la consommation au minimum. La charge matérielle de cette création a été assumée par le peuple, formé surtout de paysans.

Il nous a fallu bâtir une industrie, en particulier une industrie lourde, et créer le secteur énergétique et celui des machines-outils à partir de rien. Et nous nous sommes courageusement attelés à cette tâche. La viabilité des plans du Parti, que les masses comprenaient et acceptaient, et la force des slogans et des projets qu'imprégnait l'idéologie de notre Révolution se traduisirent par l'enthousiasme avec lequel des millions de citoyens soviétiques joignirent leurs efforts pour édifier l'industrie nationale. Leur enthousiasme a étonné le monde. Dans des conditions inimaginables, souvent loin de chez eux, la plupart du temps sans outillage et mal nourris, ils ont accomplis des prodiges, à partir de rien, de zéro. Ils prenaient leur inspiration dans le fait qu'ils servaient une grande cause historique. Alors qu'ils étaient souvent presque illettrés, ils avaient conscience d'accomplir une grande et noble tâche. Il s'agit là d'un véritable haut-fait, mené à bien pour l'avenir de la Mère-patrie, et qui montre quelle était la loyauté du peuple vis-à-vis du libre choix qu'il avait fait en 1917.

Nos pères et nos grands-pères ont surmonté toutes les difficultés et ont apporté une contribution décisive au développement et à la consolidation de notre société à l'époque cruciale où tout son avenir était dans la balance.

L'industrialisation, au cours des années vingt et trente, fut une très rude épreuve. Avec le recul du temps, essayons maintenant de répondre à cette question : était-elle nécessaire ? Mais comment penser qu'un immense pays comme le nôtre pouvait aborder le vingtième siècle sans être un État industriellement développé ? Une autre raison a fait que nous n'avions pas d'autre choix que d'accélérer l'industrialisation, et elle nous creva bientôt les yeux. Dès 1933, la menace du fascisme se mit à croître rapidement. Et où en serait maintenant le monde, si l'Union soviétique n'avait bloqué la route à la machine de guerre hitlérienne ? Notre peuple a mis le fascisme en déroute grâce à la force qu'il s'était créée dans les années vingt et trente. Sans l'industrialisation, il se serait retrouvé sans armes devant lui.

Mais nous ne nous sommes pas retrouvés écrasés sous les chenilles du fascisme. L'Europe avait été incapable d'arrêter Hitler; nous l'avons abattu. La défaite du fascisme ne fut pas seulement due à l'héroïsme et aux sacrifices accomplis par nos soldats, mais également à ce que nous avions un meilleur acier, de meilleurs chars et de meilleurs avions. Tout cela était le résultat du travail de la première période soviétique.

Prenons encore la collectivisation. Je n'ignore pas tout ce que ce terme, sans parler du processus lui-même, a pu susciter de commentaires, de spéculations erronées et de critiques malveillantes . Mais même ceux qui étudient objectivement cette période de notre histoire ne semblent pas toujours en saisir toute l'importance, ni le caractère inévitable pour notre pays.

Si nous prenons en compte de manière objective et scientifique les circonstances de l'époque et les caractéristiques particulières du développement de notre société; si nous avons présent à l'esprit l'incroyable retard de notre production agricole d'alors, et l'impossibilité de combler ce retard si elle restait ce qu'elle était, c'est-à-dire fragmentée et à petite échelle; si enfin nous nous efforçons de faire une évaluation correcte des résultats réels de la collectivisation, une conclusion s'impose : la collectivisation fut une grande étape historique, le changement social le plus important depuis 1917. Certes, elle a été franchie douloureusement, et a été accompagnée d'excès graves et de maladresses dans ses méthodes et son rythme. Mais sans elle, notre pays n'aurait pu accomplir de nouveaux progrès. La collectivisation a procuré une base sociale pour le rattrapage du secteur agricole de l'économie et rendu possible l'introduction de méthodes modernes d'agriculture. Elle a assuré la croissance de la productivité et en fin de compte celle de la production, ce que nous n'aurions pu obtenir si l'on avait laissé les campagnes dans leur ancien état, quasi médiéval. Qui plus est, la collectivisation a dégagé des ressources considérables et libéré les nombreux travailleurs qu'exigeaient d'autres secteurs de développement de notre société, l'industrie avant tout.

La collectivisation a changé, ni facilement ni immédiatement, peut-être, tout le mode de vie de la paysannerie qui a pu devenir une classe moderne et civilisée de la société. Sans la collectivisation, il serait aujourd'hui inimaginable de produire une quantité de grain de l'ordre de 200 millions de tonnes, sans parler des 250 millions que nous obtiendrons dans un avenir proche. Notre production de céréale dépasse déjà celle des pays du marché commun pris ensemble, alors que notre population est moins élevée.

Il reste cependant vrai que nous connaissons encore une pénurie, pour certains produits alimentaires, en particulier en bétail. Mais sans la collectivisation, nous n'aurions pas actuellement la production par tête que nous connaissons, laquelle suffit à satisfaire pour l'essentiel nos exigences vitales. Car, et ceci est particulièrement important, nous avons éliminé pour toujours dans notre pays la sous-alimentation et le spectre de la famine. Or la famine a été le fléau de la Russie pendant des siècles. En terme de richesse calorique fournie par l'alimentation, l'Union soviétique se place définitement parmi les nations développées. Et le point essentiel est que, grâce à la collectivisation et à ses cinquante ans d'histoire, nous avons acquis la possibilité d'élever, au cours de sa restructuration, tout le secteur agricole jusqu'à un niveau qualitativement supérieur.

Oui, l'industrialisation et la collectivisation de l'agriculture ont été indispensables. Sans elles, jamais notre pays n'aurait pu se réorganiser. Toutefois les méthodes employées pour accomplir ces réformes, les formes qu'elles ont prises dans certains cas, n'ont pas toujours été en accord avec les principes ni avec l'idéologie et la philosophie socialistes. Les conditions extérieures ont certes joué là un rôle primordial : le pays se sentait sous la menace permanente de la guerre. Mais en dehors de cela, il y eut des excès, la pression administrative s'exerçait sans freins et le peuple a souffert. C'est ainsi que les choses se sont passées, en vérité. Tel a été le destin de notre nation, avec toutes ces contradictions, ses réussites les plus spectaculaires, ses erreurs dramatiques, ses événements tragiques.

Oui, nous avons connu des temps difficiles, par moment extrêmement difficiles même, notamment après la fin victorieuse de la guerre. Je me souviens de mon voyage en train quand je suis venu de la Russie du sud pour étudier à Moscou, à la fin des années quarante. J'ai vu de mes propres yeux Stalingrad, Rostov, Kharkov, Orel, Koursk et Voronej en ruines. Mais combien d'autres villes ravagées y avait-il ? Leningrad, Kiev, Minsk, Odessa, Sébastopol, Smolensk, Briansk, Novgorod... pour n'en citer que quelques-unes. Tout était en ruines : des centaines et des milliers de villes, de bourgs et de villages, d'usines et d'ateliers. Nos monuments les plus précieux avaient été détruits ou pillés — musées de peinture, palais, bibliothèques, cathédrales.

A cette époque, on disait à l'Ouest que la Russie en aurait pour un siècle avant de se relever de ses ruines, qu'elle serait pendant encore longtemps sans poids sur la scène internationale, car trop occupée à panser ses plaies. Et les mêmes disent aujourd'hui, certains avec admiration, mais d'autres avec une hostilité déclarée, que nous sommes une superpuissance ! Nous avons rendu vie à notre pays et nous l'avons relevé nous-mêmes, grâce à nos efforts, en mettant en pratique l'immense potentiel du système socialiste.

Et nous ne pouvons pas ne pas mentionner encore un aspect de la question, que l'on ignore ou qu'on passe souvent sous silence en Occident, mais sans lequel il est exclu de nous comprendre, nous Soviétiques : parallèlement aux grandes réalisations économiques et sociales, s'est épanouie une nouvelle vie, marquée par l'enthousiasme de ceux qui bâtissaient un nouveau monde, par l'élan que donnait le sentiment de faire des choses nouvelles et exceptionnelles, par un sentiment aigu de fierté, celui d'hommes et de femmes qui seuls, sans l'aide de personne et pour la énième fois, soulevaient le pays sur leurs épaules. Le peuple avait soif de culture et de connaissance et sut les acquérir. Les gens se réjouissaient de vivre, élevaient leurs enfants et accomplissaient leur tâches quotidiennes, tout cela dans une atmosphère entièrement nouvelle, radicalement différente de ce qu'elle était avant la Révolution, une atmosphère de simplicité, d'égalité, riche d'immenses possibilités pour les travailleurs. Nous, nous savons très bien ce que nous avons reçu du socialisme. Bref, les gens vivaient et travaillaient en paix à tous les niveaux du développement de notre pays. Les lettres que je reçois de mes compatriotes le disent avec fierté: certes, nous étions plus pauvres que les autres, mais nous avions une vie plus pleine et plus intéressante.

Neuf citoyens soviétiques sur dix, aujourd'hui, sont nés après la Révolution. Et l'on continue à nous inciter à abandonner le socialisme. Mais pourquoi donc le peuple soviétique, qui a grandi et a accru ses forces par ce système, l'abandonnerait-il ? Nous n'épargnerons au contraire aucun effort pour développer et renforcer le socialisme car j'ai la conviction que jusqu'ici, nous n'avons utilisé qu'une fraction de son potentiel.

C'est pourquoi, même quand elles sont sincères, nous trouvons étranges les propositions qu'on nous fait de modifier notre système social et d'emprunter des méthodes et des formes typiques d'un autre système. Ceux qui font ces suggestions ne se rendent pas compte que, même s'il se trouvait quelqu'un souhaitant faire de l'Union soviétique un pays capitaliste, c'est tout simplement impossible. Comment imaginer un seul instant que nous puissions admettre que 1917 n'a été qu'une erreur et ces soixante-dix dernières années d'existence, de travail, d'efforts et de batailles une aberration complète ? que nous sommes allés dans « la mauvaise direction » ? Non, une analyse impartiale des faits historiques débouche inévitablement sur une seule conclusion : c'est le choix de la voie socialiste qui a permis de mettre la Russie autrefois arriérée à sa « juste place » — celle que l'Union soviétique occupe maintenant dans l'histoire du progrès humain.

Nous n'avons aucune raison de parler à mi-voix de la Révolution d'Octobre et du socialisme, comme si nous en avions honte. Nos réalisations sont immenses et indiscutables. Mais nous voyons aussi le passé dans son intégralité et sa complexité. Nos plus fabuleuses réussites ne nous empêchent pas de constater des contradictions dans le développement de notre société, de voir nos erreurs et nos omissions. Notre idéologie n'est-elle pas elle-même par nature critique et révolutionnaire ?

Quand nous recherchons les racines des difficultés et des problèmes d'aujourd'hui, dont les sources remontent aux années trente, c'est afin d'en découvrir les origines et d'en tirer les leçons que nous appliquerons aux événements actuels.

La chose la plus importante pour comprendre les origines de la perestroïka est de comprendre l'histoire passée. Notre histoire s'est constituée sous la forte influence de facteurs concommitants et contradictoires. Mais elle est notre histoire, et c'est en elle que se trouve la source de la perestroïka.

Pourquoi s'est produit tout ce qui a rendu nécessaire la perestroïka ? Pourquoi celle-ci a-t-elle tant tardé? Pourquoi des méthodes caduques de travail se sont-elles imposées si longtemps ? Comment s'est produit cette dogmatisation de la conscience sociale et de la théorie ?

Tout cela demande des explications car, à l'analyse, on s'aperçoit que le Parti et la société ont eu conscience de la croissance du processus négatif. Qui plus est, l'idée qu'un changement était nécessaire s'est manifestée avec acuité à de nombreuses reprises. Mais les changements n'allaient pas jusqu'au bout et ne faisaient pas le poids face à « l'héritage du passé» et tous ses attributs dominants.

L'une des grandes dates de notre histoire récente est le vingtième Congrès du PCUS[9]. On lui doit une contribution importante à la théorie comme à la pratique de la construction du socialisme. Pendant et après, on a déployé de grands efforts pour changer de cap, pour libérer la vie socio-politique des aspects néfastes engendrés par le culte de la personnalité de Staline.

Les décisions prises par le congrès ont permis de rendre efficaces d'importantes mesures politiques, économiques, sociales et idéologiques. Mais les possibilités qui en émergeaient n'étaient pas utilisées à plein. L'explication tient aux méthodes subjectives employées sous la direction de Khroutchev. En matière de gestion économique, c'était le règne de l'improvisation. Les idées constamment changeantes de la direction donnaient le tournis au Parti comme au pays. Une fois de plus, promesses ambitieuses et prédictions sans fondement creusèrent un fossé entre les paroles et les faits.

C'est pourquoi au stade suivant, marqué par la séance plénière du Comité central du PCUS d'octobre 1964[10], la première étape consista à surmonter et à combattre ces positions extrêmes. La ligne adoptée tendait à la stabilisation, et ce fut un choix judicieux; il reçut le soutien du Parti et du peuple. On enregistra des résultats positifs. Les décisions formulées et adoptées reçurent plus de considération et d'appui. Le lancement de la réforme économique de 1965[11] et la séance plénière du Comité central de mars 1965 consacrée à l'agriculture constituèrent des initiatives importantes, dont le but était d'induire des transformations positives dans l'économie. Mais si elles eurent un effet substantiel, celui-ci ne dura pas et elles finirent par faire long feu.

La combinaison d'une atmosphère de laisser-aller et de l'interruption du processus normal de renouvellement de direction engendrèrent stagnation et retard dans le pays : c'est ce que j'ai décrit plus haut. La situation, cependant, exigeait de plus en plus instamment d'importantes prises de décision afin d'affiner les mécanismes de la gestion économique et sociale.

Quelles conclusions avons-nous tiré de ces leçons de l'Histoire ?

En premier lieu, que le socialisme a prouvé qu'il disposait, en tant que système de société, d'un immense potentiel pour résoudre les problèmes les plus complexes que posent le progrès social. Nous sommes convaincus qu'il a la capacité de s'autoperfectionner, que ses possibilités nous réserve encore bien des révélations, et qu'il saura traiter les grands problèmes actuels de ce progrès social, alors que nous approchons du vingt et unième siècle.

En même temps, nous avons pleinement conscience que l'amélioration du socialisme n'est pas un processus spontané, mais un travail qui exige la plus extrême attention, une analyse impitoyable et impartiale des progrès, et le rejet résolu de tout ce qui est dépassé. Nous avons bien compris que des demi-mesures seraient sans effet; nous devons agir sur un vaste front, avec esprit de suite et énergie, sans hésiter à prendre les initiatives les plus audacieuses.

En dernier lieu je dirai, et c'est ce qui me paraît le plus important, que nous devons faire confiance à l'initiative et à la créativité des masses; que nous devons compter sur la participation active des plus vastes secteurs possibles de notre population dans la mise en œuvre des réformes envisagées. Autrement dit, nous devons tabler sur la démocratisation, encore et toujours.

*Ce qui nous a inspiré le programme de la perestroïka*

Il est inexact, et même nocif, de considérer que

la société socialiste est par essence quelque chose de rigide et d'immuable, et de voir dans ses modifications un effort pour adapter une réalité complexe à des concepts et des formules qui auraient été établis une fois pour toutes. Les concepts du socialisme ne cessent de se développer; ils s'enrichissent en permanence de l'expérience historique et prennent en considération les conditions objectives.

Pour ce qui est de la théorie et de la pratique de l'édification du socialisme, nous avons beaucoup appris, et continuons d'apprendre de l'approche créative de Lénine. Nous utilisons ses méthodes rigoureuses et nous nous inspirons de son art d'analyser les situations concrètes. Au fur et à mesure que se poursuit la perestroïka, nous revenons encore et toujours à ses écrits, en particulier à ses dernières œuvres.

Les classiques du marxisme-léninisme ne nous ont laissé des caractéristiques essentielles du socialisme qu'une définition. Ils ne nous en ont pas proposé un tableau détaillé. Ils parlent de ses étapes théoriquement prévisibles mais il nous revient de définir ce que doit être l'étape actuelle. Cette étape, nous devrons la franchir concrètement, et si les classiques nous en ont enseigné l'approche, ils ne nous en donnent pas la technique.

Nous sommes confrontés, dans cette nouvelle étape, à la nécessité de faire le tri parmi de nombreuses questions théoriques et idées bien établies du socialisme, en nous fondant sur l'héritage et les méthodes de Lénine. Procéder à une telle révision est d'autant plus important que l'on n'a pas toujours été fidèle à ses conceptions dans les années qui ont suivi sa mort. La situation spécifique du pays nous a fait accepter des méthodes et des formes de construction du socialisme qui correspondaient à des situations historiques données. Mais ces formes et ces méthodes ont été canonisées, idéalisées et transformées en dogme. D'où cette image schématisée et appauvrie du socialisme, ce centralisme exagéré dans la gestion, cette négligence pour la richesse et la variété des intérêts humains, cette sous-estimation de la part active que joue le peuple dans la vie publique, et ces tendances nivelantes prononcées.

Prenons par exemple le modèle de gestion économique. La situation historique particulière dans laquelle le pays s'est développé, les conditions extrêmes qui régnaient, n'ont pas pu ne pas influencer ce modèle. La menace de la guerre, puis les deux guerres les plus sanglantes et les plus dévastatrices de l'histoire de l'humanité — alors que sans elles, ces conditions auraient déjà été difficiles — ainsi que les efforts de reconstruction les ayant suivies toutes les deux, tout cela donna naturellement naissance à la gestion centralisée. Avec pour conséquence de réduire d'autant la base démocratique de notre système de gestion.

Revenons sur la façon dont ce paradoxe s'est instauré et demandons-nous à quel besoin il répondait. Lorsque la jeune Russie soviétique a commencé à édifier une nouvelle société, elle était seule contre tout le monde capitaliste; elle devait de toute urgence rattraper son retard économique et technologique et créer une industrie moderne à partir pratiquement de zéro. Ce qui fut fait avec une promptitude sans précédent.

Pour y parvenir, nous avons dû procéder à des économies draconiennes sur le revenu national. Cette masse d'argent fut dévolue au développement de l'industrie lourde, y compris les industries de Défense. La question de ce que nous avait coûté cette priorité ne fut jamais posée, ou du moins resta à l'arrière-plan. L'État n'épargna rien, la population acceptant de son côté des sacrifices pour que le pays fasse les progrès les plus rapides possible, pour sauvegarder ses capacités de défense, son indépendance, ses choix socialistes.

Le système de gestion qui se mit en place avait pour finalité ces objectifs. Il était rigoureusement centralisé, et chaque attribution était réglée jusque dans ses moindres détails; les tâches étaient strictement définies, les budgets étroitement calculés. C'est ainsi qu'il remplit sa mission.

Nous ne pouvons cependant pas rendre les conditions objectives d'alors entièrement responsables de ce type de gestion. Il se fondait sur certaines prémisses erronées et des décisions subjectives qu'il faut garder également en mémoire quand on analyse les problèmes actuels. Toujours est-il que le système de gestion qui prit forme dans les années trente et quarante commença peu à peu à entrer en contradiction avec les exigences et les conditions du progrès économique. Il devint de plus en plus une entrave et donna naissance au mécanisme de freinage qui nous fit tant de tort par la suite; justifiées par des situations extrêmes, ces méthodes se perpétuèrent.

En ce cas précis, le dogmatisme a stimulé le développement d'une économie de « surinvestissement »[12], qui a acquis un essor considérable et continua d'exister jusqu'au milieu des années quatre-vingt. Là sont les origines de « l'approche par la production brute »[13], qui a dominé notre économie jusqu'à il y a peu.

C'est dans ces conditions qu'une attitude pleine de préjugés vis-à-vis du rôle des relations marchandises-monnaie et de la loi de valeur dans le socialisme s'est développée, et qu'on a souvent prétendu que ces notions étaient étrangères, voire opposées au socialisme. Tout ceci se combinait avec une sous-estimation du tableau des profits et pertes, entraînant le désordre dans l'établissement des prix et l'indifférence pour la circulation de l'argent.

Dans ces nouvelles conditions, l'étroite base démocratique du système de gestion commença à avoir les plus funestes effets. Il ne laissait guère de place aux idées de Lénine sur l'autonomie des travailleurs. La propriété publique se trouva graduellement coupée de son véritable propriétaire, le travailleur. Elle souffrait souvent d'une sorte d'esprit de clocher qui en faisait un no man's land coupé de son propriétaire réel. On vit apparaître tous les signes de l'aliénation de l'homme au sein même de la propriété de tout le peuple, et un manque de coordination entre l'intérêt public et les intérêts personnels des travailleurs. A partir d'un certain moment, le vieux système de gestion économique, de facteur de développement qu'il était, se transforma en frein ralentissant les progrès du socialisme.

A propos de l'aspect politique de ce mécanisme de freinage, on ne peut manquer de remarquer la situation paradoxale à laquelle on aboutissait : une population éduquée et pleine de talent, croyant au socialisme, se retrouvait dans l'incapacité d'en utiliser pleinement le potentiel c'est-à-dire d'exercer son droit à prendre une part réelle dans l'administration des affaires de l'État. Bien entendu, ouvriers, paysans et intellectuels ont toujours été représentés dans tous les corps intermédiaires et dans la gestion, mais ils ne participaient pas toujours à l'élaboration et à l'adoption des décisions dans une assez large mesure — celle qu'exigeait un développement sain de la société socialiste. Les masses avaient été préparées à une participation politique plus active qui ne trouvait à s'employer nulle part, alors même que le socialisme tire sa force précisément du fait qu'il entraîne un nombre toujours plus grand de personnes dans l'activité politique.

Le mécanisme de freinage de l'économie, avec ses conséquences sociales et idéologiques, se traduisit par des organismes sur-bureaucratisés, en fait, par l'extension de la bureaucratie à tous les échelons. Cette bureaucratie finit par acquérir une influence trop grande dans toutes les affaires de l'État, de l'administration, et même, sur la vie de la population.

Il va sans dire que dans de telles conditions, les excellentes idées de Lénine sur la gestion, l'autonomie, le calcul des profits et pertes, les liens entre intérêt public et intérêts individuels, ne pouvaient être ni appliquées ni développées convenablement. Ce n'est là qu'un exemple d'une pensée sclérosée, divorcée d'avec la réalité.

La perestroïka a assigné de nouvelles tâches à notre politique et à notre réflexion sur la société. Parmi elles, celle de mettre un terme à la sclérose de la pensée sociale afin de lui donner un champ plus large et de surmonter définitivement les conséquences de ce monopole sur la théorie, typique de la période du culte de la personnalité. Au cours de cette période, les formes de développement de la société socialiste apparues dans des conditions extrêmes, furent transformées, sous l'effet de l'autorité de Staline, en quelque chose d'absolu qu'on regarda comme les seules possibles.

Il faut procéder à une transformation complète de la réflexion sociale et politique. C'est ici qu'il faut s'adresser à Lénine. Il possédait le rare talent de sentir au bon moment le besoin de changements profonds, celui d'un réexamen des valeurs, d'une révision des directives théoriques et des slogans politiques.

En voici l'un des exemples les plus frappants. En avril 1917, lorsque Lénine revint en Russie, il ne lui fallut pas beaucoup de temps pour évaluer avec précision la situation, les tendances et les possibilités de développement après la Révolution de février. Non seulement il détermina correctement la seule tactique possible pour le Parti et les Soviets, mais il s'attela à une nouvelle tâche stratégique, préparer le Parti et les masses à une révolution socialiste. Sans quoi, les gains acquis par le renversement de l'autocratie risquaient fort d'être perdus.

Un tel changement de tactique avait quelque chose d'inattendu même aux yeux de Bolcheviks chevronnés. C'est ce genre de modèle dialectique en matière de pensée politique dont nous nous inspirons pour mettre en œuvre la perestroïka.

Il est souvent arrivé, à ce moment comme par la suite, que le Parti mette trop de temps à assimiler les idées nouvelles. Situation difficile parfois, quand ceux-là mêmes qui étaient les plus attachés à la cause de la Révolution faisaient preuve d'une mauvaise compréhension. Mais Lénine et ses compagnons avaient le talent de convaincre le peuple, d'expliquer les choses, d'approcher une même question sous tous ses aspects, de communiquer sa flamme et son énergie aux autres, et de faire la conquête de ceux qui hésitaient ou doutaient. Lénine lui-même trouvait cela parfois pénible. Il s'en plaint une fois amèrement dans une lettre faisant allusion à ceux qui n'étaient pas capables de supporter la tension des événements et recherchaient une vie facile dans la révolution : « Il y a eu des moments pénibles, parfois très pénibles, mais je n'échangerais pas pour tout l'or du monde une seule minute de cette période pour toute une vie en compagnie d'êtres superficiels et de philistins. »

A plusieurs reprises, me référant à Lénine, j'ai mentionné que si l'on s'attaquait à des problèmes particuliers sans les replacer dans la perspective générale, on ne cessait de se heurter à cette perspective générale. Avec cette notion comme fil conducteur, dès le début de la perestroïka, et en particulier lors de l'Assemblée plénière du Comité central du PCUS de juin 1987, nous avons attaché une importance primordiale à une approche conceptuelle. Bien entendu, nous nous sommes aussi efforcés de rendre les méthodes moins chaotiques. Si l'on veut avancer, il n'est nullement nécessaire de commencer par tout mettre sans dessus dessous pour corriger les fautes.

Il fallait s'atteler à de nouvelles tâches sans détenir des réponses toutes faites. Ces réponses n'existent pas davantage aujourd'hui. Les chercheurs en sciences sociales ne nous ont ici rien proposé de cohérent. L'économie politique socialiste est engluée dans des concepts dépassés et n'est plus en harmonie avec la dialectique de la vie. La philosophie et la sociologie ont elles aussi du retard sur les exigences de la pratique. Quant à la science historique, elle doit subir une révision majeure.

Les 27e Congrès et Assemblée plénière du Comité central du PCUS ont créé de nouvelles possibilités pour le pensée créatrice et ont donné une puissante impulsion à son développement. Aucun mouvement révolutionnaire n'est possible sans une théorie elle-même révolutionnaire : ce précepte marxiste est aujourd'hui plus pertinent que jamais.

### *La perestroïka est une révolution*

Perestroïka est un terme qui a beaucoup de significations. Mais s'il nous fallait choisir, parmi tous ses synonymes possibles, le mot-clef qui exprime son essence avec le plus de justesse, nous dirions alors que « la perestroïka est une révolution ». Une accélération décisive du développement socio-économique et culturel de la société soviétique, qui induit des transformations radicales pour atteindre un état qualitativement nouveau est sans aucun doute une tâche révolutionnaire.

Je pense que nous avions toutes les raisons de déclarer, lors de la séance plénière de janvier 1987 que dans son essence, par son audace bolchevique et par l'accent qu'elle met sur l'humain et le social, la voie que nous avons choisie est dans la lignée directe des grandes réalisations commencées par le Parti léniniste pendant les journées d'octobre 1917. Et non seulement dans la lignée : elle est l'extension et le développement des principales idées de la Révolution. Nous devons insuffler un nouveau dynamisme à l'impulsion historique donnée par la Révolution d'octobre, et faire progresser tout ce qu'elle a entrepris pour notre société.

Bien entendu, nous ne mettons pas sur le même plan, la perestroïka et la Révolution d'octobre, événement qui constitue un grand tournant dans les mille ans d'histoire de notre peuple et qui reste sans équivalent par la force de son impact sur le développement de l'humanité.

Et cependant, pourquoi parlons-nous d'une nouvelle révolution, soixante-dix ans après celle d'octobre ?

Une analogie historique peut nous aider à répondre à cette question. Lénine a une fois remarqué que dans le pays de la révolution bourgeoise classique, la France, il fallut après la grande Révolution de 1789-1793 encore trois révolutions (1830, 1848, et 1871) pour que le pays atteigne ses buts. Même chose pour la Grande-Bretagne où, après la Révolution de Cromwell en 1649, vint la « glorieuse » Révolution de 1688-1689, puis la réforme de 1832, nécessaire pour installer définitivement au pouvoir la nouvelle classe, la bourgeoisie. On compte en Allemagne deux révolutions bourgeoises-démocrates (1848-1918) et entre les deux les réformes radicales des années 1860, imposées par Bismarck par « le fer et le sang. »

« Jamais dans l'histoire, écrit Lénine, on a vu de révolution pendant laquelle on pouvait baisser les bras et se reposer sur ses lauriers après la victoire. » Pourquoi donc dans ce cas le socialisme, appelé à conduire des transformation socio-politiques et culturelles dans la société encore plus profondes que le capitalisme, ne passerait-il pas par plusieurs étapes révolutionnaires avant de révéler pleinement tout son potentiel et de se cristalliser finalement en une formation radicalement nouvelle ? Lénine a répété cette idée à plusieurs reprises : le socialisme se bâtira en de nombreuses tentatives. Chacune doit avoir en quelque sorte son orientation propre, sa propre spécificité. Et cela s'applique à tous les pays.

L'expérience historique a montré que la société socialiste n'est pas à l'abri d'une apparition et d'une accumulation de tendance stagnantes, ni même de crises socio-politiques majeures. Et ce sont précisément des mesures de caractère révolutionnaire qui sont nécessaires pour surmonter une crise ou une situation de crise iminente. Ce qui est important ici, c'est que le socialisme soit capable d'effectuer des changements révolutionnaires, car il est dynamique par sa nature même.

Au printemps 1985, le Parti a mis cette tâche à l'ordre du jour. La gravité des problèmes, déjà révélés ou en voie d'émergence, les délais qu'ils ont demandés pour être compris et pour que des solutions soient adoptées, ont rendu nécessaire d'agir d'une manière révolutionnaire et de proclamer une révision elle-même révolutionnaire de la société.

La perestroïka est un processus révolutionnaire car il constitue un bond en avant dans le développement du socialisme, dans la réalisation de ses caractéristiques essentielles. D'emblée nous nous sommes rendus compte que nous n'avions pas de temps à perdre. Il est important de ne pas attendre trop longtemps sur la ligne de départ, de surmonter son décalage, de s'arracher au marécage du conservatisme et de rompre l'inertie de la stagnation. C'est quelque chose que l'on ne peut pas faire par une simple évolution, par des réformes timides et furtives.

Nous n'avons tout simplement pas le droit de nous détendre un seul instant. Au contraire, jour après jour nous devons accomplir davantage d'efforts, accélérer le rythme et l'intensité de notre action. Nous devons résister aux tensions — ce que les cosmonautes appellent les grosses surcharges —

pendant la phase initiale de la restructuration.

Une révolution doit être en constant développement, sans temps morts. Notre propre passé illustre cette idée : nous nous ressentons encore aujourd'hui des conséquences de notre ralentissement passé. C'est pourquoi il nous faut redoubler maintenant de courage et d'audace. Nous laisserions-nous encore immobiliser, que les ennuis ne tarderaient pas. C'est pourquoi, un seul mot d'ordre : en avant !

Bien entendu, agir de manière révolutionnaire n'est pas synonyme de foncer tête la première. Les charges de cavalerie sont loin d'être toujours appropriées aux circonstances. Une révolution est soumise aux lois de la politique et à l'art du possible. Il faut éviter de brûler les étapes et de se retrouver trop en avance sur ses propres possibilités. La tâche principale, actuellement, consiste à créer une base qui nous permettra d'avancer vers des frontières qualitativement nouvelles. Sans quoi on risque de tout gâcher et de discréditer la grande cause que l'on sert.

En accord avec notre théorie, la révolution signifie construction, mais elle implique aussi la démolition. La révolution exige le démantèlement de tout ce qui est caduc, stagnant ou qui freine le progrès. Sans destruction préalable, on ne peut dégager le site sur lequel on veut construire. La perestroïka signifie donc une élimination radicale et sans faiblesse des obstacles au développement social et économique, des méthodes dépassées de gestion de l'économie et des mentalités stéréotypés et dogmatiques. La perestroïka touche les intérêts de nombreuses personnes et de l'ensemble de la société. Et bien entendu, la démolition provoque des conflits et parfois des heurts violents entre l'ancien et le nouveau. Non, bien entendu, que les bombes explosent et que les balles volent, mais ceux qui sont sur le passage offrent une résistance. Et le ne rien-faire satisfait, l'indifférence blasée, la paresse, l'irresponsabilité et la mauvaise gestion sont également de la résistance.

C'est compréhensible. L'atmosphère de notre société est réellement devenue tendue au fur et à mesure que se faisait plus profondément sentir les efforts de la perestroïka. Nous entendons certains dire : « Cela valait-il la peine de se lancer là-dedans ? »

On en trouve qui n'acceptent même pas le terme « révolution » tel qu'on l'applique à cet effort. Certains sont de même effrayés par celui de « réforme ». Mais Lénine n'avait pas peur de l'employer : il a même appris aux Bolcheviks eux-mêmes à ne pas hésiter à faire du « réformisme » chaque fois que c'était nécessaire pour faire avancer la cause de la Révolution dans de nouvelles conditions. Aujourd'hui, nous avons besoin de réformes radicales pour une transformation révolutionnaire.

L'un des signes qui indique que l'on est en période révolutionnaire est le décalage plus ou moins prononcé qui existe entre les intérêts vitaux d'une société dont les premiers rangs sont prêts à adopter des changements majeurs, et les intérêts immédiats, au jour le jour, des individus. La perestroïka heurte plus durement ceux qui sont habitués à travailler selon la vieille méthode. Nous n'avons pas d'opposition politique, mais cela ne signifie pas qu'il ne se produit pas d'affrontement avec ceux qui, pour diverses raisons, n'acceptent pas la perestroïka. Il est probable que tout le monde aura à faire des sacrifices au cours de ses premières étapes, mais certains devront définitivement abandonner des privilèges et des prérogatives qu'ils ne méritent pas et qu'ils se sont acquis illégitimement, comme renoncer aux droits qui sont une entrave à notre progrès.

La question des différents « intérêts » a toujours constitué une question capitale pour le Parti, lors des moments cruciaux. Il me paraît approprié de rappeler comment Lénine s'est battu pour que l'on signe le traité de paix de Brest-Litovsk au cours de la difficile année 1918. La Guerre civile faisait rage. Et voici que la menace allemande se faisait de plus en plus sérieuse. C'est pourquoi Lénine proposa la signature d'un traité de paix.

Les termes de ce traité, tel que l'Allemagne nous l'imposait, étaient pour nous, comme Lénine l'a dit, « honteux et ignobles ». Ils revenaient à l'annexion d'une vaste portion de territoire peuplée de 56 millions d'habitants. Ils semblaient impossibles à accepter. Lénine, pourtant, insista pour signer. Même certains membres du Comité central n'étaient pas d'accord, disant que les travailleurs, eux aussi, exigeaient que l'envahisseur allemand soit chassé. Lénine, cependant, continua à plaider pour la paix parce qu'il était guidé par des intérêts vitaux mais non immédiats, ceux de la classe ouvrière dans son ensemble, de la Révolution et de l'avenir du socialisme. Pour les protéger, le pays avait besoin d'un répit avant d'aller de nouveau de l'avant. A l'époque, bien peu le comprenaient. Ce n'est que plus tard qu'il fut facile de dire d'un ton assuré que Lénine avait eu raison. Et certes il avait eu raison, car il avait été guidé par une vision à long terme, plaçant ce qui était essentiel au-dessus de ce qui était transitoire. La Révolution fut sauvée.

Il en va de même avec la perestroïka. Elle répond aux intérêts vitaux du peuple soviétique. Elle est conçue pour amener la société à se dépasser et l'élever à un niveau qualitativement nouveau. Nous aurons à faire des sacrifices, et ce ne sera pas facile.. Les idées toutes faites et les habitudes bien établies se dissolvent sous nos yeux. La disparition de quelque chose à quoi on est habitué soulève des protestations. Le conservatisme ne lâche pas facilement prise, mais tout cela peut et doit être surmonté si nous voulons répondre aux intérêts à long terme de la société et de chacun.

De fait, nous avons été confronté au problème des relations entre intérêts immédiats et intérêts à long terme lorsque nous avons commencé de mettre en place le Contrôle d'État pour la qualité[14]. Pour améliorer la qualité des produits, nous avons créé un corps indépendant chargé de vérifier qu'ils correspondent aux normes définies. Dans un premier temps, les revenus de beaucoup de travailleurs baissèrent, mais la société avait besoin de produits de meilleure qualité, et ils comprirent les nouvelles mesures. Il n'y eut pas de protestations de leur part. Au contraire, on les entend dire maintenant : « Il est anormal de recevoir ce que l'on n'a pas mérité. » En même temps, ils attendent des dirigeants, des ingénieurs et du personnel technique qu'ils adoptent la même attitude. C'est ainsi que ce service de Contrôle de la qualité a permis de révéler l'attitude des gens vis-à-vis du travail, comme les ressources humaines qui pourraient être utiles à la perestroïka. Le contrôle d'État pour la qualité en est devenu la pierre de touche. Il se confirme que la classe ouvrière soviétique dans son ensemble soutient la restructuration et est prête à la promouvoir, et qu'elle remplit dans la pratique son rôle de classe d'avant-garde de la société socialiste.

Comme la révolution, la perestroïka est quelque chose avec quoi l'on ne peut jouer. Il faut aller jusqu'au bout des choses et accomplir des progrès quotidiens afin que la population puisse en éprouver les résultats et que le processus continue d'accumuler une dynamique, à la fois matériellement et spirituellement.

Lorsque nous disons de nos mesures qu'elles sont révolutionnaires, nous entendons par là qu'elles portent loin, qu'elles sont radicales, sans compromis, et affectent l'ensemble de la société de haut en bas. Tous les aspects de la vie en sont touchés, sans exclusive. Il ne s'agit pas de passer un nouveau coup de vernis, ou encore de maquiller des plaies, il s'agit d'un renouveau complet, d'une véritable guérison.

La politique est sans doute l'aspect le plus important de tout processus révolutionnaire, et c'est également vrai de la perestroïka. C'est pourquoi nous donnons la priorité aux mesures politiques, à une large et authentique démocratisation, à une lutte sans merci contre les tracasseries administratives et les violations de la loi, et à une participation active des masses à la gestion des affaires du pays. Tout cela est directement lié à la principale question de toute révolution, celle du pouvoir.

Nous n'allons évidemment pas changer le système du pouvoir soviétique, ni ses principes fondamentaux; nous admettons néanmoins que des modifications sont nécessaires pour renforcer le socialisme, le rendre plus dynamique et politiquement plus riche. C'est pourquoi nous avons toutes les raisons de voir dans notre projet d'une démocratisation complète de la société soviétique un réel programme de changements dans notre système politique.

Nous devons donc, si nous voulons le succès de la perestroïka, tourner toute notre attention vers les tâches politiques et les méthodes de l'exercice du pouvoir. L'aspect le plus important de l'activité du Parti est le travail accompli auprès des masses, l'éducation politique des travailleurs et l'élévation du niveau d'activité politique du peuple. Le sens original du concept de socialisme reste avant tout un mouvement idéologique et politique de masse, un mouvement parti de la base et dont la force réside avant tout dans la conscience et l'activité des hommes; ce sens revient au premier plan.

La révolution est un phénomène sans équivalent. Et comme dans une révolution, toutes nos activités quotidiennes doivent être sans équivalents révolutionnaires. La perestroïka exige des chefs de Parti qui soient très proches du bolchevik révolutionnaire idéal comme le concevait Lénine. L'esprit fonctionnaire tâtillon, les attitudes clientélistes et le carriérisme sont incompatibles avec cet idéal. On honorera par contre le courage, l'initiative, des normes idéologiques élevées et une morale intègre, ainsi que le constant besoin de discuter des choses avec les gens et l'aptitude à s'en tenir fermement aux valeurs humaines du socialisme. La situation révolutionnaire exige de l'enthousiasme, un dévouement sans bornes, le sacrifice de soi-même. Cela s'applique tout particulièrement aux dirigeants. Nous avons encore beaucoup à faire pour atteindre cet idéal. Trop de gens sont encore « en cours d'évolution », ou, pour dire les choses plus crûment, ont adopté une attitude de réserve du genre « attendre et voir venir ».

*Une « révolution venue d'en haut »? Le Parti et la perestroïka*

On trouve dans les sciences historiques comme dans le vocabulaire politique cette expression : une « révolution venue d'en haut ». L'histoire a connu un certain nombre de révolutions de ce genre. Il ne faut cependant pas les confondre avec les coups d'État et les révolutions de palais. Ce que cette expression traduit est l'idée de transformations révolutionnaires profondes et fondamentales instaurées à l'initiative des autorités elles-mêmes, mais rendues nécessaires par des changements objectifs d'une situation et d'une ambiance sociale.

On pourrait croire que la perestroïka est une révolution dans ce genre. Certes, l'impulsion est venue du Parti communiste, et c'est le Parti qui la dirige. Il est assez fort et audacieux pour élaborer une nouvelle politique. Il s'est montré capable de lancer et diriger le processus de renouveau de la société. Il a commencé en s'améliorant lui-même. J'ai parlé franchement de cette question lors d'une rencontre avec des membres actifs du Parti à Khabarovsk, pendant l'été 1986. Nous devons commencer par balayer devant notre porte, ai-je dit. Chacun doit prendre ses responsabilités : au Politburo, dans les sections locales, dans les organisations de base du Parti. Il nous faut être meilleurs que nous le sommes. Nous aiderons ceux qui auront des difficultés à s'améliorer. L'essentiel est de se montrer lucide et consciencieux. Nous nous sommes trop habitués à un certain nombre de pratiques, au temps où il n'y avait pas la transparence. Cela vaut aussi bien pour les cadres de la base que pour les officiels de haut rang.

Je ne dis pas qu'il s'agit de faire de la démagogie, comme le font les candidats de certains pays au cours des campagnes électorales. Notre peuple n'aimerait pas cela. Il doit savoir la vérité. On ne doit pas avoir peur de son propre peuple. La transparence est l'un des attributs du socialisme. Mais on trouve encore, jusqu'aux plus hauts échelons, des gens qui considèrent qu'il y a certes une morale socialiste pour tous, mais qu'il y en a une autre pour eux-mêmes, à savoir quelque chose qui satisfait à leurs fins égoïstes. Cela n'est pas acceptable.

Bref, l'effort de restructuration a commencé avec le Parti et sa direction. Nous sommes partis du sommet de la pyramide et nous poursuivons en direction de la base. Et cependant le concept de « révolution venue d'en haut » ne s'applique toujours pas à notre perestroïka, ou du moins appelle-t-il quelques précisions. Oui, elle a commencé à l'initiative du Parti. Ce sont les organes les plus hauts placés du Parti et de l'État qui ont élaboré et adopté son programme. Oui, la perestroïka n'est pas un processus spontané, mais dirigé. Mais ce n'est là qu'un aspect de la question.

Jamais la perestroïka n'aurait été une authentique entreprise révolutionnaire, jamais elle n'aurait acquis son ampleur actuelle, jamais elle n'aurait eu de solides chances de succès, si elle n'avait pas allié l'initiative venue d'en haut au mouvement venu de la base; si elle n'avait pas été l'expression des intérêts fondamentaux et à long terme des travailleurs; si les masses n'avaient pas fait de son programme « leur » programme, si elles n'y avaient pas vu une réaction à leurs propres réflexions et une reconnaissance de leurs exigences propres, si enfin le peuple ne la soutenait pas aussi véhémentement et fermement.

Par sa nature même, la restructuration implique qu'elle doit se poursuivre sur tous les lieux de travail, dans chaque collectivité, dans tous les systèmes de gestion, ceux du Parti, ceux dc l'État — y compris au Politburo et au Gouvernement. La restructuration concerne tout un chacun, du communiste de base au Secrétaire du Comité central, de l'ouvrier au ministre, de l'ingénieur à l'académicien. On ne peut la mener à bien que par un effort véritablement national. Où qu'il soit, chacun doit travailler honnêtement et consciencieusement, sans épargner ses efforts ni ses talents. Un tel mouvement impliquera peu à peu de plus en plus de gens.

Lorsque l'on avance des propositions sérieuses et mûrement réfléchies, elles rencontrent toujours l'appui et la compréhension des travailleurs. C'est exactement ce que nous nous sommes efforcés de faire depuis deux ans et demi. Peut-être n'avons-nous pas nous-même encore pleinement conscience de l'ampleur de la question, ou n'avons-nous pas su montrer aux gens toute la complexité de la situation dans laquelle se trouvait le pays et bien expliqué ce qu'il fallait faire. Mais nous avons dit l'essentiel, et la réaction a été le soutien et l'approbation.

Les faiblesses et les contradictions de toutes les « révolutions venues d'en haut » connues s'expliquent précisément par cette absence d'un soutien à la base, d'entente et d'action concertée avec les masses. Il fallait alors employer, à un plus ou moins grand degré, des méthodes coercitives. Il s'ensuivait des distorsions au fur et à mesure des changements, ce qui en explique les « coûts » élevés sur les plans socio-politiques et moraux.

C'est l'un des traits distinctifs de la perestroïka, trait qui fait sa force, qu'elle soit à la fois une révolution « venue d'en haut » et « d'en bas ». Il s'agit là de l'une des garanties les plus sûres de son succès et de son irréversibilité. Nous chercherons constamment à nous assurer que les masses, « le peuple de base », accèdent à tous leurs droits démocratiques et apprennent à s'en servir quotidiennement, d'une manière compétente et responsable. La vie se charge de nous confirmer de manière convaincante qu'à chaque grand tournant de l'histoire, dans les situations révolutionnaires, le peuple fait preuve d'une remarquable aptitude à écouter, à comprendre et à réagir si on lui dit la vérité. C'est exactement ainsi que Lénine a agi, même dans les moments les plus pénibles de la Révolution d'octobre et de la Guerre civile, quand il s'adressait au peuple en toute franchise. C'est pourquoi il est d'une telle importance que la perestroïka maintienne un niveau élevé d'énergie politique et d'énergie au travail parmi les masses.

On dit souvent à l'Ouest que la perestroïka va se heurter à des difficultés, et que nos travailleurs seront mécontents. Que répondre à cela ? Certes, une entreprise d'une telle ampleur rencontrera des difficultés. Et si se manifestent un mécontentement ou des protestations légitimes, nous commencerons par nous efforcer, avant tout, de découvrir quelles en sont les raisons. Le zèle administratif n'est d'aucun secours, en de tels cas. Les organes de l'autorité, et les organisations publiques et économiques doivent apprendre à travailler de manière à ne donner aucun prétexte à de telles manifestations, et à résoudre sans délai les questions qui auraient pu engendrer de telles réactions. Si les autorités ne règlent pas les problèmes spécifiques, les gens essaieront de les résoudre par eux-mêmes. Ce n'est que quand le peuple ne cesse de s'adresser aux plus hautes instances sans jamais avoir de réaction positive que la base commence à prendre des initiatives désordonnées. Elles sont le résultat direct des insuffisances de notre travail.

Ici, un seul critère : il faut être attentif à tout ce qui peut renforcer le socialisme, le prendre en considération; nous nous opposerons en revanche à tous les courants étrangers au socialisme, mais, je le répète, dans le cadre d'un processus démocratique.

Ne pas tomber dans le « révolutionnisme », ne pas se laisser détourner, ne pas faire des embarras ou croûler sous les méthodes administratives — tels sont quelques uns des principes d'un véritable esprit révolutionnaire léniniste.

Lorsque l'on nous demande si nous ne poussons pas les choses trop loin, nous répondons que non. Il n'y a aucune alternative raisonnable à une perestroïka dynamique et révolutionnaire. Ou plutôt, cette alternative est une stagnation continuée. De la réussite de la perestroïka dépend l'avenir du socialisme et l'avenir de la paix; ces enjeux sont trop élevés pour tergiverser. Les temps nous imposent un choix révolutionnaire, celui que nous avons fait. Nous n'abandonnerons pas la perestroïka et nous la mènerons à bien.

Lorsque Jimmy Carter, que j'ai rencontré cet été, m'a demandé: « Croyez-vous au succès de vos efforts de réforme économique et politique en Union Soviétique ? », j'ai répondu :

« Nous venons juste de nous lancer dans une entreprise capitale et difficile dans les domaines politique, économique, social et spirituel. La restructuration touche tous les groupes de notre société. Il ne s'agit pas d'une tâche aisée. Nous avons franchi certaines des étapes de la restructuration qui sont peut-être parmi les plus importantes. Nous avons proposé une politique de changement et constatons qu'elle est approuvée par la société. Elle se met en place. Certes, les problèmes qu'elle soulève ne manquent pas.

« L'Ouest a cru pouvoir parler d'une forme d'opposition; mais ce n'est pas sérieux. Un effort majeur de restructuration est en cours. Nous reformulons nos attitudes et nos façon de penser dans tout notre mode de vie, et nous nous débarrassons des stéréotypes. L'atmosphère de la société a déjà énormément changé. La société a été mise en mouvement. Nous recevons son appui massif et continuons à faire avancer les choses en nous fondant sur cet appui. Si nous n'avions pas eu confiance dans la justesse de cette politique, mes collègues et moi-même ne l'aurions pas proposée.

« Nous disposons maintenant d'une expérience de deux ans, une expérience sur la mise en pratique de cette politique. La confiance que nous avions dans la justesse de ce que nous faisons s'est considérablement accrue. Nous poursuivrons sur ce chemin, aussi difficile qu'il puisse être. Bien sûr, il y aura un certain nombre d'étapes en cours de route. Nous atteindrons certains de nos objectifs en un court laps de temps; d'autres demanderont en revanche plusieurs années pour être menés à bien. Et nous avons également des objectifs à très long terme. Nous irons de l'avant. »

Les citoyens soviétiques ont la conviction que le résultat de la perestroïka et de la démocratisation sera de rendre ce pays plus riche et plus fort. La vie y sera meilleure. Il y a et il y aura des difficultés, parfois considérables, sur la route de la perestroïka, et nous ne le cachons pas. Mais nous les surmonterons : de cela je suis sûr.

## NOTES DU CHAPITRE I

1) *Politburo du Comité central du PCUS :* direction collective du Comité central du PCUS, élue lors des séances plénières du Comité central pour guider le travail du Parti entre ces séances plénières.

2) *Secrétariat du Comité central du PCUS :* corps tiré du Comité central du PCUS et élu lors des séances plénières du Comité central afin de superviser le travail quotidien du Parti, avant tout en sélectionnant les cadres et en veillant à l'accomplissement des décisions prises.

3) C'est au cours de cette séance plénière que fut adopté le concept d'un développement socio-économique accéléré pour l'U.R.S.S., base d'une nouvelle mouture du Programme du Parti, entérinée plus tard lors du XXVIIe Congrès du Parti en tant que ligne de politique générale.

4) La comptabilité des prix de revient est une méthode de travail employée par une entreprise dans le cadre du plan de l'économie nationale. Elle envisage le cas d'une entreprise qui utilise des moyens de productions publics et fait face à toutes les dépenses et les règlements du budget de l'État grâce aux profits retirés de la vente de ses produits, de ses innovations scientifiques ou technologiques, de ses services et ainsi de suite. L'État, cependant, se charge de financer les programmes d'expansion et de modernisation des entreprises. Avec ce type de comptabilité employée systématiquement, et introduit en 1987, une entreprise finance toutes ses dépenses elle-même, ses versements au budget de l'État étant réduits en proportion.

5) Établissements situés hors les murs chargés de donner aux jeunes le goût du travail et de la connaissance, de promouvoir les aptitudes créatives, de dépister les vocations et de familiariser les jeunes générations avec les activités sociales.

6) Cette avenue, l'artère principale de Leningrad, suit un tracé absolument rectiligne et sert de métaphore, dans le langage russe, pour caractériser ceux qui pensent que le développement social pourrait suivre le même genre de chemin.

7) La guerre civile et l'intervention étrangère (1918-1922). Il s'agit de la période de lutte de la république soviétique contre la contre-révolution et l'invasion de certaines parties de son territoire par des troupes étrangères, britanniques, françaises, américaines, allemandes, japonaises, polonaises et autres (en tout, quatorze pays ont participé à l'invasion).

8) En français dans le texte.

9) Tenu à Moscou en février 1956, ce congrès a approuvé les directives du sixième plan quinquennal pour le développement de l'économie, énoncé le principe de la coexistence pacifique avec les États ayant un système social différent, et condamné le culte de la personnalité de Staline et ses conséquences.

10) Cette Assemblée plénière est celle qui releva Khroutchev de ses fonctions de premier secrétaire du Comité central du PCUS, poste auquel fut ensuite élu Leonid Brejnev.

11) Cette réforme avait pour but d'améliorer les mécanismes de l'activité économique dans l'industrie et la construction, en mettant l'accent sur les profits.

12) L'une des manifestations d'une gestion extensive de l'économie lorsqu'on atteint les objectifs de croissance avant tout par la construction de nouvelles usines et l'engagement de nouveaux ouvriers, ce qui se traduit par des augmentations des coûts de production sans aucune amélioration de la qualité des produits.

13) Système de planification et de production déséquilibré qui met l'accent sur le «poids» et les «quantités» de produits, au lieu de chercher l'amélioration de leur qualité et l'ajustement à la demande réelle.

14) Ce système est destiné à contrôler la qualité de la production. Il est indépendant des gestionnaires de l'entreprise, et subordonné au Comité d'État d'U.R.S.S. pour ses normes. Il a été installé le 1er janvier 1987, dans 1 500 entreprises industrielles. Son extension est prévue.

CHAPITRE II

## La perestroïka est en marche : premières conclusions

Deux ans et demi se sont écoulés depuis le lancement de la politique de perestroïka. Nous en avons une conception théorique assortie d'un programme spécifique que nous développons de manière continue, que nous clarifions et que nous enrichissons de nouvelles approches, d'idées neuves. Cela exige un grand effort de créativité de la part des dirigeants du Parti et de l'État, et de nombreuses discussions. Après le XXVIIe Congrès du PCUS, en février-mars 1986, et plusieurs séances plénières du Comité central, les problèmes posés par la perestroïka et le cours qu'elle suivait ont fait l'objet de discussions enthousiastes à tous les niveaux de la société soviétique. Le programme de la perestroïka a déjà à son actif une série d'actions législatives approuvées par le parlement — le Soviet suprême de l'U.R.S.S.

Parallèlement, les tâches pratiques quotidiennes pour mettre en œuvre la perestroïka n'ont pas cessé. Nous avons accumulé une certaine expérience, même si elle reste limitée. Nous avons des résultats encourageants, mais nous avons également commis des erreurs et fait de faux calculs. Aujourd'hui, nous voyons plus clairement quelles sont nos responsabilités, quels sont nos points faibles. Nous croyons toujours que nous n'en sommes qu'au début. Malgré tout, la perestroïka fait déjà partie de notre vie et implique les masses. En ce sens, elle est déjà une réalité.

## I - La société est mise en mouvement

### *Comment tout a commencé*

Quand nous parlons de ce qui a été accompli au cours des deux dernières années et demie, cela concerne bien entendu une période de temps qui précède et suit le XXVIIe Congrès.

Les congrès du Parti communiste d'Union soviétique occupent une place spéciale dans notre histoire; ils en constituent les repères. Pour de nombreuses raisons, ce XXVIIe Congrès avait à donner des réponses aux questions les plus urgentes sur la vie de la société soviétique. Les règles du Parti déterminent l'époque où se tiennent les congrès. La préparation d'une nouvelle édition du programme du Parti était en route, et on traçait les ébauches du douzième plan quinquennal et les grandes lignes de projet devant nous conduire jusqu'à l'an deux mille. La difficulté tenait à ce qu'on avait commencé à formuler les directives politiques du Congrès dans des conditions qui changèrent spectaculairement après les séances plénières du Comité central du PCUS de mars[1] et d'avril 1985. De nouveaux processus s'étaient mis en route à la fois dans le Parti et dans la société dans son ensemble.

Les orientations de la séance plénière procédaient d'un processus qu'il n'était pas facile de comprendre et de saisir parfaitement. De nouvelles idées s'étaient fait jour au cours de discussions tenues à tous les niveaux — au Politburo, au Comité central, dans les organisations locales du Parti, dans la communauté scientifique, dans les collectivités de travail. Des débats animés, et parfois même des polémiques, commencèrent dans les médias. On se mit également à réévaluer le passé d'un œil plus critique. Des milliers de gens — ouvriers, paysans, intellectuels — prirent part avec enthousiasme à ces débats, aux réunions des collectivités de travail, s'exprimèrent dans la presse et par des lettres qui contenaient à la fois des critiques et des suggestions adressées aux plus hautes instances du Parti et du Gouvernement. Sur de nombreux problèmes spécifiques, on exprimait souvent des points de vue différents, voire opposés, et on se lançait avidement et ouvertement dans l'exploration de voies pour sortir de la situation existante. Nous considérons qu'une telle pluralité d'opinions est à la fois naturelle et utile. Il devint clair que la préparation du XXVIIe Congrès allait se fonder sur de nouvelles approches, alors qu'il restait moins d'une année avant la date à laquelle il avait été prévu.

On aurait bien entendu pu retarder le congrès. Certains étaient des partisans convaincus de cette formule, et leurs arguments ne manquaient pas de poids. Mais cette attitude se ressentait aussi des méfaits de la période de stagnation qui nous avait tous affectés. Finalement, le point de vue qui, à mon sens, s'accordait le mieux avec la situation — tenir le congrès à la date prévue et jeter toutes les forces saines de la société dans sa préparation — prévalut.

Le XXVIIe Congrès adopta des résolutions majeures, qui sont d'une importance considérable pour l'avenir de l'U.R.S.S. Il formula les lignes directrices, quant au travail du Parti, pour mettre en œuvre le concept d'accélération du développement économique et social, tel que l'avait présenté la séance plénière d'avril du Comité central. Oui, ce fut un congrès où les délégués n'arrivèrent pas seulement avec leurs préoccupations et leurs certitudes, mais aussi avec leurs réflexions, leurs projets ainsi que la détermination de donner un nouvel et puissant élan au développement du socialisme.

Ce fut un congrès courageux. Nous y avons parlé ouvertement de nos insuffisances, de nos erreurs et de nos difficultés. Nous avons mis l'accent sur les ressources non utilisées du socialisme, et le congrès adopta un plan d'action à long terme détaillé, ce qui en fit le congrès des décisions stratégiques.

Mais sur le moment, nous n'avons pas su ou n'avons simplement pas été capables d'apprécier pleinement le caractère spectaculaire et l'ampleur du champ couverts par les processus en cours. Nous les voyons mieux actuellement, et il est clair que nous devons résolument poursuivre la tâche commencée avant le congrès et poursuivie avec celui-ci, tout en étudiant plus à fond, simultanément, la société dans laquelle nous vivons. Pour cela, nous devons retourner aux sources, aux racines, afin de mieux évaluer le passé et de déterminer quelles sont nos priorités et les meilleurs moyens d'y répondre. Si l'on ne comprend pas cela, le risque est grand de s'égarer.

Près d'un an après le XXVII^e Congrès, on trouvait encore des personnes, dans toutes les couches de la société et dans le Parti lui-même, qui continuaient à penser que la perestroïka, loin d'être un programme à long terme, n'était qu'une campagne de plus. Beaucoup d'officiels locaux se méfiaient des partisans actifs de la perestroïka, les avertissant qu'ils en demandaient trop : « Attendez donc un peu, camarade », disaient-ils « ne faites pas tant d'histoire, dans un an ou deux, on n'en parlera plus». Ils croyaient sincèrement qu'il ne s'agissait que d'une agitation passagère, comme la chose s'est déjà produite à plusieurs reprises. Il y avait aussi ceux qui prenaient une pose sceptique et qui étouffaient des rires dans les couloirs de bureaux : «On en a vu d'autres, et nous survivrons bien une fois de plus». Dans la société, l'inquiétude grandissait sur le sort de la perestroïka : tout n'allait-il pas retomber dans la même vieille ornière ?

Lors de la séance plénière de janvier, nous avons analysé, dans un esprit d'autocritique, les causes de cette situation complexe et contradictoire. Nous ne nous sommes pas contenté de critiquer le passé et de désigner du doigt tel ou tel officiel. Suffit-il de donner des noms pour résoudre un tel problème ? Ce qu'il nous fallait, c'était une évaluation du phénomène et une analyse de ses processus et de ses tendances. C'est ce que nous avons cherché à faire. Je suis convaincu que si la séance plénière de janvier s'était bornée à critiquer le passé, elle n'aurait pas rempli sa mission.

Ce n'est pas pour régler de vieux comptes que nous avons besoin de leçons et de critiques, mais pour nous occuper du présent et de l'avenir.

Si nous n'avions pas proposé un programme d'action constructif, si nous ne nous étions pas occupé de l'essentiel, de ce qu'il fallait faire, des compléments de forces qu'il nous faudrait mobiliser pour éliminer le mécanisme de freinage, de la façon de créer un mécanisme d'accélération efficace — nous n'aurions fait que du sur-place. Si la séance plénière n'avait pas montré la voie à suivre, si elle n'avait pas fait de la démocratisation la principale source d'énergie de la perestroïka, elle aurait été parfaitement inutile.

L'idée-clef de la séance plénière de janvier — en ce qui touche aux moyens de réaliser nos objectifs et de protéger la société d'une répétition des erreurs commises par le passé — est le développement de la démocratie. C'est là la principale garantie de l'irréversibilité de la perestroïka. Plus nous avons de démocratie socialiste, plus nous avons de socialisme. Telle est notre inébranlable conviction, une conviction qui ne nous quittera jamais. Nous ferons avancer la démocratie en économie, en politique et à l'intérieur du Parti lui-même. La créativité des masses reste la force décisive de la perestroïka; il n'en est pas de plus puissante.

Les mois qui se sont écoulés depuis la séance plénière ont montré que nous avions agi dans le bon sens. Notre génération doit faire face à la tâche gigantesque de restructurer tout le pays. Peut-être n'arriverons-nous pas à tout régler, mais nous aurons le temps de mettre en route le processus d'accélération. Nous bâtirons les fondations, et je suis sûr que l'ensemble de la société soviétique participera à l'effort de la perestroïka.

Mais même lorsque les nouveaux mécanismes démocratiques auront été bien rodés, même lorsque les leviers moraux seront utilisés à plein, la tâche n'en deviendra pas simple pour autant. En fait, je pense que nous aurons encore plus de travail, et que celui-ci se fera de plus en plus complexe; il est clair que ses modalités et ses méthodes auront plus d'une fois à subir des modifications, car il nous faudra travailler dans de nouvelles conditions politiques, économiques, morales et culturelles.

### *La perestroïka gagne en dynamisme*

J'espère avoir maintenant réussi à montrer que notre société soviétique a bien été mise en mouvement, et qu'il n'est pas question pour elle de s'arrêter. Nous n'encourageons cependant pas les attentes irréalistes. Certains espèrent en effet que tout va changer tout de suite, tout seul, sans qu'il y ait d'effort particulier à produire. Ils sont nombreux à penser ainsi : « Nous avons de nouveaux dirigeants, donc tout va changer, tout va être parfait ». Mais c'est une erreur de croire qu'à partir d'aujourd'hui la route sera facile et descendra en pente douce. Bien au contraire, nous sommes en pleine ascension, et il y a encore du chemin à parcourir avant que la perestroïka ait accumulé suffisamment d'énergie.

En fait, la perestroïka vient tout juste de décoller. Jusqu'ici, nous n'avons fait qu'élaborer les mécanismes d'accélération. Jusque il y a encore peu, nous nous consacrions avant tout à apprendre où nous étions, à explorer diverses approches, à rassembler idées et suggestions. Nous devons maintenant, ensemble, forger l'avenir. C'est tout autre chose que de constater que des gens différents ont des opinions différentes sur la perestroïka elle-même, et le rôle qu'ils ont à y jouer.

On ne trouve guère d'adversaires déclarés de la perestroïka; en revanche, il y a des gens qui soutiennent les innovations de la perestroïka, mais qui estiment que celles-ci ne devraient pas les affecter. Qu'elles affectent le Parti, l'État, les organes de l'économie, d'autres secteurs, des entreprises voisines, des collègues de travail à l'atelier, à la ferme ou sur les sites de constructions, d'accord; mais eux, pas question. Au cours d'un entretien que j'ai eu avec des travailleurs dans une grande usine de construction d'appareils de radio, à Riga, au cours de ma visite en République soviétique socialiste de Lettonie, j'ai estimé nécessaire de leur faire remarquer que les difficultés rencontrées étaient une chose, mais que s'ils ne s'intéressaient qu'à se qui se passait « au sommet » sans mettre en œuvre leurs propres ressources, la perestroïka perdrait de sa dynamique et commencerait à tourner dans le vide jusqu'à l'arrêt complet, comme toutes les demi-mesures précédentes.

Il y a aussi des personnes qui ne savent pas comment travailler dans une nouvelle voie, dans le contexte de la perestroïka. Il faut le leur apprendre et leur venir en aide.

Nous devons également compter avec la paresse et l'inertie, avec la pratique qui veut que l'on attende que les instructions arrivent d'en haut sur toutes les questions, et que l'on se repose entièrement sur elles — autant d'attitudes qui n'ont pas encore été éliminées. Non que ce soit surprenant, car ainsi en allait-il habituellement des ateliers jusqu'aux ministères, et c'est un comportement qui fait encore sentir ses effets aujourd'hui, même dans les échelons supérieurs de l'administration. Ce qui est grave est que les gens ont perdu l'habitude de penser et d'agir d'une manière indépendante et responsable : problème qui ne laisse pas d'être préoccupant.

Notre tâche principale est de faire en sorte que l'ensemble de la société soit concerné par le processus de restructuration. Le socialisme, dans notre société, se développe à partir de ses propres bases. Nous ne voulons pas dire que la perestroïka devrait être l'affaire d'autres gens, d'un autre Parti, d'une autre science, d'une autre littérature, etc. — non, bien entendu. C'est tous ensemble, dans un effort à l'échelle de la nation, que nous mènerons à bien le renouveau. Tout notre potentiel intellectuel doit être jeté dans la bataille. Mon expérience personnelle me permet de constater que nous changeons tous au fur et à mesure qu'avance la perestroïka. Il serait peu honnête de refuser à quelqu'un le droit de s'exprimer *à partir* de la perestroïka, donc d'agir différemment aujourd'hui qu'hier, et de se fonder aujourd'hui sur une appréciation de la situation et des objectifs précisément issus de notre époque.

### *Nous ne disposons d'aucune formule toute faite*

La politique est l'art du possible. Au-delà des

limites du possible commence l'aventurisme. C'est pour cette raison que nous évaluons soigneusement et avec précaution nos possibilités et que nous définissons notre tâche sans perdre cette idée de vue. Riche d'une expérience souvent amère, nous ne mettons pas la charrue avant les bœufs dans la voie que nous avons choisie, mais prenons en compte les évidentes réalités de notre pays.

Les plus grandes difficultés, dans notre effort de restructuration, proviennent du mode de pensée et des plis pris au cours des années passées. Chacun, du Secrétaire général au travailleur, doit les modifier. Ceci est bien compréhensible, puisque nombre d'entre nous ont été formés en tant qu'individus sous l'ordre ancien et dans les conditions qui y prévalaient. Il nous faut surmonter notre propre conservatisme. La plupart d'entre nous adhérons à des principes politiques et idéologiques corrects. Mais il existe une différence substantielle entre une position intellectuelle juste et sa mise en action.

Il arrive même parfois que, pendant la discussion d'un problème donné au Politburo, nous arrivions à des conclusions qui nous paraissent justifiées et doivent se traduire par des décisions novatrices, mais que lorsqu'on en vient au choix des méthodes pour leur mise en œuvre, nous finissions par essayer de nous en remettre aux vieilles méthodes pour accomplir des tâches nouvelles.

Nous cherchons, dans les domaines politique et idéologique, à redonner vie à l'esprit du léninisme. Plusieurs décennies à être restés hypnotisés par le dogme, par le respect littéral du « manuel » dans nos approches, n'ont pas été sans effet. Nous voulons aujourd'hui injecter un authentique esprit créatif dans nos travaux théoriques. Tâche difficile, mais qui doit être accomplie. La pensée créative semble d'ailleurs prendre de la vigueur.

Nous nous rendons compte qu'il n'existe rien qui garantisse des erreurs, mais la pire de toutes serait de ne rien faire par crainte d'en commettre une. Nombre de nos ennuis proviennent de cette attitude. Nos adversaires, à l'Ouest, ont bien relevé cette faiblesse, particulièrement manifeste à la fin des années soixante-dix et au début des années quatre-vingt, et étaient sur le point de faire passer l'Union soviétique « à la poubelle de l'histoire ». Mais leur requiem était manifestement prématuré.

Je suis heureux de constater que l'on comprend partout de mieux en mieux, au sein du Parti comme dans l'ensemble de la société, que nous nous sommes lancés dans une entreprise politique, économique, sociale et idéologique *sans précédent*. Si nous voulons concrétiser tout ce que nous avons prévu de faire, nous devons donc mener à bien un travail politique, économique, social et idéologiquc également *sans précédent,* aussi bien à l'intérieur qu'à l'extérieur, puisque aussi bien, nous avons pris des responsabilités *sans précédent*. Et nous sommes conscients de la nécessité d'efforts audacieux et à grande échelle, en particulier dans la première étape.

Beaucoup de chose inhabituelles se passent maintenant dans notre pays : élection des directeurs d'entreprises et de bureaux; multiplicité des candidats pour les élections au Soviet dans certains districts; opérations conjointes avec des entreprises étrangères; autofinancement des usines, des fermes d'État, des fermes collectives; suppression des restrictions sur les productions alimentaires des fermes pour les entreprises qu'elles gèrent; élargissement des activités coopératives; encouragement à la création d'entreprises individuelles dans le commerce et la production à petite échelle; fermetures des installations industrielles sans rapport et des usines travaillant à perte, des instituts de recherche et des établissements supérieurs d'éducation inefficaces; présence d'une presse plus incisive, qui s'attaque aux tabous, rapporte une grande variété de points de vue, et qui mène des polémiques ouvertes sur toutes les questions vitales se rapportant à nos progrès et à la perestroïka. Tout cela est naturel et nécessaire, même si ce sont des choses qui ne se font pas facilement, et si elles ne sont pas immédiatement comprises par la population dans son ensemble comme par certains membres du Parti.

Je ne pense pas que ces deux dernières années et demie aient été les plus difficiles qu'ait connues le PCUS. Elles n'ont pas pour autant été faciles, et ont exigé un sens élevé des responsabilités, de la maturité, et de la loyauté vis-à-vis des idéaux et des objectifs de base. Une tendance particulière peut nous convenir ou non, mais nous essayons de voir les choses avec calme et de manière réaliste. Ce n'est que de cette façon que nous pouvons soumettre au peuple une politique et lui proposer des buts qu'il comprendra et qui le pousseront à aller de l'avant.

Certes, des différences d'opinion existent parmi les dirigeants, sur la façon de surmonter la stagnation, sur la manière dont il faudra traiter les problèmes à l'avenir. Il n'y a rien de surprenant là-dedans. Bien au contraire, il serait étrange, pour le moins, que de telles différences ne se manifestent pas et que tout le monde pense et s'exprime exactement de la même façon. Un conflit d'opinion est un excellent moteur pour la réflexion. Mais nous sommes unanimes sur l'essentiel, unanimes dans notre conviction que la perestroïka est indispensable et réellement inévitable, que nous n'avons pas d'autre choix.

Tout le peuple soviétique, tout le Parti (y compris le Comité central et le Politburo) et le gouvernement se trouvent dans un processus de restructuration. Dans cette tâche révolutionnaire, nous autres, membres du Politburo, gagnons de l'expérience pour ce qui est de résoudre les problèmes auxquels notre société doit faire face. La même chose se passe dans les Républiques, dans les régions et dans les collectivités de travail impliquées par la perestroïka. Par la manière dont elle s'attellera à ses nouvelles tâches, c'est toute la nation qui est mise à l'épreuve de la perestroïka. Chose de grande importance, le climat lui-même de notre société a changé. Le processus de reprise d'activité politique et sociale du peuple soviétique est en cours. Les gens sont devenus plus audacieux, et manifestent un sens plus aigu de leurs devoirs civiques. Au cours des années précédentes, se sont accumulées bien des problèmes dont ils veulent pouvoir parler ouvertement.

Ce que peuvent avoir de neuf, d'inhabituel les situations ne cesse de croître. Si quelqu'un nous avait décrit en avril 1985 la situation d'aujourd'hui, nous ne l'aurions probablement pas cru, peut-être même aurions-nous trouvé ces prédictions inacceptables. Et cependant que s'est-il passé? Le fait est que des choses qui nous auraient irrités ou qui auraient été accueillies avec réticence il y a à peine un an, non seulement deviennent des sujets possibles de discussion mais des éléments normaux de la vie de tous les jours. La société évolue, tout est en mouvement.

La période que nous traversons n'est pas ordinaire. Les gens des anciennes générations comparent l'atmosphère révolutionnaire actuelle avec celle des premières années qui ont suivi la Révolution d'Octobre ou l'époque de la grande Guerre patriotique. Ma génération, elle, peut faire le parallèle avec la période de reconstruction qui suivit la guerre. Nous sommes pourtant maintenant beaucoup plus prudents et réalistes. L'enthousiasme et l'esprit de dévouement révolutionnaires qui caractérisent de plus en plus le climat politique en Union soviétique n'en ont que plus de valeur et de fécondité.

Lors de la séance plénière du Comité central de

juin 1987, j'ai parlé du danger de décalage grandissant entre l'activité croissante des masses et les méthodes dépassées — mais toujours en vigueur — des agences gouvernementales, des organismes de gestion et même des organisations du Parti. Nous agissons avec détermination pour surmonter ce décalage.

On peut néanmoins envisager la situation d'un point de vue différent. Il aurait été bien plus grave que l'obstacle principal fût la passivité du peuple et son incapacité à s'adapter aux exigences de la perestroïka. Fort heureusement, ce n'est pas le cas. La pression qu'exercent les travailleurs ne cesse d'augmenter, de même que leur franc-parler, au point même de prendre de vitesse le rythme actuel de la restructuration.

Communication directe et lettres sont devenues les systèmes privilégiés de retour d'information reliant les dirigeants soviétiques aux masses. Les lettres, dont beaucoup sont publiées, arrivent aux services éditoriaux des journaux et des magazines ou sont adressées au gouvernement, au Soviet Suprême et, tout particulièrement, au Comité central du Parti.

Ici, quelque chose mérite d'être remarqué. Autrefois, on envoyait déjà des lettres à toutes sortes d'institutions; ce qui a changé, c'est le caractère même de ces lettres. On trouve moins de « requêtes personnelles » pour obtenir un appartement ou une pension, de demandes en faveur d'une personne condamnée à tort, ou pour que soit rendu son travail à quelqu'un. S'il en reste encore de ce genre, ces revendications n'en sont plus l'objet principal. La majorité d'entre elles sont faites de réflexions et expriment leur souci de l'avenir de la nation. Comme si tout ce qui avait été douloureusement tu pendant de longues années de silence et de contrainte se donnait libre cours. La nouvelle situation encourage les gens à parler. Et ils veulent faire connaître leurs pensées et leurs problèmes non seulement à des proches ou des amis, mais aux responsables de la nation. Certaines de ces lettres sont très émouvantes.

Après avoir lu le manuscrit de ce livre, mes éditeurs m'ont demandé d'en citer parmi les plus représentatives. En voici une de A. Zarnov, un ouvrier de trente-trois ans qui vit dans la République autonome de Iakoutie, très à l'est du pays.

« Bien que je ne sois pas membre du Parti, je considère que c'est mon devoir de vous écrire pour vous remercier de nous avoir éveillés, nous autres travailleurs, aux sentiments de nos responsabilités civiques. Le peuple attendait ces changements (...) Je serai franc avec vous. Tout d'abord, beaucoup de gens ont réagi avec méfiance aux manifestations de la perestroïka. Non pas parce qu'elle allait à l'encontre de ce que nous souhaitions, bien au contraire. Mais les gens savaient, à la suite de trop d'expériences amères, que les bons slogans ne cadrent pas forcément avec la réalité. Nous nous sommes cependant rapidement rendu compte que la perestroïka n'était pas une campagne à court terme, mais un processus historiquement nécessaire. Et la chose la plus importante est que nous avons vu qu'elle touchait tous les niveaux de la société.

Notre vie s'est enrichie de beaucoup. Les gens ont commencé à prendre un authentique intérêt à la situation de leur pays, à avancer des propositions sur la manière d'améliorer le travail, et à faire des remarques critiques. Les discussions sur les délicats problèmes de production jaillissent maintenant d'elles-mêmes dans les unités de travail. Il est tout de même gênant que nos produits soient d'une si médiocre qualité! Nous nous volons nous-mêmes (...). Merci. C'est difficile d'écrire à une personne que l'on ne connaît pas et de lui exprimer sa gratitude, mais, d'un autre côté, on ne se sent pas gêné de remercier un médecin qui nous a guéri d'une grave maladie. Vous nous avez guéri de notre passivité civique et de notre indifférence, et vous nous avez appris à croire en nos propres moyens, en la justice et en la démocratie (...). Beaucoup de gens ne prenaient pas au sérieux les séances plénières du Comité central ou même les congrès du Parti. Maintenant, même mon fils de sept ans m'appelle à grands cris à chaque fois qu'il vous voit apparaître à la télévision : « Papa, viens vite, Gorbatchev parle. »

« L'avenir nous appartient. Personne n'est à l'abri des erreurs. Nous sommes ceux qui ont ouvert la piste, sans personne pour nous enseigner comment nous y prendre; nous apprenons donc de nos propres erreurs. »

Voici également une lettre qui vient de V. A. Brikovskis, de Lituanie; elle a été écrite après la séance plénière du Comité central de janvier 1987.

« Mon cœur est si rempli d'impressions qu'il me faut les partager avec quelqu'un. Pour la première fois depuis de nombreuses années, nous voyons des dirigeants, au sein du Parti et du Gouvernement, avec des visages humains et non des têtes pétrifiées de sphinx. C'est déjà un grand événement.

« Qu'est-ce que les gens pensent de votre politique ?

« Je ne vous mentirai pas, cher Mikhail Sergueivitch, car cela pourrait porter tort à notre cause commune. Je vous dirai toute la vérité.

« Je ne parlerai pas des sphères privilégiées de notre société; là, tout est clair. Beaucoup voudraient continuer de vivre dans un pays de miel et de lait, comme dans un sommeil engendré par la drogue.

« Je veux vous parler du peuple des prolétaires, pour lequel a été lancé cette perestroïka. Il y a malheureusement une profonde incompréhension de votre politique parmi eux, et encore bien peu de confiance. Mais cela ne devrait pas nous paraître surprenant. Les cervelles ne se dégèlent pas vite après un aussi long et terrible “hiver”. Ce sera un processus long et pénible.

« Mais tout finira par s’arranger.

« Je suis un catholique pieux. Chaque dimanche je vais à l’église et je prie Dieu de ne pas nous punir pour nos péchés. Je sais que vous êtes athée, mais par vos efforts, vous avez montré que même certains croyants ont quelque chose à apprendre de vous. Et je veux que vous sachiez que tous les dimanches, je suis à l’église de 9 h à 13 h et que je prie pour vous et votre famille. »

La lettre suivante émane de B. Dobrovolsky, un instituteur de Kichinev, dans la République de Modalvie :

« Nous, les jeunes, nous devons continuer de servir la cause de Lénine, la grande cause du peuple soviétique. Vous accomplissez une grande tâche, alors prenez garde qu’elle ne devienne pas comme le rocher de Sisyphe. Ne soyez pas offensé par le ton de ma lettre : il vient de ce que j’ai été profondément blessé par le fait que certaines personnes ne comprennent pas les dernières décisions du Parti et vos contacts personnels avec le peuple. Laissez-moi vous dire ce que je fais. J’approuve vos rencontres avec les travailleurs et les discussions honnêtes où vous parlez de nos problèmes et de nos soucis. Mon seul souhait reste que ces discussions produisent des résultats. Tout le monde n’accepte pas votre style de travail léniniste : travailler parmi le peuple, travailler pour le peuple, travailler au nom du peuple. Parfois je discute de cela jusqu’à ce que j’aie la voix enrouée.

« Beaucoup de gens — je veux parler des générations nées dans les années trente, quarante et cinquante — sont devenus sclérosés. Je n’ai pas peur d’utiliser ce mot. Dans les réunions, certains se conduisent déjà comme des petits ou des grands chefs. Tous disent oui. A quoi ? A tout. Ils disent oui au renouveau. Ils disent oui à la perestroïka. C'est toujours “oui”, toujours “nous voulons”. Ils ont tellement d'ardeur qu'ils sont prêts à se dénuder la poitrine. Mais qu'en est-il en réalité? Mensonges ! J'ai essayé de leur demander pourquoi. Pourquoi ne croyez-vous pas un homme qui n'épargne ni sa vie, ni sa santé ni ses nerfs pour nous ? Pensez-vous qu'il soit facile de pousser les gens à l'initiative quand tant d'entre eux ont été obligés de regarder ce mot dans le dictionnaire ? Croyez-vous qu'il soit facile de vous remuer, tous ?

« Je vous parle honnêtement, sur des questions de principes. Je vous parle au nom de toute une génération de jeunes Soviétiques qui ont reçu une meilleure éducation. »

Voici encore une autre lettre, venant cette fois-ci de G. Vardanian, qui habite en Géorgie :

« Vous vous souvenez peut-être de moi. Une fois, quand vous travailliez encore dans le Territoire de Stavropol, vous avez tenu une conférence avec ceux qui avaient été les premiers à introduire le système taux-plus-prime et les contrats d'équipe parmi les mécaniciens de matériel agricole. A cette époque, j'étais chef-économiste d'une ferme collective du nom de ‘La Route vers le Communisme’, dans le district Alexandrovsky. Vous m'avez parlé longtemps, posant de nombreuses questions sur notre vie, sur l'ambiance générale de la ferme et sur notre travail…

« Toutes vos initiatives en politique intérieure comme extérieure m'intéressent vivement et intéressent tous les honnêtes gens, car elles sont en harmonie avec nos aspirations et nos préoccupations. Il m'est toutefois douloureux de vous dire que bien des gens ne sont pas d'accord avec vous.

« Je ne peux pas les blâmer. Je vais vous parler carrément, comme vous aimez vous-même le faire : le problème tient à nos dirigeants locaux. Ils ont été faits à l'image des anciens dirigeants, et il est maintenant bien difficile de les remodeler.

« Pour vous, les choses ne doivent pas être faciles, on peut le dire. Mais nous vous en implorons : ne revenez pas d'un seul pas en arrière. Il ne faut rien changer à cet état d'esprit, il ne faut reculer sur rien. Ne faites pas attention à ceux qui ne sont pas d'accord avec vous. La nation se réjouit et est prête à faire des sacrifices s'il s'agit d'atteindre les buts que vous avez fixés. Voilà ce que je voulais vous dire. »

Voici pour finir une lettre de K. Lasta, une femme de Leningrad :

« Tous ceux d'entre nous qui vous aidons devons nous battre contre chaque manifestation des vieilles pratiques détestées, comme les tracasseries administratives, la corruption, le conformisme, l'obséquiosité et la peur de toutes les formes de pouvoir. C'est le devoir de tous ceux qui ne veulent pas voir revenir le passé. Et chacun a maintenant le devoir de travailler à sa place comme vous travaillez à la vôtre, sans ménager ses efforts. Car chacun peut voir ce que la charge surhumaine, colossale, que vous avez placé sur vos épaules exige de vous d'énergie, temps, force de caractère et santé. Construire est toujours difficile, mais ça l'est encore plus sur un site qu'il faut commencer par déblayer. J'espère que cela vous rendra la tâche un peu plus légère, si je vous dis que c'est en grand nombre que les petites gens sont à vos côtés, vous aiment et s'inquiètent pour vous. »

Je pourrais citer des lettres à l'infini, et tout ce livre n'y suffirait pas. Dans beaucoup d'entre elles, les gens m'expliquent comment la perestroïka a commencé — ou n'a pas commencé — dans leur usine, dans leur ferme collective, sur leur chantier ou au bureau. Ils me disent ce qu'ils font pour y prendre une part active, et analysent les causes particulières et générales des difficultés qui apparaissent en chemin.

Ces lettres — et elles se comptent par milliers — témoignent de la grande confiance qui est faite à la direction du Parti et du Gouvernement. La confiance retrouvée ! Voilà une force immense, un bien inestimable. Ce qui me frappe dans ces missives est leur liberté de ton, leur haut degré de culture politique, et l'expression d'un besoin de vivre et de travailler comme l'ordonne la conscience.

Nous discutons de ces lettres, au Politburo, à des intervalles réguliers. Elles aident les dirigeants du pays à ne pas perdre de vue le cours des événements, à évaluer et réajuster convenablement leur politique et à mettre au point des méthodes modernes pour traiter les questions.

Ces lettres ont toutes une chose en commun : elles expriment un soutien passionné et sans réserve pour la perestroïka. Même celles dont les jugements sont cinglants et caustiques sont imprégnées du désir de l'aider à progresser. Cependant, comme les lecteurs l'auront constaté dans celles que j'ai citées, elles comportent également une note d'angoisse : certains craignent que la perestroïka ne prenne le même chemin que les réformes des années cinquante et soixante et ne s'essouffle. Le peuple nous demande de ne pas battre en retraite ! Pas un pas en arrière ! Aller de l'avant avec courage et détermination !

Bref, nous devons être non seulement en mesure d'adapter notre politique en fonction des réactions de masses et de la manière dont elle est perçue dans l'esprit des citoyens, mais nous devons également favoriser son effet en retour, autrement dit encourager les gens à nous faire des suggestions et à nous donner des conseils, y compris par un contact direct avec eux.

Tout le monde ne s'y habitue pas. Dès le départ,

des personnes « bien intentionnées » ont lancé des avertissements contre le danger « d'empoisonnement à l'oxygène » que risquait Gorbatchev dans ses entretiens en plein air avec les gens, le danger de se faire dire des choses peu agréables, des choses que les hommes du Kremlin n'auraient pas dû savoir. On a même entendu certains commentaires (et on en entend peut-être toujours), disant que ces rencontres directes et informelles n'étaient rien d'autres que de la démagogie. J'ai pour ma part un point de vue radicalement différent sur la question. Il n'y a pas à mes yeux d'indices, de recommandations et d'avertissements plus précieux que ceux qui viennent directement du peuple.

D'une manière générale, les gens sont devenus plus spontanés dans ces rencontres. Comment cela se passait-il, avant ? On posait une question à quelqu'un, qui gardait le silence, peut-être par peur ou manque de confiance. Il y avait un peu de complaisance également : qu'est-ce qu'ils en pensaient, là-bas à Moscou ? Que cela est mauvais, cela n'est pas bien ? Mais il n'y avait jamais de suggestions. Maintenant, ce sont toujours des conversations sérieuses, de vrais échanges. Ouvriers et paysans deviennent plus optimistes; intellectuels et professionnels parlent avec autorité, manifestent des exigences. Mais les hâbleurs se sont en revanche quelque peu calmés et redoutent de se mêler aux discussions sérieuses. Et quand ils le font, il y a toujours quelqu'un pour les remettre en place.

J'ai déjà parlé de l'impression que j'ai ressenti lors d'une rencontre avec des gens, place d'Octobre, à Krasnodar, pendant l'été 1986. Quelle conversation enrichissante, que de problèmes réels soulevés par les citoyens ! J'étais vraiment heureux de voir leur enthousiasme à soutenir la ligne du Comité central. Je me suis alors rendu compte de toute l'amertume amassée par les gens, et de toutes les suggestions et les recommandations qu'ils avaient à faire à leurs dirigeants.

Je n'avais pas l'intention de faire un discours dans le secteur de Kouban, dont Krasnodar est le chef-lieu. Je m'y étais rendu simplement pour vérifier par moi-même comment se passaient les choses, et voir de mes propres yeux ce qu'il en était d'une expérience économique d'importance nationale qui s'y déroulait : tout un district avait commencé à fonctionner sur le principe de l'autofinancement et de l'autoremboursement. Après de nombreuses conversations, j'ai jugé nécessaire de parler en public. Je pense que ce que j'ai dit ce jour-là s'est révélé utile pour d'autres régions de notre pays, car mes propos m'étaient inspirés par les réalités même de l'existence. Consulter le peuple, le rencontrer est vraiment indispensable. On ne va jamais loin à coups d'injonctions.

L'expérience que nous avons déjà acquise dans la mise en œuvre de la perestroïka est une fois de plus une démonstration de cette idée de Lénine, à savoir que les révolutions sont une grande et efficace école d'éducation politique pour l'éclairement des masses.

La perestroïka est une révolution, la plus paisible et la plus démocratique qui soit. C'est dans les limites du processus démocratique que nous agirons pour surmonter les positions erronées que nous rencontrons et rencontrerons encore au cours de ce renouvellement de notre société, et même pour surmonter la résistance la plus déclarée. Il n'existe pas un seul groupe d'importance significative de notre population dont les intérêts à long terme seraient inconciliables avec la perestroïka.

Les difficultés auxquelles nous nous heurtons dans le processus de démocratisation sont largement de notre fait. Tous, nous sommes le produit de notre époque, d'une certaine manière stéréotypée de voir et faire les choses. C'est pourquoi nous disons que nous devons tous changer en nous-mêmes, ce qui n'exclut ni le Politburo, ni le Gouvernement, ni les autres échelons supérieurs de la hiérarchie. Certains parviendront à le faire plus vite et facilement que d'autres, certains y arriveront plus péniblement et certains préfèreront prendre leur retraire ou être affectés à des tâches différentes.

Les gens se débarrassent de leur ancienne apathie et s'impliquent à fond dans la vie publique, de toutes sortes de manières. Certains font des discours mordants lors des réunions, d'autres organisent des rassemblements ou des défilés. Le processus démocratique n'exclut nullement la possibilité de telles activités à la base. Nous ne sommes plus à l'époque où ce genre de manifestations faisait peur aux officiels et étaient interdites par l'administration.

Ce qu'il nous manque peut-être encore, c'est une éthique du débat; il arrive parfois que quelqu'un qui parle soit interrompu par une personnalité sur le podium; certains, dans leurs articles, cherchent à régler de vieux problèmes et ne lésinent pas sur les épithètes offensantes. Mais on constate une compréhension grandissante du fait que la démocratie est incompatible avec un encadrement bureaucratique excessif de la vie sociale. Certes, aucune société qui se respecte ne saurait tolérer l'anarchie, la foire d'empoigne ou le chaos. La nôtre, pas davantage. La démocratie implique aussi la loi et l'ordre et la stricte observance des lois. Par les autorités et les organisations politiques aussi bien que par tous les citoyens.

*Plus de lumière pour la glasnost!*

C'est peut-être dans la *glasnost* que cette atmosphère neuve se manifeste de la façon la plus vivante. Nous voulons plus de transparence dans les affaires publiques, dans chaque secteur de la vie. Les gens devraient prendre conscience de ce qui est bon et de ce qui est mauvais, afin d'accroître le bon et de combattre le mauvais. C'est ainsi que les choses devraient se passer avec le socialisme.

Il est important d'avoir conscience de tout ce qui est positif et constructif, de s'en servir, d'en faire un humus pour tout le peuple, tout le Parti, afin que les jeunes pousses des nouvelles mentalités puissent s'épanouir dans les conditions de la perestroïka.

L'essentiel, c'est la vérité. Lénine disait : « Davantage de lumière ! » Que le Parti soit au courant de tout ! Moins que jamais, nous avons besoin de coins sombres où pourraient se loger les moisissures, et où tout ce que contre quoi nous avons commencé à lutter avec résolution pourrait subrepticement s'accumuler. C'est pourquoi il nous faut davantage de lumière.

Aujourd'hui, la glasnost est l'exemple éloquent d'une atmosphère spirituelle et morale normale qui, dans une société, rend les gens aptes à mieux comprendre ce qui est arrivé par le passé, ce qui se passe actuellement. A comprendre aussi, ce pour quoi nous luttons, quels sont nos plans, et, sur la base de cette compréhension, à participer consciemment à l'effort de restructuration.

La démocratisation comme les changements sociaux et économiques gagnent en dynamique en grande partie grâce au développement de la glasnost. Il va sans dire que la politique du Parti est la base de ce processus. Les choses ne se mettront cependant pas à bouger si l'évolution politique ne se poursuit pas d'une façon intelligible pour les masses. Chacun doit connaître la vie avec toutes ses contradictions et ses complexités. Les travailleurs doivent être informés, complètement et véridiquement, sur les réalisations et les obstacles, sur ce qui gène la route du progrès ou ce qui l'obstrue.

Les gens ont pris goût à la glasnost. Et non pas seulement à cause du désir bien naturel de savoir ce qui se passe, ou qui travaille comment. Les citoyens sont de plus en plus convaincus que la glasnost est une forme de contrôle public exercé sur les activités de tous les organismes gouvernementaux, sans exception, et un puissant moyen d'en corriger les insuffisances.

La conséquence est que le potentiel moral de notre société a été mis en mouvement. Raison et conscience commencent à regagner du terrain sur la passivité et l'indifférence qui usaient les cœurs. Naturellement, il ne suffit pas de savoir et de dire la vérité. L'important est d'agir à partir de la connaissance et de la compréhension de cette vérité.

Nous avons fini par prendre conscience de la nécessité d'apprendre à surmonter l'habitude invétérée du décalage entre réalité et vérité proclamée. C'est cette transformation majeure dans le domaine moral qui constitue le contenu émotionnel et l'essence de l'actuel mouvement révolutionnaire socialiste dans notre société.

Nous avons commencé à établir des décrets pour garantir la glasnost. Ceux-ci sont conçus pour assurer la plus grande transparence possible aux travaux du gouvernement et aux organisations de masse, et pour permettre aux travailleurs d'exprimer leurs opinions, sans crainte, sur n'importe quelle question touchant à la vie sociale ou à l'activité du gouvernement.

Lorsqu'il a entamé le processus de restructuration, le Comité central du PCUS s'est appuyé sur deux forces d'une réelle puissance, les comité du Parti et les mass media. Je peux même affirmer que le Parti n'aurait pas atteint l'actuel niveau de discussion sur l'ensemble des questions touchant à la perestroïka — dont le processus est immense, diversifié, contradictoire — si les mass media ne s'y était pas ralliées, activement et de manière judicieuse, immédiatement après la séance plénière du Comité central du PCUS d'avril 1985.

Le Comité central apprécie énormément la contribution des médias à la perestroïka. Pourquoi ? Parce que tout dépend du peuple. Le peuple est à l'avant-garde du combat, et la perestroïka se développe grâce à lui. C'est pourquoi la façon dont les gens pensent, leur niveau de conscience civique et leurs positions de citoyens sont d'une importance décisive.

Notre société socialiste, qui s'est résolument embarquée sur la voie du renouveau démocratique, dispose d'un atout vital : la participation active de chaque citoyen — ouvrier, paysan, scientifique — dans la discussion de nos plans et des moyens de les mettre en œuvre. Et en cela, les mass media jouent et continueront de jouer un rôle capital. Naturellement, ils ne constituent pas l'unique canal par lequel peut s'exprimer la volonté populaire, ses points de vue, son état d'esprit. Mais ils sont la tribune la plus représentative et la plus massive de la glasnost. Le Parti veut que chaque citoyen puisse faire entendre en toute confiance sa voix depuis cette tribune; car la voix des citoyens doit non seulement nous tenir au courant des discussions qui ont lieu dans le pays, mais être également garante du contrôle démocratique exercé sur les décisions, sur leur justesse et leur conformité aux intérêts et exigences des masses, comme, à un stade ultérieur, sur leur mise en œuvre.

Le processus actuel de démocratisation ne se reflète pas uniquement dans des publications. Il touche de plus en plus aux activités des mass media eux-mêmes. Peu à peu, comme s'ils se dégelaient, nos journaux, nos revues, notre radio et notre télévision découvrent et explorent de nouveaux sujets. L'un des signes de ce général retour à la vie, est que notre presse préfère de plus en plus le dialogue au monologue. Les comptes rendus formels laissent la place aux interviews, aux entretiens, aux discussions en « table ronde » et aux commentaires des lettres de lecteurs.

Certes, il existe encore une certaine tendance à limiter le nombre des rédacteurs à trois, quatre ou cinq personnes. C'est là arrogance de professionnels de l'écriture. Il est beaucoup plus utile de diversifier les auteurs, afin que tous les citoyens puissent dire leur mot, afin que le pluralisme socialiste, en fait, soit intégralement représenté dans chaque publication.

C'est bien sûr une excellente chose qu'un journaliste professionnel définisse ses positions. Il est toutefois beaucoup plus intéressant de lire des entretiens avec des travailleurs ou des interviews de citoyens, qu'il s'agisse d'ouvriers, de secrétaires de sections locales du Pari, de responsables de ferme collective, ou de personnalités de la science ou de la culture. Ces entretiens sont les véhicules des idées vivantes. Et les lettres ! Quels documents remarquables ne constituent-elles pas ! Certaines sont vraiment émouvantes.

Tout le monde, néanmoins n'apprécie pas le nouveau style. C'est particulièrement vrai de ceux qui ne sont pas habitués à vivre et à travailler dans des conditions de transparence et de critique généralisée, qui ne peuvent pas et ne veulent pas le supporter. Ce sont eux qui se plaignent des mass media et qui même, parfois, demandent que l'on impose des limites à la glasnost.

Je ne considère pas comme négatifs les débats menés pour savoir s'il y a ou non trop de critique, si nous avons besoin d'une aussi grande transparence, et si la démocratisation ne risque pas d'avoir des effets pervers. D'une certaine manière, ces débats sont la preuve du souci de stabilité de notre société. La démocratie et la glasnost peuvent être noyées dans la rhétorique et voir leur signification déformée. Certains, qui paraissent à première vue en faveur des innovations, posent, lorsqu'on en vient à l'action, toutes sortes de conditions, et font toutes sortes de réserves quant au développement de la démocratie, de la critique et de la glasnost.

La question n'est plus de savoir si le Comité central du PCUS poursuivra la politique de glasnost dans la presse et les autres mass media, avec la participation active des citoyens. Nous avons besoin de la glasnost comme nous avons besoin de respirer.

Je voudrais une fois de plus insister sur le fait que cette politique — développer la glasnost, la critique et l'autocritique — ne consiste pas à « jouer à la démocratie », mais qu'elle est une question de principe pour notre Parti. Nous considérons le développement de la glasnost comme un moyen d'accumuler les divers points de vue, les diverses idées qui reflètent les intérêts de toutes les couches de la population, de tous les métiers et professions de la société soviétique. Nous serons dans l'incapacité d'avancer si nous ne maîtrisons pas la réaction de notre politique à la critique, en particulier à celle qui vient de la base, si nous ne luttons pas contre les tendances négatives en les prévenant et si nous ne réagissons pas aux informations qui nous reviennent. Je ne saurais imaginer la démocratie sans tout cela.

Par ailleurs, les critères et le caractère de la critique évoluent aussi avec les conditions de la restructuration et de la démocratisation. Avant toute chose, la critique doit être responsable, et plus elle est aiguë, plus elle doit l'être; car chaque article qui traite d'un sujet social n'est pas seulement l'expression d'une personne, voire le reflet des complexes et des ambitions d'un individu, mais une manifestation qui a une importance publique. La démocratisation consiste à introduire des règles déontologiques dans les relations entre ceux qui critiquent et ceux qui sont critiqués. Ces relations devraient se fonder, comme entre deux partenaires, sur l'intérêt mutuel. Un dialogue est ce qui convient le mieux dans de telles circonstances, tandis que les condescendantes leçons didactiques comme les réquisitoires d'avocat général sont absolument inadmissibles. Or on trouve ce dernier ton jusque dans des articles écrits par des auteurs respectés et de qualité. Personne n'a le droit de faire des jugements définitifs.

Une chose est évidente : la critique devrait constamment se fonder sur la vérité, et cela dépend de la conscience de l'auteur et de l'éditeur, de son sens des responsabilités vis-à-vis du peuple.

En fait, la presse doit devenir encore plus efficace. Elle ne devrait pas laisser une minute de répit aux fainéants, aux chercheurs de profits, aux temporisateurs, aux censeurs de la critique, aux démagogues; elle devrait aider plus activement encore ceux qui travaillent avec désintéressement pour la perestroïka. Beaucoup dépend ici des comités locaux du Parti. Si les comités du Parti réorganisent leur travail, la presse en fera autant.

Je veux insister sur le fait que la presse devrait unir et mobiliser les gens plutôt que de creuser le fossé qui les sépare, exacerber les susceptibilités et la défiance. Renouveler la société signifie aussi s'efforcer d'affirmer la dignité de l'homme, son élévation, son honneur. La critique ne peut être un instrument efficace de la perestroïka que dans la mesure où elle se fonde inconditionnellement sur la vérité et sur un souci scrupuleux de justice.

Le soutien des valeurs fondamentales du socialisme est une tradition de notre presse. Un fait, quel qu'il soit — question d'actualité brûlante ou tragique événement du passé — peut devenir un sujet d'analyse pour la presse. Les valeurs que l'on défend, et le souci que l'on a du destin et de l'avenir du peuple sont ce qui compte le plus.

Parfois, un auteur découvre un fait sensationnel,

de première importance, et se met à danser autour dans son article, imposant aux autres ses idées et ses penchants. A mon avis, il faut accueillir toute discussion ouverte et honnête, même si elle soulève des réserves. Mais que l'on prenne garde de ne pas revêtir le costume d'un autre ! La glasnost a pour but le renforcement de notre société. Et nous avons beaucoup de revendications à faire valoir. Seuls ceux que la démocratie socialiste et nos exigences de responsabilisation empêchent de satisfaire leurs ambitions personnelles — lesquelles restent de toute façon sans rapport avec les intérêts du peuple — peuvent en douter. Bien entendu, il ne s'agit pas ici d'un appel à mettre un terme à la franchise ou à adopter des demi-vérités et à abandonner l'analyse critique.

L'approfondissement de la démocratie socialiste et le relèvement de la maturité politique de la population exigent une utilisation plus systématique des mass media. Pour la discussion des problèmes de la société et pour l'élargissement du contrôle par le peuple, pour s'efforcer d'atteindre à plus de responsabilité, à une meilleure discipline de travail, à un plus grand respect pour la loi et l'ordre socialiste, et pour lutter contre les violations des principes et des normes morales du mode de vie soviétique. Nous cherchons à organiser ce travail de telle manière que les mass media puissent agir, à l'échelle de toute la nation, comme une force flexible d'intégration, une force capable de repérer immédiatement les problèmes et les événements les plus importants.

La glasnost, la critique et l'autocritique ne sont pas simplement une campagne de plus. Elles doivent devenir ce que nous avons voulu qu'elles soient, la norme dans le mode de vie soviétique. Aucun changement radical ne sera possible sans elles. Il n'y a pas de démocratie, et il ne peut y en avoir, sans transparence. Et il n'y a pas de socialisme aujourd'hui sans démocratie, pas plus qu'il ne pourra y en avoir demain.

On trouve encore un certain nombre d'officiels qui continuent à ressentir douloureusement les critiques des mass media et évaluent articles ou émissions sous l'angle de leurs goûts, de l'expérience personnelle qu'ils en ont, d'une mauvaise interprétation des intérêts de la société, ou qui ne comprennent même pas le rôle de la presse dans la société socialiste actuelle. Parfois, ils tentent de faire peur aux critiques en agitant la menace d'éventuelles réactions de la part de l'Ouest à un article. L'Occident, proclament-ils, est ravi de nous entendre nous critiquer afin de pouvoir dire du mal de nous et discréditer le mode de vie socialiste. Je ne peux pas parler au nom de tout le monde, mais pour ma part, je ne crains pas la critique. Qu'il puisse exister une présentation critique de notre expérience est un signe de force, et non de faiblesse. Une telle approche concorde avec les principes de l'idéologie socialiste.

Mais il existe également une autre méthode, plus « douce » pour neutraliser la critique ou lui échapper; elle consiste pour un responsable à se dire d'accord publiquement avec elle, même à y applaudir et promettre de prendre les mesures qui s'imposent — alors qu'en réalité ce même responsable n'est nullement pressé d'en tirer des conclusions pratiques. Ceux-là espèrent que tout se terminera en parlotes et se perdra dans « les sables mouvants », qu'on oubliera leurs péchés. Il est vital pour eux de se repentir à temps.

Qu'on me permette de répéter ce que j'ai dit lors de la séance plénière de janvier : le comportement vis-à-vis de la critique est révélateur du comportement vis-à-vis de la perestroïka et de tout ce qui se passe actuellement de neuf dans notre société.

Nous ferons également tout ce qui est en notre pouvoir pour empêcher quiconque, soit de supprimer la critique, soit de s'y dérober. La critique est une potion amère; mais les maladies qui sont le fléau de la société en ont fait une nécessité. On fait la grimace, et on avale. Et ceux qui croient qu'il ne faut en prendre qu'à petites doses et grands intervalles de temps se trompent. Quant à ceux qui se disent qu'on en a maintenant terminé avec la stagnation et qu'il est temps de prendre les choses avec plus de décontraction, ils se trompent tout autant. Tout relâchement de la critique serait inévitablement dommageable pour la perestroïka.

*La perestroïka et l'intelligentsia*

L'intelligentsia a apporté son soutien enthousiaste à la restructuration. Ici, je me permettrai une digression. Soutien irremplaçable des valeurs socialistes, l'intelligentsia, l'une des parties organiques de la société soviétique, inspirée d'un profond patriotisme, est notre grande, peut-être notre plus grande réalisation, notre inestimable capital spirituel. Notre intelligentsia a eu une histoire difficile. Beaucoup d'intellectuels, y compris ceux qui croyaient aux valeurs démocratiques et que censurait le régime tsariste, quand il ne les combattait pas, furent effrayés par la Révolution et emportés dans la vague de ce que nous appelons l'émigration blanche qui suivit : si bien que ce sont les autres peuples qui bénéficièrent de leur talent et de leurs connaissances. Ce fut une grande perte pour notre toute jeune société soviétique.

L'intelligentsia, y compris les intellectuels du Parti bolchevique, eut à souffrir énormément, et parfois de manière irrémédiable, du fait des violations de la légalité socialiste et de la répression des années trente. Ce fut un deuxième coup terrible porté au potentiel intellectuel du pays.

Malgré tout, l'intelligentsia soviétique continua

de se former et de croître, reflétant les lois objectives qui contrôlent le développement du socialisme et de ses besoins vitaux. La révolution culturelle léniniste aboutit finalement à faire de notre pays, peuplé d'illettrés ou de quasi illettrés, un pays où l'éducation est la plus poussée au monde.

Au cours de la période de stagnation, néanmoins, se créa une situation paradoxale : notre société se révélait incapable de faire un usage convenable de son énorme potentiel culturel et créatif. La raison en était, une fois de plus, à chercher du côté du ralentissement artificiel des processus démocratiques. La multiplication des interdictions, la peur de la nouveauté et des approches créatives ne pouvaient manquer de produire leur effet.

Je me souviens d'une réunion en juin 1986 avec les membres de l'appareil du Comité central du PCUS. Il y était question de la perestroïka. Je dus leur demander d'adopter un nouveau style de travail vis-à-vis de l'intelligentsia. Il était temps d'arrêter de distribuer des ordres; c'était nuisible et inadmissible. L'intelligentsia a accueilli chaleureusement le programme d'un renouveau démocratique de la société.

Des congrès de syndicats de créateurs, cinéastes, écrivains, peintres, compositeurs, architectes, metteurs en scène de théâtre et journalistes, ont été tenus. Ils se sont signalés par des débats animés. Tous ces congrès ont donné leur appui sincère à la perestroïka. Les participants se sont sévèrement critiqués eux-mêmes; beaucoup d'anciens dirigeants n'ont pas été réélus dans les organes directeurs, pas plus que les beaux parleurs. Ce sont des personnalités éminentes, à l'autorité incontestée, qui ont été placées à la tête de ces syndicats.

J'ai déclaré à ceux qui considéraient que les débats étaient un peu trop vifs qu'ils n'avaient pas à en être surpris ni indignés; ces congrès devaient être acceptés comme des manifestations normales, en dépit de leur nouveauté. La démocratisation avance partout, prenant parfois des formes aiguës. On a soulevé une objection : comment travailler dans un environnement où chaque individu a sa propre philosophie, se croit détenteur de la vérité et estime que lui seul a raison ? Impossible ! A cela, j'ai répondu qu'il était bien pire d'avoir affaire à une intelligentsia passive, indifférente et cynique.

Les manifestations émotives sont un élément inévitable de toute entreprise tant soit peu complexe. Elles ont toujours accompagné les périodes révolutionnaires. Tout se passe aujourd'hui comme si nous étions retournés à l'école de la démocratie. Nous apprenons. Nous manquons encore de patience politique. Nous n'avons même pas celle d'écouter nos amis jusqu'au bout. Nous finirons par maîtriser aussi ce savoir. Les questions les plus difficiles ont été abordées dans un respect mutuel : même les points de vue les plus extrêmes comportent des éléments valables et raisonnables, car celui qui les soutient honnêtement et qui a le souci de la cause commune reflète à sa manière un aspect réel de la vie. Il ne s'agit pas d'un conflit de classes antagonistes, mais d'une quête, d'un débat pour déterminer de quelle manière nous devons poursuivre l'effort de restructuration et faire que nos progrès soient solides et irréversibles. C'est pourquoi je ne vois rien de dramatique à des polémiques où les points de vue s'affrontent, elles sont au contraire parfaitement normales.

Il est vrai qu'on a vu des préjugés de groupe, une certaine intolérance apparaître parmi les écrivains, sous le prétexte de la nouvelle transparence; il y eut un moment où les passions se déchaînèrent dans la communauté littéraire. Nous lui avons fait connaître sans ambages le point de vue du Comité central, à savoir qu'il serait bien triste que l'intelligentsia, les créateurs et les artistes, se déchirent entre eux au lieu de consolider les choses, et que ses membres commencent à se servir de la transparence, de la franchise et de la démocratie pour régler de vieux problèmes et se venger des critiques subies. La pire chose qui puisse arriver, en de telles périodes révolutionnaires, est de voir l'intelligentsia s'engluer dans des vétilles, ce qui se produit quand on laisse libre cours aux ambitions personnelles et qu'on gaspille son énergie en grandes phrases creuses plutôt que de l'utiliser pour des entreprises créatives. Le Comité central a instamment prié les écrivains de s'élever au-dessus de leur émotivité, de leurs habitudes et de leurs confortables idées toutes faites. Prenez de la hauteur, pensez au peuple et la société, avons-nous dit. Que le sens des responsabilités de l'intelligentsia se manifeste aussi dans des syndicats créatifs s'occupant, avant toute chose, du développement spirituel de la société.

L'intelligentsia, qui est consciente de ses responsabilités civiques, a pris avec enthousiasme sur ses épaules une large part de l'effort de restructuration. Suivant la même évolution que le Parti, elle s'est aussi transformée. Son attitude centrée sur l'intérêt public se manifeste avec de plus en plus de force, et nous avons nous-mêmes des intérêts investis dans son activité; nous apprécions tout ce qu'elle fait — la façon dont elle s'est ralliée à nos efforts, après avril 1985, son enthousiasme et son désir de contribuer à restructurer la société. Nous espérons que sa contribution ne cessera d'aller grandissante. L'intelligentsia atteint de nouvelles hauteurs de réflexion et de responsabilité. Ses lignes directrices coïncident avec la ligne politique du PCUS et avec les intérêts du peuple.

## II - La nouvelle politique économique et sociale en action

*Comment la perestroïka s'est-elle développée dans l'économie ?*

Je dois franchement reconnaître que tous nos efforts pour transformer la structure de l'économie nationale, la faire passer sur la voie du développement intensif et pour accélérer les progrès scientifiques et technologiques, ont fait apparaître encore plus nettement l'urgence d'une réforme radicale des mécanismes économiques et de la restructuration de tout notre système de gestion.

La propriété publique socialiste, sur laquelle est fondée notre économie, est une source de possibilités virtuellement inépuisables en matière de progrès. Pour cela, cependant, nous devons à chaque fois trouver la forme de propriété socialiste et d'organisation de l'économie la plus appropriée. A cet égard, il est primordial que le peuple soit le maître véritable de la production et non pas simplement son maître nominal. Sans cela, les travailleurs, individuellement ou collectivement, ne sont pas intéressés et ne peuvent pas être intéressés au résultat final de leur travail.

C'est à Lénine que l'on doit l'idée qu'il faut trouver les formes les plus efficaces et les plus modernes de mariage entre la propriété collective et les intérêts personnels; cette idée constituera le fondement de toutes nos recherches, dans le cadre d'un concept de gestion économique radicalement transformé.

*La réforme économique. La séance plénière du Comité central du PCUS de juin 1987*

En entreprenant une réforme économique radicale, il était important d'éviter la répétition des erreurs passées, lesquelles, dans les années cinquante, soixante et soixante-dix, ont voué à l'échec toutes nos tentatives pour changer le système de gestion économique. Ces tentatives se révélaient à la fois lacunaires et contradictoires, car elles mettaient l'accent sur certains problèmes tout en en ignorant d'autres. A franchement parler, les solutions que l'on avançait alors, loin d'être radicales, n'étaient que des demi-mesures qui, bien souvent, passaient à côté de l'essentiel du problème.

En revanche, le concept de réforme économique, tel qu'il a été soumis à la séance plénière de juin, a un caractère global qui ne laisse rien de côté. Il est source de changements fondamentaux dans tous les domaines; on y trouve le transfert des entreprises à un système de complète responsabilité des coûts, une transformation radicale de la gestion centralisée de l'économie, des changements fondamentaux dans la planification, une réforme du système d'évaluation des prix et des mécanismes de financement et de crédits, et la restructuration des liens économiques avec l'étranger. Il prévoit également la création de nouvelles structures de gestion, un complet redéploiement de leurs fondements démocratiques, et une large introduction des principes de l'autogestion.

Tout processus complexe possède sa logique interne, qui se reflète dans les interrelations entre certaines mesures, entre certaines étapes concrètes. Une question bien naturelle s'est posée à nous. Par où commencer ? Quel est le point de départ d'une restructuration de la gestion ?

A première vue, il semblerait logique, dans une économie planifiée comme la nôtre, de commencer la restructuration en déterminant les structures et les fonctions des organes économiques centraux, puis de descendre aux niveaux intermédiaires de gestion, pour finalement arriver aux entreprises et systèmes assimilés, le niveau primaire. Voilà qui paraît sensé du point de vue de la logique théorique, mais la réalité et l'expérience accumulée nous ont dicté une approche et une procédure différentes. Il fallait commencer par les entreprises et systèmes assimilés, le maillon principal de la chaîne économique. Nous devions commencer par cerner le système économique qui leur convenait le mieux, puis créer les conditions économiques qui leur étaient les plus favorables, étendre et consolider leurs droits, et enfin, mais seulement sur cette base, introduire des changements fondamentaux dans l'activité de tous les échelons supérieurs de la gestion économique.

En mettant au point ce programme de restructuration, nous gardions présents à l'esprit que c'était là, dans les entreprises à la base, que se situaient les principaux processus économiques; là qu'étaient créés les produits, là que se matérialisaient les idées scientifiques et les innovations technologiques. Ce sont les collectivités de travail qui donnent une forme tangible aux relations sociales et économiques et c'est dans ces collectivités de travail que s'entrecroisent les intérêts personnels, sociaux et collectifs. Elles déterminent pour une bonne part l'atmosphère politique et sociale de tout le pays.

Nous avons également pris en considération nos expériences passées, qui ont vu échouer des tentatives répétées pour réformer les échelons supérieurs de gestion sans l'appui de la base, à cause de la résistance opiniâtre de l'appareil de gestion qui refusait de se laisser dépouiller de ses nombreux droits et prérogatives. Nous avons récemment eu affaire à ce type de résistance, et il nous arrive encore de nous y heurter. Là aussi, comme dans tous les domaines que touche la restructuration, nous devons combiner ce qui vient d'en haut avec ce qui vient de la base, c'est-à-dire donner au mouvement de restructuration une nature profondément démocratique.

Quelle est la principale insuffisance des vieux mécanismes économiques ?

C'est avant tout le manque de stimulation interne poussant à l'autodéveloppement. En effet, à travers le système des indices de plan, les entreprises reçoivent des ressources pour accomplir une tâche donnée. Pratiquement, toutes les dépenses sont couvertes, la vente de la production est essentiellement garantie et, ce qui est d'une grande importance, le salaire des employés ne dépend pas du résultat final du travail collectif, c'est-à-dire de la réalisation des obligations contractuelles, de la qualité de la production et des profits réalisés. Un tel mécanisme a toutes les chances de produire un travail de qualité médiocre, sinon franchement mauvaise, que nous le voulions ou non. Comment l'économie pourrait-elle avancer, si elle crée des conditions préférentielles pour les entreprises désuètes et pénalise celles qui sont à la pointe du progrès ?

Nous ne pouvons plus gérer nos affaires de cette façon. Les nouveaux mécanismes économiques doivent y mettre bon ordre. Ils doivent devenir un puissant levier, une force motivante pour d'intelligentes améliorations de la qualité. Chaque entreprise doit partir de la demande sociale réelle pour déterminer sa production et son plan de mise sur le marché. Ces plans ne doivent pas être élaborés à partir d'innombrables et tâtillonnes notes de service émanant des instances supérieures, mais d'après les ordres directs venant des organisations gouvernementales, des entreprises responsables de leur fonctionnement, et des sociétés de commercialisation de produits spécifiques, précisant les qualité et quantité demandées. On doit placer les entreprises dans des conditions qui encouragent la compétition économique, pour la plus grande satisfaction des exigences légitimes du consommateur, et les revenus des employés doivent strictement dépendre des résultats de la production et des profits obtenus.

Nous avons inclus tous ces principes de gestion économique et ses formes spécifiques dans le projet de loi sur l'entreprise d'État et l'unification industrielle, qui fut discuté à l'échelle du pays, dans les collectivités de travail, aux réunions de travailleurs, dans les syndicats locaux, et dans les medias. Ce projet de loi a soulevé l'intérêt de toute la nation. Les gens sentaient que l'on avait besoin de leur opinion. Un groupe spécial, composé de hauts fonctionnaires, de savants et de représentants des différentes agences de l'État, fut chargé d'examiner les propositions soumises, les amendements, les additions. Tout ce qui était rationnel et raisonnable y fut inclus, améliorant considérablement le projet.

La plupart des corrections avaient pour objectif d'étendre les droits des collectivités de travail. La demande générale était de ne pas battre en retraite sous l'influence de l'intertie, mais d'aller de l'avant sans hésiter. On avait compris que la nouvelle loi ne croulerait pas sous les innombrables circulaires d'application et instructions qui auraient pu l'émasculer et la rendre lettre morte. Le Soviet Suprême a adopté cette loi, qui doit entrer en vigueur le 1^er^ janvier 1988.

La presse, il est vrai, a fait connaître certaines propositions qui allaient au-delà de notre système. L'opinion a été émise, par exemple, que nous devrions renoncer à l'économie planifiée et accepter le chômage. C'est impossible : notre but est de renforcer le socialisme, non de le remplacer par un autre système. L'exemple qui nous vient de l'Ouest, celui d'une économie différente, est inacceptable pour nous. Nous avons la certitude que si nous arrivons à mettre en œuvre tout le potentiel du socialisme, si nous ne démordons pas de ses principes de base, si nous prenons pleinement en considération les intérêts humains et utilisons les bénéfices d'une économie planifiée, le socialisme peut réaliser bien davantage que le capitalisme.

Nous attachons une importance primordiale à la « Loi sur l'Entreprise » dans notre réforme économique. Nous nous en servons de maître-étalon pour les autres étapes et les autres mesures à prendre. Nous les envisageons selon qu'elles se conforment ou non à cette loi et contribuent à sa mise en œuvre pratique.

Pour la préparation de la séance plénière, le Politburo a passé plusieurs mois à examiner les résultats d'une analyse exhaustive et strictement objective des activités du Conseil des Ministres d'U.R.S.S., du Gosplan, du Gossnab, du Minfin, de la Gosbank[2], du ministère de l'économie et de ses départements et des organes de gestion industrielle. On prépara des ordonnances destinées à rendre les opérations des agences centrales, comme leurs fonctions officielles, strictement cohérentes avec la Loi sur les Entreprises d'État, afin qu'il n'y ait aucune contradiction. Tout cela fut discuté au cours de la séance plénière, mis au point, adopté et mis en vigueur.

Les décisions de la séance plénière du Comité central du PCUS de juin et les « Dispositions de base pour une restructuration radicale de la gestion économique », complètent en effet la construction d'un modèle moderne d'économie socialiste, afin de répondre au défi de la présente étape du développement national.

La séance plénière, et la session du Soviet Suprême qui suivit, développèrent et consolidèrent la politique visant à la promotion d'une active participation du peuple aux processus de l'économie et de la production, combinant ainsi étroitement les intérêts de l'État avec ceux de l'individu et des collectivités de travail — une politique destinée à faire des travailleurs soviétiques leurs véritables maîtres.

Bien entendu, il restera bien des choses à compléter, ou peut-être à reprendre. Il n'est pas une société, même avancée, qui pourrait s'offrir le luxe de remplacer du jour au lendemain un système de gestion économique par un autre aussi simplement que s'il s'agissait d'un simple assemblage mécanique. Nous allons devoir ajuster un mécanisme dynamique et flexible, sensible aux évolutions de la production et susceptible d'être modernisé en permanence, devoir accepter ce qui est un progrès et rejeter ce qui est dépassé et caduc. Le principal danger, ici, serait de s'en tenir à l'idée que, puisque des décisions ont été prises, elles resteront toujours aussi pertinentes qu'elles le sont sous leur forme actuelle.

En traçant le programme d'une réforme économique radicale, nous avons jeté les fondations d'une offensive à grande échelle, cette fois-ci dans tous les domaines du processus d'accélération et d'extension de la restructuration. Les décisions prises le sont en fonction de préalables économiques et organisationnels conçus pour atteindre les buts fixés par l'actuel plan quinquennal et les objectifs à long terme allant jusqu'à l'an 2000. Rendre opérationnels à cent pour cent les nouveaux mécanismes de la gestion économique, avec compétence et sans délai, telle est la tâche qui nous attend maintenant.

Nous en sommes peut-être au moment le plus crucial de la restructuration de l'économie et de la gestion. L'étape du travail constructif a commencé; tout, à partir de maintenant, doit se concrétiser dans la réalité. Une chose est essentielle : accomplir dans la réalité ce vers quoi ont convergé tous nos efforts — telle est la caractéristique de ce moment critique.

L'essence même de ce que nous prévoyons de faire partout dans le pays est de remplacer les méthodes actuelles, à prédominance administrative, par d'autres à prédominance économique. Que nous devions en passer par une comptabilité des prix réels est parfaitement clair pour les dirigeants soviétiques.

Certes, des obstacles existent. Deux d'entre eux, au moins, sont de taille. Le premier est que nous devons accomplir cette mutation dans le contexte d'un plan quinquennal déjà adopté, autrement dit, faire que les choses s'accordent. Cet aspect particulier n'est pas sans sérieuses conséquences pour le processus de transition. Que fallait-il faire, nous en tenir au plan quinquennal ou l'abandonner ? Une seule réponse à cette question : nous en tenir sans compromis au plan quinquennal et à ses objectifs ! Nous sommes dans une période de cinq ans extrêmement difficile : des recherches approfondies à long terme sont en chantier, beaucoup de problèmes sociaux sont en cours de résolution, de grands changements structurels se mettent en place, et, en plus de tout cela, il nous faut introduire de nombreuses innovations. Les temps sont difficiles pour les responsables d'entreprise : ils ont à traiter le lourd fardeau des problèmes qui se sont accumulés, et en même temps à adopter une nouvelle gestion basée sur l'autofinancement.

Un autre obstacle vient de ce que certains des éléments les plus importants des nouveaux mécanismes de gestion ne sont pas encore prêts et ne pourront pas être immédiatement mis en place. Il nous faudra encore deux ou trois ans pour élaborer la réforme du calcul des prix et des mécanismes de financement et de crédit, et cinq ou six ans pour passer au commerce de gros dans les moyens de production. Nombre de choses ont encore à être décidées : détermination des fonctions des ministères, réorganisation de l'administration territoriale, réduction du personnel.

Nous allons donc passer par une période de transition extrêmement compliquée, pendant laquelle devront cohabiter les anciens et les nouveaux mécanismes de gestion. Mais la comptabilité des prix réels sera introduite sans délai. C'est un chemin dans lequel nous allons nous engager énergiquement afin d'y acquérir de l'expérience. Nous essaieront tout, nous mettrons tout à l'épreuve.

Chaque fois que je rencontre des gens qui travaillent dans l'industrie ou même dans les ministères, je leur dis : « Ne reculez jamais. Expérimentez, essayez. Le peuple manifeste une telle sagesse et un tel sens des responsabilités que vous pouvez et devez agir audacieusement, avec confiance. Bon, supposons que nous fassions des erreurs. Et alors ? On pourra les rectifier; c'est toujours mieux que de rester assis les bras croisés ! »

*Une nouvelle conception du centralisme*

Une nouvelle conception du centralisme démocratique prend forme avec l'avènement de la perestroïka. Il est important qu'il conserve un équilibre correct, et que l'on garde à l'esprit que certains de ses aspects prendront des formes différentes à des stades différents.

Actuellement, la situation se présente ainsi : beaucoup réclament un centralisme plus fort. Les bilans, l'établissement des proportions, la nécessité de revenus correspondant à la masse des biens produits et au volume des services, la politique structurelle, les finances de l'État, la défense — tout cela exige un solide principe de centralisation. Toutes nos républiques et toutes nos populations doivent avoir le sentiment d'être placées sur un pied d'égalité et d'avoir les mêmes chances de développement. C'est là que réside la garantie de stabilité de la société soviétique. C'est pourquoi nous ne voulons pas affaiblir le rôle du centre, sans quoi nous perdrions les avantages de l'économie planifiée.

En même temps, on est obligé de constater que les autorités centrales croûlent sous les tâches mineures. Nous les en libérerons, car lorsqu'elles s'y attellent, elles perdent de vue les questions d'importance stratégique.

Bien de ce qui a été critiqué à juste titre lors des séances plénières de janvier à juin tient avant tout à des omissions faites par le centre : n'avoir pas senti à temps s'installer les tendances dangereuses, n'avoir pas su trouver de solutions à de nouveaux problèmes, et ainsi de suite. Je le répète, toute l'organisation de l'appareil central et de ses fonctions le sera en stricte concordance avec la Loi sur l'Entreprise d'État. Le centralisme dans les conditions de la perestroïka n'a rien de commun avec la réglementation étroitement bureaucratique des multiples facettes des collectivités de production, de recherche scientifique et de création. Il nous faut encore partager le travail entre le centre et les régions, changer l'esprit même des ministères et jusqu'à leur raison d'être.

Nous envisageons une démocratisation de la planification. Cela signifie que l'élaboration du plan — non pas formellement mais réellement — commencera dans les entreprises et les collectivités de travail. Ce sont elles qui programmeront leur production en se fondant sur les besoins sociaux, exprimés en objectifs chiffrés et en fonction des contrats de gouvernement comme des liens économiques contractuels directs avec les consommateurs.

Le Comité de planification de l'État devra abandonner tout ce qui est réglementation détaillée et contrôle quotidien du travail des ministères et des départements, et ces derniers devront en faire de même vis-à-vis des entreprises. Les activités des entreprises (masse salariale, distribution des profits, paiements au budget, etc.) seront réglés par les mécanismes à long terme de l'économie; il s'agira là, de fait, d'une autorégulation.

Nous envisageons d'élargir la transparence à tous les stades de la planification ainsi que de favoriser une discussion ouverte, au niveau de l'État comme des régions, des problèmes sociaux, économiques, scientifiques, technologiques et écologiques. Dans la perspective de trouver les solutions optimales, nous introduirons le principe de variabilité dans le système de planification.

Contrairement à ce qui se fait encore, les organes centraux ne contrôleront plus les entreprises que sur un nombre limité de points : l'exécution des ordres de l'État, les profits, la productivité, les indicateurs de progrès scientifiques et techniques, la sphère sociale. L'exécution par les entreprises d'obligations contractuelles et de commandes de l'État pour les produits les plus importants, deviendra un critère majeur de leur bilan d'activités. La composition et le volume des commandes de l'État diminueront progressivement avec la saturation du marché et s'y substitueront des liens directs de plus en plus étroits entre fabricants et consommateurs. Une fois acquise l'expérience indispensable, nous placerons les commandes de l'État sur une base de compétition, appliquant le principe de l'émulation socialiste.

Le système de fourniture de matériaux et de technologie subira une transformation radicale. On ménagera une transition entre la constitution de fonds pour une distribution centralisée des ressources et le commerce de gros. Bref, on combinera de plus en plus les avantages de la planification avec les facteurs stimulants du marché. Mais tout cela se situera dans le cadre des objectifs socialistes et de ses principes de gestion.

L'élargissement des droits et de l'autonomie économique des entreprises, les changements de fonction des départements centraux et régionaux et la transition de méthodes à prédominance administrative à d'autres à prédominance économique pour la gestion, exigent en retour des changements radicaux dans la structure technocratique.

Autrefois, l'amélioration des structures de direction s'accompagnait souvent de la mise en place de nouveaux éléments d'organisation; il en résultait un gonflement de l'appareil, qui devenait de plus en plus lourd, peu mobile et rigidement bureaucratique.

Nous nous rendons compte quc la progression de la restructuration économique est freinée, de manière tout à fait sensible, par la nature pesante, massive, de l'appareil de gestion, et par sa médiocre efficacité. C'est pourquoi nous avons l'intention de procéder à des coupes sombres dans cet appareil, de simplifier ses structures quand ce sera nécessaire, et d'agrandir les ministères de secteur. Nous possédons une certaine expérience en ce domaine. Par exemple, l'agriculture et le traitement de ses productions dépendaient dans notre pays de sept ministères et départements. Nous avons intégrés tous ces ensembles en un seul, le Gosagroprom, réduisant en même temps leur personnel presque de moitié. Dans un autre cas, nous avons préféré agrandir certains ministères en les fusionnant entre eux. Ainsi procederons-nous à l'avenir, en traitant chaque cas en fonction de ses spécificités.

Il est maintenant clair pour tout le monde qu'étant donné l'échelle actuelle de notre économie, il n'est pas d'appareil ministériel, aussi qualifié soit-il, capable de prendre sur lui la solutions de tous les problèmes qui se posent, non plus que de remplacer la réflexion et l'iniitiative des collectivités de travail. La redistribution des droits entre les départements centraux et les entreprises ne se fait pas sans grincements de dents. L'appareil des ministères — et les ministres eux-mêmes — n'abandonnent pas sans rechigner l'habitude de tout régler dans les moindres détails. Ils sont faits à cette pratique qui rend les choses plus faciles pour eux. Tout transfert des droits du centre vers les régions est de manière générale douloureux, même si, je le répète, tout le monde en admet l'évidente nécessité, les services concernés au premier chef. Ils se rendent compte que cette réforme est bénéfique, ce qui n'empêche pas que soient parfois placés les intérêts étroits de ces services, voire ceux d'un groupe de personnes, au-dessus de ceux de la société et du peuple.

Il existe encore une autre manière d'améliorer la gestion économique. L'expérience montre que l'on peut obtenir une efficacité maximum aux points de jonction des industries. Mais s'attendre à ce que le Comité d'État du plan soit capable d'établir tous les liens inter-secteurs et de choisir la variante optimale est se payer d'illusions. Les ministères sont encore moins en mesure de le faire. C'est tout cela qui a imposé la mise à l'ordre du jour de la question de la mise en place d'agences pour gérer de vastes complexes économiques.

Comme on peut le constater, le système de gestion va subir de grands changements. Nous avons l'intention d'agir résolument, mais également de manière équilibrée, sans nous montrer plus tâtillons qu'il n'est nécessaire.

### *L'objectif : des normes technologiques mondiales*

Tout en procédant à la restructuration de nos activités dans les domaines du plan et de l'économie, et en étendant le droit des entreprises, nous avons également abordé la question des progrès scientifiques et technologiques. Les secteurs qui sont à l'avant-garde de ces progrès se voient attribuer un soutien matériel et financier supplémentaire. Dans ce but, nous avons élaboré un programme national ciblé, et dégagé des fonds.

Pendant la période du douzième plan quinquennal, dans laquelle nous sommes, nous renouvellerons la plus grande partie du capital fixe dans le domaine de la construction de machines. Les sommes réservées de côté dans cette perspective seront presque le double de celles qui ont été dépensées au cours des cinq années précédentes.

L'analyse des résultats de l'industrie a montré que des erreurs avaient été commises dans la politique d'investissement. Celle-ci, pendant des années, a consisté à bâtir toujours plus d'entreprises. La construction d'ateliers et d'immeubles administratifs a absorbé des sommes colossales. Pendant ce temps, les entreprises existantes en restaient au même niveau technologique. Bien entendu, si l'on fait un bon usage de tout ce qui est disponible, en multipliant les équipes par deux ou trois, on pourrait remplir les objectifs du douzième plan quinquennal avec le matériel existant. Mais d'une manière ou d'une autre, un équipement caduc, démodé, ne ferait que nous tirer en arrière, puisqu'il nous interdirait de sortir des produits modernes. Il faut mettre à la casse les vieilles machines. C'est pour cette raison que nous bouleversons notre politique structurelle d'investissement.

En 1983, j'ai visité ZIL. C'était à l'époque où l'on préparait activement la modernisation de cette usine — l'un des premiers projets de cet ordre dans l'industrie automobile soviétique. J'ai de nouveau visité ZIL en 1985, et j'ai demandé où en était la modernisation. Il s'avéra que l'on s'était avant tout intéressé au niveau technologique moyen, en faisant confiance à des équipements installés cinq ou sept ans auparavant. On ne pouvait donc guère s'attendre à de substantiels progrès technologiques. Non seulement les technologies démodées demandent plus de main-d'œuvre, mais en outre, elles interdisent toute intensification appréciable de la production, et ne font qu'augmenter notre retard. On finit par apprendre que l'usine avait bien mis au point un programme plus moderne mais que, n'ayant pas reçu de soutien, elle avait été obligé de l'abandonner. Nous apportâmes notre soutien au plan élaboré pour la modernisation de ZIL. Un nouveau programme de remplacement de l'outillage le compléta et a été mis en œuvre avec succès. ZIL va devenir une entreprise vraiment moderne.

Les grandes transformations, en matière de technologie et d'équipement, prennent du temps. Comme nous le disons, « Moscou ne s'est pas bâti en un jour ». Si nous nous étions imposé la tâche de décider de tout sur-le-champ, il aurait fallu moderniser la production tout en se servant d'un matériel caduc, démodé : cela serait revenu à faire du surplace.

Nous avons donc procédé à une évaluation de notre matériel, pour voir s'il correspondait aux normes mondiales. On découvrit que seule une part minime était à ce niveau. La conclusion s'imposait : plutôt que de conserver notre retard technologique pendant encore bien des années, il valait mieux affronter les difficultés de la mise au point d'un nouvel équipement tout de suite, puis, grâce à nos progrès dans la construction de machines, accomplir une percée dans les technologies les plus récentes. Ce « puis » ne renvoie pas nécessairement à un avenir lointain. La rénovation structurelle de la construction de machines en Union soviétique doit se combiner avec de vastes efforts pour utiliser au maximum le potentiel de la science. C'est une des tâches les plus vitales et les plus urgentes pour nous, même une priorité absolue. Nous nous sommes retrouvés dans cette situation technologique pour avoir sous-estimé notre potentiel scientifique et nous être trop fiés à des liens extérieurs.

De mon point de vue, nous avons accepté la politique de détente en y mettant trop d'espoirs; je dirai même, de manière trop naïvement confiante. Beaucoup ont pensé qu'elle serait irréversible et nous ouvrirait des possibilités illimitées, notamment par l'extension des relations économiques et commerciales avec l'Occident. Nous avons même renoncé à certaines de nos recherches et de nos développements technologiques, dans l'espoir que, grâce à la division mondiale du travail, il serait moins onéreux d'acheter certains matériels que de les fabriquer nous-mêmes. Mais en réalité, que s'est-il passé ? Notre naïveté a été durement sanctionnée. On a assisté à une série de boycotts, d'embargos, d'interdictions, de restrictions, d'intimidations de la part de ceux qui commerçaient avec nous. Certains politiciens occidentaux prévoyaient même l'effondrement du système soviétique. Vaines rodomontades.

Cela va sans dire, nous en avons tiré les nécessaires conclusions : nous avons entrepris les indispensables recherches et développé la production de ce que nous nous proposions autrefois d'acheter; si bien qu'en fin de compte, ce sont les entreprises occidentales qui sont perdantes. Incidemment, je pense que tout ce tapage fait autour des interdictions et des restrictions n'est pas seulement dirigé contre l'U.R.S.S., mais également, dans une large mesure, contre des entreprises rivales non américaines.

Dans l'ensemble, l'éventail des embargos et des sanctions des Américains a grandement contribué à clarifier la situation. Comme on dit, chaque médaille a son revers. Nous avons tiré la leçon des décisions prises par les États-Unis et d'autres pays occidentaux de ne pas vendre à l'Union soviétique les produits de la technologie avancée. C'est peut-être à cela que nous devons maintenant de connaître une croissance sans précédent dans les domaines des sciences de l'information, de la technologie des ordinateurs, et autres champs de la science et de la technique.

Nous avons décidé de mettre un terme à ce que nos dirigeants économiques appellent le « fléau des importations ». Dans ce but, nous avons mis en mouvement le vaste potentiel de notre science et de notre savoir-faire.

Il est paradoxal que de nombreuses réalisations de scientifiques soviétiques se répandent en Occident plus rapidement que dans notre pays, comme c'est, par exemple, le cas des rubans convoyeurs circulaires. Nous avons également été lents dans un autre secteur. Nous avons été les premiers à mettre au point le procédé de coulée continue de l'acier. Qu'est-il arrivé ? A l'heure actuelle, 80 % de l'acier coulé dans certains pays l'est par cette méthode, pourcentage bien plus élevé que dans notre propre pays ! Chez nous, le chemin qui va de la découverte scientifique à son introduction dans la production est trop long. Cela permet aux industriels étrangers entreprenants de faire de l'argent avec nos idées. Bien entendu, une telle situation est loin de nous satisfaire. Il doit y avoir réciprocité dans les échanges, et la situation doit évidemment changer, ce qui a d'ailleurs commencé depuis peu.

Un travail considérable est accompli pour encourager vigoureusement le progrès scientifique et technique. Nous lançons des programmes précis, incitons les collectivités de travail, les collectivités économiques et les autres centres de recherche à travailler de manière créative; nous avons organisé vingt-sept centres de recherche et de technologie interdisciplinaires, plaçant à leur tête des scientifiques de premier plan. La priorité actuelle est, comme je l'ai dit, le développement du secteur machine et mécanique. La séance plénière du Comité central du PCUS de juin 1986 a proposé un programme radical de modernisation en ingénierie mécanique. Elle s'est donné des objectifs sans précédent dans l'histoire de l'industrie soviétique : atteindre dans les six à sept prochaines années le niveau mondial en ce qui touche à la grande mécanique, aux équipements essentiels et aux appareils. Il a été décidé de mettre l'accent sur la construction de machines-outils, sur la production d'appareils, et sur l'ingénierie électrique et électronique. Les industries métallurgiques et chimiques doivent également être modernisées sur une grande échelle.

Certes, rien n'est plus dangereux que de se laisser aller à rêver. Et cependant, toutes les transformations en cours sont riches de promesses. Récemment, j'ai visité la ville de Zelenograd, non loin de Moscou, où sont concentrées des unités de recherche et des entreprises d'industrie électronique. J'ai eu le plaisir d'entendre des chercheurs et des spécialistes me dire que, dans un certain nombre de domaines, nous n'étions plus à la remorque des États-Unis, ou au coude à coude avec eux, mais au contraire en avance. En fin de compte, l'arrogance technologique de l'Occident à notre égard a eu des retombées bénéfiques. La tâche qui nous attend maintenant, tout aussi délicate, est de transposer ces résultats dans la pratique.

### *Le tissu vivant de la perestroïka*

La perestroïka présente un éventail immense de problèmes divers et de tâches en relation avec ce qui reste du passé, avec ce qu'il faut faire tout de suite, ce qu'il faudra faire plus tard. Prenant le risque de me répéter, je voudrais présenter au lecteur une vision aux multiples couleurs de la perestroïka, l'inviter à regarder dans le kaléidoscope de la vie quotidienne où se forme le tissu vivant de notre avenir. Nous préparons les masses à des changements radicaux. Cela implique de fournir les conditions économiques et psychologiques indispensables, car il n'est pas facile de rompre avec de vieilles habitudes et de renoncer à des concepts de formes sociales elles-mêmes nées dans des conditions historiques précises.

On entend toujours s'élever la voix des puristes. Il faut voir comme ils montrent du doigt, avec indignation, les désordres, les pénuries, les choses qui ne vont pas. Cependant, que quelqu'un se mette à faire quelque chose d'inhabituel mais de valable, ces pseudo-socialistes s'écrient aussitôt qu'on sape les fondements du socialisme ! Ceci fait aussi partie des réalités de la perestroïka. Nous devons discuter patiemment avec ces défenseurs d'un socialisme « pur », idéal, immaculé dans sa forme abstraite, et leur prouver qu'il n'a rien à voir avec la vie réelle.

Jamais Lénine ne s'est imaginé que la route menant au socialisme serait une ligne droite. Il savait changer de slogan quand la vie en imposait la nécessité. Et jamais il ne s'est senti l'esclave des décisions prises. Il n'avait pas peur de stimuler l'activité individuelle, quand l'État et le secteur public étaient faibles. Et aujourd'hui, alors que nous sommes en plein effort de restructuration, certaines personnes craignent les mesures prises pour développer les coopératives et encourager la production individuelle, l'établissement de contrats, l'autofinancement; elles s'inquiètent à l'idée que nous affaiblirions les fameux « fondements » et risquerions d'engendrer des petits propriétaires. Elles estiment que les diverses formes de contrats pourraient mettre en danger les fermes collectives. Mais que dire des boutiques dans lesquelles manquent tant de choses ? C'est à ce propos qu'il faut tirer la sonnette d'alarme et non crier, pris de panique, « Au secours, le socialisme est en danger ! »

Nous savons que la combinaison des intérêts personnels avec le socialisme est toujours le problème fondamental. Nous nous référons bien entendu aux intérêts personnels au sens large, et pas seulement au sens d'intérêts matériels. Ce dont nous avons besoin, ce n'est pas d'un socialisme « pur », doctrinaire, inventé de toutes pièces, mais du socialisme léniniste. Lénine a été très clair sur ce point : étant donné, disait-il, que nous avons développé notre industrie et notre puissance dans d'énormes proportions, il n'y a rien qui puisse nous faire peur. En nous appuyant sur cette force, nous pouvons procéder à des transformations socialistes d'une manière planifiée. Cela, c'est une authentique tâche socialiste. C'était vrai alors, et ça l'est encore plus aujourd'hui, notre société étant politiquement et économiquement plus forte. Jamais Lénine ne perdait le contact avec l'état réel des affaires; il était guidé par les intérêts des travailleurs.

Je suis convaincu que c'est dans le complexe agro-industriel que les formes les plus efficaces d'organisation de la production, sur la base d'une comptabilité des prix réels, prendront le plus rapidement racine. En premier lieu, nos fermes collectives sont maintenant des traditions anciennes. En second lieu, les gens de la campagne sont entreprenants et pleins de ressources. Tout cela milite en faveur d'une plus grande mobilité et d'une plus grande souplesse lorsqu'on y appliquera la vérité des prix, l'autosuffisance et l'autofinancement.

Du point de vue de l'organisation du travail et de la rémunération, le contrat collectif a fait ses preuves en agriculture. On met maintenant en place des contrats familiaux[3], et les premiers résultats sont encourageants.

Au début du mois d'août 1987 je me trouvais dans le district de Ramenskoyé à l'extérieur de Moscou, et j'ai eu l'occasion de m'entretenir avec une équipe qui travaillait depuis cinq ans de manière contractuelle sur un projet de technologie agricole intensive. Ils cultivaient des semences de pommes de terre, et l'an passé, cette équipe de cinq personnes a rapporté d'énormes profits à la ferme d'État. Il se passe des choses extraordinaires quand les gens prennent la responsabilité de tout ce qu'ils font eux-mêmes. Non seulement les résultats sont différents, mais il arrive que les gens eux-mêmes en soient transformés. Le travail change, ainsi que l'attitude face au travail.

Dans notre société, les individus veulent être partie prenante dans tout ce qui se passe, et c'est une bonne chose. Ils n'aiment pas les situations dans lesquelles on est indifférent à leur opinion, où ils ne sont considérés que pour leur force de travail, où leurs qualités humaines et civiques ne sont pas appréciées. Le contrat collectif et la démocratie qui en est inséparable sont précisément ce qui aide chacun à se sentir son propre maître, et pleinement citoyen.

Nous disposons aujourd'hui, dans de nombreux secteurs agricoles, de fermes collectives et de sovkhozes. Les unes et les autres ont été organisées en grandes équipes, en sections, en ensembles. Mais il en est résulté un certain divorce d'avec la terre, ce qui s'est ressenti sur la production. Nous devons aujourd'hui, dans le contexte de ces fermes collectives et d'État, rétablir un rapport plus direct avec les intérêts des individus, dans le cadre des contrats collectifs, des contrats de famille et des contrats de location. Nous combinerons alors les avantages d'une grande économie collective avec les intérêts des individus; et c'est exactement ce que nous voulons. Si nous agissons en ce sens, nous pourrons accomplir des progrès impressionnants dans la solution des problèmes de denrées alimentaires, au cours des deux ou trois prochaines années.

Si l'on néglige les intérêts individuels, rien ne sortira de nos efforts et la société ne fera qu'y perdre. Il est impératif, pour cette raison, de pratiquer un équilibre des intérêts, et c'est ce que nous faisons à l'aide des nouveaux mécanismes économiques, de plus de démocratie, de l'atmosphère de transparence et de l'implication de la population dans tous les aspects de la restructuration.

La première chose dont il faut s'assurer, c'est de l'établissement d'une atmopshère qui encourage l'effort de restructuration et rende les individus socialement actifs et responsables.

Cette atmosphère, c'est celle de la transparence, dans laquelle on aborde tous les problèmes, même les plus délicats, afin que nous les résolvions tous ensemble. Pour atteindre cet objectif, nous avons besoin d'une implication générale de la population dans l'administration du pays. C'est pourquoi nous disons que la démocratisation est la clef de voûte de l'effort de restructuration. On a légitimement introduit des éléments comme les nouveaux mécanismes de gestion, l'élection des directeurs, la mise en place de conseils collectifs dans les équipes de travail et au niveau des ateliers et des entreprises. A voir l'exemple des fermes collectives ou familiales gérées sous contrat, il est évident qu'assumer le rôle de propriétaire manquait aux gens. Ils ne veulent pas seulement gagner davantage, ce qui est parfaitement compréhensible, ils veulent le faire honnêtement. Ils veulent mériter leurs gains, non les carotter à l'État. Ce souhait s'inscrit parfaitement dans l'esprit du socialisme, et ne devrait donc souffrir aucune restriction : que chacun reçoive ce qu'il gagne. Mais en même temps, nous devons faire en sorte qu'il ne reçoive que ce qu'il gagne.

*Politique sociale de la restructuration*

Nous partons de l'idée que seul le considérable effort de politique sociale, tel que proclamé lors du

XXVIIᵉ Congrès du PCUS, peut assurer le succès de la perestroïka. Le niveau de vie doit s'élever, la situation du logement se désengorger; il faut produire davantage de denrées alimentaires, et la qualité des marchandises doit s'améliorer; nous devons pousser encore le développement des services de santé, mettre en œuvre la réforme de l'enseignement secondaire et supérieur et résoudre encore nombre de problèmes sociaux.

Lors de son évaluation des tâches à court et à long terme, la séance plénière du Comité central du PCUS de juin s'est particulièrement intéressée à l'augmentation de la production de denrées alimentaires et à l'extension du programme de construction de logements.

Des mesures à grande échelle ont été prises. Nous construisons davantage d'habitations. Pour nous, c'est une tâche qui s'étend à tout le territoire national; afin de la mener à bien, nous y investirons davantage d'argent. Nous devons aider la population à obtenir de meilleures conditions de logement aussi bien en ville qu'en zone rurale.

Il faut une bonne qualité de vie pour tous. Si ce problème est résolu, la collectivité de travail se stabilise. Les gens apprécient davantage les transformations qui se produisent dans leur ville ou leur village, dans la production ou dans leurs conditions de travail — comme dans la nature même de ce travail — que de rapides augmentations de salaire.

L'actuelle passivité de certains dirigeants incapables de saisir les occasions, de résoudre les problèmes sociaux, est particulièrement intolérable. Cela s'explique par la vieille habitude de s'attaquer à ces problèmes sur la base de ce que l'on appelle le principe «résiduel» : une fois satisfaits les besoins de la production, on attribue ce qui reste aux objectifs sociaux. C'est aussi un effet de la psychologie de dépendance, qui a des racines profondes. La comptabilité des prix réels et l'autofinancement viennent mettre un terme à tout cela. Les mécanismes économiques eux-mêmes exigent une approche entreprenante, active, raisonnable afin d'agir vraiment en propriétaire.

Nos réalisations en matière d'éducation sont universellement connues, et sont impressionnantes même lorsqu'on les compare à celles des pays les plus développés. Et malgré tout, nous mettons en place une réforme scolaire. Pour quelles raisons ? Tout d'abord, du fait des nouvelles exigences que la société moderne impose aux individus. En outre, le phénomène de stagnation de notre société a également fini par affecter notre système éducatif; on a assisté à des manifestations de laissez-faire sensibles au niveau des résultats obtenus, et qui n'ont pas tardé à affecter tout le reste.

Actuellement, après une discussion du sujet à l'échelle de la nation, nous avons adopté des programmes qui transformeront radicalement l'éducation secondaire et supérieure. L'axe principal de nos efforts consistera à former les jeunes gens en sorte que ces futurs travailleurs soient au niveau des exigences imposées par les progrès scientifiques et technologiques, tout en étant débarrassés de ce qui est accessoire, et qui ne leur apporte qu'un inutile surcroît d'obligations. L'éducation humaniste des jeunes, dont le but est de les élever convenablement et de leur faire acquérir un niveau culturel adéquat, s'améliore. Collèges et écoles secondaires mettent l'accent sur des méthodes d'enseignement et d'éducation stimulantes et créatives, qui encouragent l'initiative et l'indépendance. Il est prévu une restructuration des conditions matérielles, et, plus important, les enseignants sont incités à atteindre de nouveaux niveaux dans leur travail. Ceux qui améliorent leur niveau professionnel seront encouragés matériellement. Les programmes disposent de l'indispensable soutien financier, et leur mise en œuvre est en cours.

Des lignes directrices pour l'amélioration des services publics de santé du pays font actuellement l'objet d'une discussion au niveau national. Quand cette discussion sera terminée, ces lignes directrices seront soumises, pour un examen approfondi, au Comité central du PCUS et au Gouvernement, puis au Soviet Suprême de l'U.R.S.S. Ce projet détaillé et complet exigera des investissements importants et un effort sur une grande échelle. Nous avons trouvé les ressources matérielles et financières pour amorcer sa première étape, qui se poursuivra sur les dernières années du douzième plan quinquennal et pendant le treizième plan.

L'intensification de la production sociale entraîne une nouvelle attitude vis-à-vis de l'emploi, qui doit être plus efficace et exige le regroupement des forces productives. En œuvrant dans ce sens, nous devons nous montrer particulièrement attentifs à ce que le principe de justice sociale soit respecté. La pratique généralisée du nivellement a constitué l'une des aberrations des quelques dernières décennies, se traduisant par des attitudes de dépendance, et un état d'esprit étroit du genre : « ce ne sont pas nos affaires, laissons les patrons se débrouiller ».

Voici comment le XXVIIe Congrès du PCUS a formulé le problème : dans le socialisme, le travail constitue le fondement de la justice sociale. Seul le travail détermine la place réelle d'un citoyen dans la société, son statut social. Et cela interdit toute manifestation de nivellement.

L'attitude nivelante refait surface de temps en temps, même encore aujourd'hui. Certains citoyens interprètent l'appel à la justice sociale comme « l'égalisation de tous ». Mais la société persiste à exiger que le principe du socialisme se concrétise solidement dans la vie.

En d'autres termes, ce que nous estimons le plus est la contribution des citoyens aux affaires du pays. Nous devons encourager l'efficacité dans la production tout comme le talent d'un écrivain, d'un scientifique ou de n'importe quel citoyen laborieux et honnête. Sur ce point, nous tenons à être tout à fait clairs : le socialisme n'a rien à voir avec l'égalitarisme. Le socialisme ne peut assurer des conditions de vie et de consommation en fonction du principe allant de « A chacun selon ses œuvres », à « A chacun selon ses besoins ». Cela, ce serait le communisme. Le socialisme se sert d'un critère différent pour la distribution des bénéfices sociaux : « Chacun fait selon ses capacités, chacun reçoit selon son travail ». Il n'y a aucune exploitation de l'homme par l'homme, aucune division en riches et pauvres, en millionnaires et en déshérités; toutes les nations sont égales entre elles; tout le monde a un emploi garanti; l'enseignement secondaire et supérieur sont gratuits, comme les services de santé; on s'occupe bien des citoyens dans leur vieillesse. Telle est l'incarnation de la justice sociale dans le socialisme.

Aujourd'hui, quand la question de la justice sociale vient sur le tapis dans notre pays, on entend beaucoup parler des bénéfices et des privilèges de certains individus ou groupes d'individus. Il existe des bénéfices et des privilèges qui ont été établis par l'État, accordés sur la base quantitative et qualitative d'un travail socialement utile. Il y a des bénéfices pour les gens qui travaillent dans le secteur de la production comme dans le secteur des sciences et de la culture. Par exemple, nous prenons un soin particulier de nos scientifiques, académiciens et écrivains éminents. Des distinctions honorifiques sont décernées à des citoyens pour leur contribution exceptionnelle à l'édification du socialisme. Ainsi en est-il des Héros socialistes du Travail, ou des personnalités de la science et de la culture, qui jouissent d'avantages particuliers. Il existe également certains bénéfices pour les gens des diverses industries et pour ceux qui travaillent dans différentes régions (en particulier, ceux qui travaillent dans le nord et dans les régions écartées), pour les militaires, les diplomates, etc. J'estime cette pratique justifiée, car elle est dans l'intérêt de la société prise dans son ensemble. Elle se fonde elle aussi sur l'importance et la valeur de la contribution des citoyens.

Mais il y a des privilèges qui n'ont pas été établis par l'État mais que certaines personnes, abusant de leurs pouvoirs officiels, « établissent » en leur faveur : nous les condamnons comme inacceptables.

Cette question présente un autre aspect. Beaucoup de nos organisations, de nos institutions et de nos entreprises gèrent des installations de services. Pratiquement, toutes les grandes entreprises, partout dans le pays, possèdent un service public de restauration. En outre, dans la plupart des cas, ces entreprises contribuent aux dépenses de fonctionnement de ce service. C'est la responsabilité conjointe de la direction et du comité syndical, avec pour résultat que les repas coûtent moins cher.

Notre pays dispose également d'un réseau très complet d'institutions médicales qui dispense les soins de santé aux citoyens sur leurs lieux de travail. Il comprend non seulement des cliniques avec services de consultations externes, mais aussi des maisons de vacances et des centres de cure situés à proximité des entreprises ou dans les secteurs de loisirs et les stations de santé. Beaucoup d'entreprises ont leurs propres boutiques d'alimentation, de vêtement, etc. En vérité, on pourrait parler d'un système complet de services dans certains cas.

Ce n'est pas seulement le cas des entreprises industrielles. Par exemple, l'Académie des Sciences, l'Union des Écrivains et d'autres organisations de ce type possèdent leur centre de santé, leurs hôtels de vacances et leurs chalets d'été. Les syndicats — qui sont en fait les organisations les plus riches du pays, les organisations du Parti et des Soviets disposent également de tels services. Cette situation s'est développée historiquement.

A dire vrai, l'existence de ce genre de services peut engendrer — et engendre — des problèmes, en particulier lorsque la qualité des services fournis pour la population globale est moins bonne que celle des organisations et des institutions dont nous venons de parler. Ce phénomène fait naturellement l'objet de critiques de la part des travailleurs. Mais ces questions devraient se régler au fur et à mesure qu'entrent en action les programmes que nous avons adoptés.

Nous poursuivons sans faiblir notre combat contre la boisson et l'alcoolisme. Ce détestable fléau social est enraciné profondément chez nous depuis des siècles. Il est donc difficile à combattre. Mais la société est mûre pour un revirement radical. L'abus de l'alcool, en particulier au cours des deux dernières décennies, s'est accru dans des proportions alarmantes et devient une véritable menace pour l'avenir même de la nation. Les travailleurs nous rappellent constamment la nécessité d'intensifier nos efforts pour combattre ce fléau; certains proposent même une prohibition totale, à l'échelle du pays. Nous nous rendons cependant compte qu'il serait peu réaliste d'établir une telle prohibition. Nous leur disons donc : si vous le souhaitez, introduisez la prohibition dans votre famille, dans votre district. Dans des milliers de villages et d'établissements, les travailleurs ont décidé, en assemblées générales, de mettre un terme à la vente et à la consommation de boissons alcoolisées. La campagne se poursuit. La consommation par personne a diminué de moitié au cours des deux dernières années. Malheureusement, la fabrication clandestine d'alcool a augmenté. Il s'agit d'un problème impossible à résoudre par de simples mesures administratives. Le seul moyen sûr de se débarrasser d'un fléau comme l'alcoolisme est de développer le secteur récréatif, celui de la santé physique, des sports et les activités culturelles de masse, ainsi que de démocratiser toujours plus la vie de la société dans son ensemble.

## III - Sur la voie de la démocratisation

*Notre principale ressource*

L'une des principales tâches politiques, sinon la principale, avant l'effort de restructuration, est de redonner vie et de renforcer, dans le peuple soviétique, le sens de la responsabilité vis-à-vis du destin du pays. Une certaine aliénation provoquée par l'affaiblissement des liens entre les organes étatiques et économiques d'une part, les collectivités de travail, les travailleurs de la base d'autre part, et également par la sous-estimation de leur rôle dans le développement de la société socialiste, continue d'avoir un effet perturbateur.

Le facteur humain, au sens le plus large, est notre principale ressource. Nous faisons tout ce qui est en notre pouvoir pour le faire jouer, avant tout par une amélioration des données sociales. Tout ce que je voudrais ajouter est que nous travaillons à établir un équilibre entre deux aspects : l'économique et le social. Si l'on néglige les intérêts de la sphère sociale au profit des taux de développement de l'économie, se perd tout intérêt aux résultats du travail. Ce qui affecte la productivité et par contre-coup l'économie. Par ailleurs, la sphère sociale ne doit pas être édifiée de telle manière que la base en soit érodée, car ce serait miner alors la possibilité même d'un développement socio-économique harmonieux. La corrélation entre ces deux éléments n'a rien de statique; elle est en constante évolution. Aujourd'hui, c'est la politique sociale qui vient en première ligne.

L'aspect moral de la question est d'une extrême importance. Si nous ne faisons pas revivre dans les faits les valeurs socialistes dans nos collectivités de travail et dans la société dans son ensemble, nous échouerons à conduire jusqu'à son terme l'effort de restructuration. Nous pouvons bien proposer de bonnes mesures et des mécanismes efficaces, il n'en sortira rien si la société ne s'améliore pas par la consolidation des valeurs du socialisme, de la justice sociale avant tout, et par une redistribution en fonction du rendement au travail, une discipline, des lois, des règles et des exigences qui soient les mêmes pour tous.

Nous activons également le facteur humain en améliorant le système de gestion et ses mécanismes. A quoi revient la comptabilité des coûts réels, ici ? A être non seulement le droit d'une collectivité de travail, mais également sa responsabilité. Si nous disons : « vous allez vivre de la même manière que vous travaillez », cela signifie que nous donnons à chacun la responsabilité de son avenir. Une collectivité de travail développe le désir commun d'avoir le droit de contrôler son entreprise et les procédés de travail, si les résultats doivent déterminer les revenus collectifs et la vie que l'on aura. Là aussi, nous avons affaire à un processus à deux visages. Ou si l'on préfère, la comptabilité des coûts réels est liée à l'autogestion et à l'autonomie des collectivités de travail.

Nous adoptons une nouvelle conception de la corrélation entre la gestion à une personne et la participation des collectivités de travail à la répartition des tâches de production. Le problème est central. Il n'y aura aucun progrès sans implication des travailleurs dans la gestion par les mécanismes adéquats, au niveau de l'équipe de travail, de l'atelier, de l'entreprise et du réseau dans lequel elle s'intègre. Qui plus est, une collectivité de travail doit avoir le droit d'élire son directeur. Et ce dernier ne recevra le droit de gérer qu'au nom de la collectivité, sa volonté assurant la cohésion du groupe.

L'élection des gestionnaires de l'économie est de la démocratie directe en action. Initialement, les gens la redoutaient, prétendant que l'on avait été trop loin, que les choses risquaient de mal tourner. Mais ceux qui raisonnent de cette manière oublient l'essentiel, à savoir que le bon sens fini toujours par prévaloir. Les intérêts de groupe, le clientélisme, la pratique consistant à se couvrir mutuellement se feront sans doute sentir à un moment ou à un autre. Mais fondamentalement, chacun désire que son équipe, son atelier, son entreprise, sa ferme collective ou sa ferme d'État, soient menés par des dirigeants ayant des qualités de chef, dignes de confiance, intelligents, capables d'initiative pour améliorer la production comme la vie. Notre peuple comprend cela : il n'a nul besoin de dirigeants pusillanimes, il a besoin de gens de talents, respectueux d'autrui tout en étant exigeants.

Les travailleurs attendent des changements d'attitude de la part des directeurs d'usine, des responsables d'atelier et des contre-maîtres. Ils attendent également un exemple moral et l'attendent tout particulièrement de leurs supérieurs. Les exemples ne manquent pas. La qualité d'un directeur est un gage de réussite. Celui qui s'occupe de ses ouvriers, à qui tout le monde a envie de parler, qui n'a pas besoin d'élever la voix pour donner ses ordres, mais qui voit tout et est capable de tout expliquer, celui-là a toutes les chances de mener son entreprise au succès. Actuellement, il est de la plus grande importance d'être en mesure d'expliquer la situation. Les gens accepteront d'attendre s'ils comprennent que l'on ne peut satisfaire immédiatement toutes leurs demandes comme ils le souhaitent.

Nous donnons également plus de vigueur au facteur humain à l'aide de procédures plus démocratiques, un meilleur travail idéologique et un climat moral plus sain dans la société. Tout le monde, tant s'en faut, n'a pas pris pleinement conscience du caractère crucial du moment que nous vivons. Il nous faut redoubler d'efforts si nous voulons que la perestroïka l'emporte sur ceux qui continuent à la jauger de loin ou se trouvent bien de l'état actuel des choses.

Ce n'est pas d'un coup que l'on peut balayer les nombreuses conceptions routinières qui sévissent encore. Un décret, même tonitruant, ne saurait abolir des habitudes ancrées depuis des années. Je le déplore, mais nous avons encore à nous débarrasser complètement de conventions en matière de collaboration avec les gens, conventions liées à notre goût des campagnes idéologiques et des balivernes grandiloquentes. Il s'agit là de mener un combat long et intense, combat contre les tracasseries administratives, contre les promesses mirifiques sans garanties, contre les slogans abstraits, contre les accès de gloriole et les grands étalages. L'important est de ne pas se laisser aller aux illusions du « tout va bien », de ne pas autoriser le bureaucratisme et le formalisme à étouffer ces sources riches de vie que sont les initiatives venues du peuple.

Dans mes conversations avec les gens, dans la rue ou sur les lieux de travail, j'entends constamment dire : « Ici, tout le monde est pour la perestroïka. » Je suis convaincu que l'on me parle avec sincérité et honnêteté, mais je réponds invariablement en faisant remarquer qu'il faut moins parler de la perestroïka et faire plus pour elle. Ce qu'il nous faut c'est davantage d'ordre, davantage de conscience, davantage de respect les uns pour les autres et davantage d'honnêteté. Nous devrions suivre ce que nous dicte notre conscience. C'est une bonne chose que les gens comprennent cela; et, qui plus est, qu'ils l'acceptent dans leur cœur et leur esprit. C'est essentiel. Voilà une politique, voilà un gouvernement qui se bat pour défendre cette politique, voilà tout un peuple qui la soutient : là est le fondement de tout. Le reste en découlera; la campagne de restructuration ira de l'avant et moissonnera les résultats. La principale impression que je retire de mes rencontres personnelles avec la population soviétique est que celle-ci a senti la signification politique et morale de la perestroïka.

### *Le respect de la loi, un élément indispensable de la démocratisation*

Observer la loi est pour nous une question de principe, et nous avons procédé à un examen large et informé de la question. Il ne peut y avoir respect de la loi sans démocratie. En même temps, la démocratie ne saurait exister et se développer sans les règles de la loi, car la loi a pour but de protéger la société des abus de pouvoir, et de garantir aux citoyens, à leurs organisations et à leurs collectivités de travail, droits et libertés.

C'est pour cette raison que nous avons pris une position très claire sur cette question. Car nous savons d'expérience ce qu'il en advient dès qu'on s'écarte de ces principes.

Depuis le tout début du régime soviétique, Lénine et le Parti ont attaché une importance capitale au maintien et à la consolidation de la loi. C'était bien naturel, car la réalité politique de la nouvelle société en train de se former l'exigeait : nous avions à consolider un nouveau système de gouvernement, à abolir la propriété privée des moyens de production, à nationaliser les terres, à donner aux travailleurs le contrôle de la production, et à protéger les intérêts des travailleurs et des paysans de la contre-révolution. Tout cela devait être justifié et mis en forme par des lois; sans quoi, le processus révolutionnaire aurait risqué de sombrer dans le chaos, sans quoi, il aurait été impossible de consolider nos acquis, d'assurer le fonctionnement normal du système soviétique de gouvernement et d'établir de nouveaux principes dans la vie publique.

Les décrets du gouvernement soviétique répondirent à ces exigences. Dès le tout début, ils ont proclamé que la légitimité était un principe fondamental, le guide de la vie de la société en Union soviétique, et annoncé que leur tâche était d'engager des millions de travailleurs à participer à la direction du pays et, comme l'a dit Lénine, à « se battre pour leurs droits ». Cette idée se retrouve dans la Première Constitution soviétique de 1918 et dans la résolution « Sur le strict respect de lois », adoptée par la suite lors du Congrès des Soviets de toutes les Russies.

Après la Guerre civile, l'activité législatrice redoubla. Son but était de codifier légalement les transformations socialistes. Le travail accompli par les organes responsables du respect de la loi et de l'administration de la justice devint un instrument de tout premier plan dans l'édification du nouvel État, légitimant tout ce qui était réalisé et qui résultait des activités économiques, sociales, culturelles et autres. L'exigence posée par Lénine — qu'il n'y ait qu'une loi pour l'ensemble du pays et que « nous ne bougions pas d'un pouce de cette loi » — fut observée strictement.

Néanmoins, on ne peut pas ne pas mentionner la période que nous avons appelée « période du culte de la personnalité ». Elle a affecté nos lois, et tout particulièrement la façon dont elles étaient appliquées. L'accent mis sur une stricte centralisation, l'administration à coups d'injonctions, l'existence de quantités d'instructions et de restrictions administratives amoindrissaient le rôle des lois. A partir d'un certain stade, cela déboucha sur le règne de l'arbitraire et de l'anarchie, ce qui n'avait plus rien à voir avec les principes du socialisme ou avec les dispositions de la Constitution de 1936. Staline et ses proches furent les responsables de ces méthodes de gouvernement. Toute tentative visant à justifier ce mépris des lois du fait de nécessités politiques, de tensions internationales ou de la prétendue exacerbation de la lutte des classes dans ce pays est mensongère. Les violations de la loi ont eu de tragiques conséquences, que nous ne pouvons ni oublier ni pardonner. Le 20e Congrès a présenté un jugement très dur sur cette période.

Ces événements se sont reflétés dans la législation. On restaura les principes démocratiques et, la loi et l'ordre consolidés, on entreprit une nouvelle codification de la législation. C'est toute la nation qui fut conviée à discuter des projets de loi et des questions importantes; peu à peu, cette pratique se généralisa. Au cours du dernier quart de siècle, des millions de personnes ont pris part à des discussions sur une trentaine de projets de loi d'importance nationale. Elles ont exprimé leur opinion, suggéré des amendements et des additions.

Cependant, on retrouve dans la période de stagnation qui suivit un nouvel affaiblissement du respect de la loi. On vit réapparaître l'arbitraire et la violation des lois, même chez des responsables. Les cours de justice, les bureaux des procureurs et d'autres organismes — dont la vocation est de protéger l'ordre public et de lutter contre les abus — agissaient souvent au gré des circonstances, se retrouvaient en situation de dépendance et n'observaient pas les principes qui auraient dû être les leurs dans leur combat contre ceux qui violaient la loi. Les cas de corruption devinrent plus fréquents, jusque dans le corps ayant pour charge de faire respecter le droit.

Maintenant que nous avons lancé la perestroïka, résolu d'en finir avec les phénomènes négatifs du passé et de donner une impulsion nouvelle au développement d'une démocratie socialiste, nous éprouvons le besoin d'une transformation profonde à la fois dans le domaine de notre législation et dans le perfectionnement de la légalité socialiste en tant que telle. Cette exigence découle également des changements radicaux en cours dans les mécanismes de gestion économique et dans le développement social. C'est l'un des éléments de la démocratisation de tous les aspects de notre société. Les mesures adoptées dans le domaine de la législation et de la loi viennent soutenir le processus de restructuration — un travail que nous accomplissons dans le contexte des réformes des secteurs économique, social et culturel, et qui prend en compte les souhaits des travailleurs et le résultat des consultations populaires.

La perestroïka exige une organisation plus poussée de la société, une discipline consciente de la part des citoyens. Mon point de vue est le suivant : plus profonde est la restructuration, et plus strictement et systématiquement doivent être appliqués les principes du socialisme, plus les règles de vie de la société socialiste doivent être codifiées dans la Constitution, plus les lois doivent être observées.

La perestroïka est synonyme d'exigences supérieures dans le contenu même des actes du législateur. La loi doit résolument protéger les intérêts de la société, interdire tout ce qui peut nuire à l'intérêt national : il s'agit là d'un axiome. Mais si elle impose ce cadre strict, la loi doit également laisser la place à l'initiative des citoyens, des collectivités de travail, des organisations. Il faut donner tout le soutien et les encouragements possibles aux initiatives et aux activités de développement qui s'inscrivent dans le cadre de la loi. Nous avons beaucoup perdu à tenter d'établir la liste de tous les droits des entreprises dans une infinité d'instructions. En fait, cela revenait à dire que toute action qui ne s'inscrivait pas dans le cadre de ces instructions devait être traitée comme inacceptable. Or, l'expérience montre que ce dont nous avons besoin, ce n'est pas d'une législation totale, qui régirait les multiples phénomènes de la vie sociale, mais d'un instrument rationnel sain, ainsi que d'un soutien sans faille des travailleurs, de leur force de travail et de toutes les formes d'initiative populaire. Observons donc strictement ce principe : ce qui n'est pas interdit par la loi est autorisé.

Toute une série d'actes législatifs importants ont déjà été adoptés dans le cadre de la perestroïka. Ils comprennent la Loi sur l'entreprise d'État, les lois sur la transformation du complexe agro-industriel[4], sur la réforme de l'école, sur le travail individuel, sur la lutte contre les revenus illicites, sur l'alcoolisme et l'usage des drogues. Ont également été adoptées des lois pour l'amélioration de la santé publique et en particulier pour les soins à donner aux mères et aux jeunes enfants.

Nous nous attachons tout particulièrement à consolider les garanties des droits et des libertés du peuple soviétique. Des décrets, émanant du Présidium du Soviet Suprême d'U.R.S.S., font un délit de la répression de la critique, et établissent une procédure de compensation pour les torts portés aux citoyens par des actions illégales du gouvernement, des organes publics et officiels. Ce dispositif est complété d'une loi sur les procédures à suivre pour faire appel, devant les tribunaux, d'actions illégales venant d'instances officielles et ayant porté atteinte aux droits des citoyens. Enfin, le Soviet Suprême d'U.R.S.S. de juin 1987 a promulgué une loi dont l'objet est d'entériner la pratique qui consiste à soumettre les importantes questions de la vie politique à une discussion à l'échelle de la nation.

Cela nous a été l'occasion de nous rendre compte que la restructuration continuera d'exiger que de nouvelles étapes soient franchies dans les domaines de la législation et de l'ordre. Une codification totale de la législation est prévue au calendrier; elle devrait régler la marche à suivre pour accomplir les tâches modernes : l'amélioration de l'efficacité économique, la poursuite d'une politique sociale énergique, la mise en évidence du potentiel de toutes les institutions de la démocratie socialiste. En d'autres termes, il s'agit de préparer la voie au *gouvernement du peuple par lui-même.*

Des changements considérables ont été introduits dans la législation des élections. Les expériences conduites lors de la campagne électorale de juin 1987 ont permis de déterminer avec plus de précision comment s'attaquer à ce problème fort complexe. Une recherche est en cours sur les formes législatives adéquates à la restructuration du système de gestion de l'économie nationale et au rôle plus important des organismes locaux représentant l'autorité de l'État et l'administration. Le champ d'application en est très vaste, si l'on considère qu'il existe quelque trente mille actes normatifs nationaux qui gèrent actuellement notre économie. Nombre de ces actes ont besoin de changements substantiels, quand il n'y a pas à simplement les abroger. C'est par milliers que nous en avons déjà annulé à la suite de la mise en place de la Loi sur l'Entreprise d'État.

Après les récents congrès qui se sont tenus, les syndicats et le Komsomol ont présenté des propositions en vue de projets de loi sur l'organisation du travail des jeunes. Des projets de loi sont également en cours de rédaction sur le travail, les activités coopératives, l'extension des questions qui pourront être traitées dans les réunions des collectivités de travail, le taux de retraite des ouvriers, du personnel administratif et des agriculteurs des fermes collectives et les normes de qualité des produits.

Nous aurons également un travail considérable

quand nous en viendrons à la refonte du code criminel, qu'il faut adapter à l'état actuel de maturité de la société soviétique. Le perfectionnement de cet aspect important du domaine de la législation prendra place dans le contexte des immenses transformations liées à la restructuration et à la démocratisation.

Il est tout particulièrement important de renforcer le rôle des tribunaux en tant que corps électif très proche de la population, de garantir l'indépendance des juges et d'observer de la façon la plus stricte les principes démocratiques d'objectivité et de transparence dans les procédures légales ou lors des contestations d'élection. Ce sont les mêmes objectifs que servent les mesures récemment prises pour que le bureau du procureur ait plus de moyens pour vérifier le strict et systématique respect de la loi, pour étendre les fonctions de l'arbitrage d'État dans le règlement des conflits économiques, pour ajuster les services judiciaires dans l'économie nationale et pour développer l'éducation légale de la population.

Autrement dit, nous attend là un travail sur une échelle formidablement vaste, dont le but est de consolider les fondations légales du socialisme. La loi, le souci de la légalité ne sont pas simplement des éléments qui contribuent à approfondir notre démocratie et à accélérer le progrès social; ce sont les instruments de travail de la restructuration et l'indispensable garantie de son irréversibilité.

### *La perestroïka et les Soviets*

Maintenant que la perestroïka est en route et la démocratie en plein développement, une nouvelle dimension s'ajoute à la liaison du rôle politique dirigeant du Parti avec le rôle des agences d'État, des syndicats et des autres organismes publics.

Prenons par exemple le cas des Soviets. La perestroïka nous a obligé à éclaircir le rôle qu'ils devaient jouer dans les réformes en cours. Il ne peut y avoir de démocratisation de la société tant que les Soviets ne sont pas impliqués dans le processus, et que leurs activités et leurs statuts ne font pas l'objet de transformations révolutionnaires.

Nés en Russie, les Soviets constituent un phénomène unique dans l'histoire politique du monde. Ils sont le fruit de la participation directe et créative des travailleurs. En Occident, sans doute peu de gens savent que l'idée même des Soviets et les premières tentatives pour les organiser datent, non pas de la Révolution d'Octobre 1917, mais de celle de 1905. A la suite de la Révolution de février 1917, qui renversa le régime tsariste, les Soviets se développèrent en organes de pouvoir partout en Russie, quoique avec des attributions limitées tant que dura la coexistence avec le Gouvernement provisoire. Naturellement, ils constituèrent la base politique de la nouvelle république qui vit le jour en Octobre 1917. C'est depuis lors que notre pays s'appelle la République soviétique.

Sans les Soviets, nous n'aurions pas gagné la Guerre civile; sans les Soviets, nous n'aurions jamais réussi à rassembler des millions de gens, avant tout des ouvriers et des paysans, dans un pays aussi vaste que le nôtre; sans les Soviets, rien ne serait sorti de la Nouvelle politique économique, lancée par Lénine en 1921. Leurs véritables pouvoirs résident dans le fait que, une fois créés par les masses, ils ont exprimé et préservé les intérêts des travailleurs. La raison sous-jacente et profonde de leur extension rapide, parfois même spontanée, dans tout le pays — qui en fait quelque chose à part — fut qu'ils prenaient des décisions et les mettaient en œuvre eux-mêmes, au su et au vu de tout le monde, sous le contrôle ouvert de ceux que leurs décisions pouvaient concerner. C'était une manière unique et efficace de combiner démocratie directe et démocratie représentative.

Cependant, lorsque l'on propulsa sur la scène le système de gestion économique centralisé, les Soviets furent plus ou moins mis sur la touche. On régla un bon nombre de problèmes sans leur participation, ou on laissa ces problèmes prendre des proportions démesurées. Le prestige des Soviets en sortit affaibli. A partir de ce moment, il y eut un ralentissement du développement de la démocratie. Certains signes prouvaient que les travailleurs se trouvaient dépossédés de leur droit constitutionnel d'être directement impliqués dans les affaires de l'État. Il en résulta que le principe de la révolution socialiste — à savoir que le pouvoir doit non seulement être pour les travailleurs mais aussi émaner d'eux — se trouva gravement remis en question.

Il faut avouer que, dans ces conditions, de nombreux gestionnaires économiques commencèrent à traiter les exigences légitimes et les recommandations des Soviets sans le respect qui leur était dû. Tout le monde semblait admettre — et il ne se trouva aucune autorité pour le nier officiellement — que les Soviets locaux devaient avoir l'entière responsabilité de leurs régions respectives pour tout ce qui concernait le développement et la satisfaction des besoins quotidiens de la population. Mais les moyens dont disposaient les Soviets, quand on les comparait à ceux des agences économiques, ne leur permettaient pas de remplir cette mission. Les directeurs et les responsables de nombreuses entreprises, en particulier celles de grande taille, pouvaient se permettre d'ignorer les demandes réitérées et fondées des Soviets, comme par exemple de construire des logements, d'étendre les programmes sociaux et culturels, de développer le réseau des transports publics ou d'améliorer le confort dans leur secteur, et ainsi de suite.

On ne peut pas dire que les travailleurs et les

organes du Parti se désintéressaient totalement de la question. Il y eut des tentatives pour remédier à la situation et changer l'état des choses. Mais ces tentatives étaient sans poids, pour des raisons à la fois subjectives et objectives. Au cours des quinze dernières années, nous avons adopté quatorze résolutions pour donner plus d'efficacité à l'action des Soviets. Aussi bonnes qu'elles aient été, ces résolutions n'arrivèrent jamais à résoudre le problème car l'environnement économique, politique et idéologique du mécanisme de freinage résistait résolument à l'attribution d'un rôle plus grand aux Soviets, lesquels étaient pourtant, fondamentalement, l'incarnation d'une démocratie large et transparente.

Nous voyons bien maintenant que l'adoption généralisée de méthodes de gestion économique et de contrôle centralisés, qui s'est traduite par un comportement bureaucratisé à outrance dans de nombreux secteurs publics ou étatiques, a eu pour résultat une sous-utilisation des Soviets. Ce rôle réduit des Soviets a donné naissance à ce que nous considérons comme un remplacement des fonctions et des activités des organes du Gouvernement et de l'administration par ceux du Parti.

De son côté, cette « substitution » des organes du Parti aux Soviets a fortement influencé le travail politique du Parti lui-même. Comme les responsables du Parti tournaient leurs efforts vers les affaires économiques et la gestion, ils avaient tendance à recruter des cadres parmi des professionnels certes compétents, mais qui manquaient parfois de formation et d'aptitude à la direction des hommes. En un mot, une faille apparut dans le fonctionnement des mécanismes démocratiques qui devaient leur existence à une révolution socialiste.

C'est pourquoi, dans le cadre de la dynamique de la restructuration, nous nous trouvons confrontés à une tâche formidable : la nécessité de restaurer complètement le rôle des Soviets en tant qu'organes du pouvoir politique et fondements de la démocratie socialiste. Nous restituons tout leur prestige et tous leurs pouvoirs aux Soviets, créant pour eux les conditions qui leur permettront d'accomplir un travail réel, efficace et créatif, dans le cadre général de la perestroïka.

La séance plénière de janvier 1987 a recommandé aux comités du Parti de s'en tenir strictement à cette directive : accroître le rôle des Soviets, en évitant de s'immiscer dans leurs affaires. De leur côté, les membres et les dirigeants des Soviets devront avoir à cœur de travailler énergiquement afin de vaincre l'inertie accumulée et de surmonter l'habitude de toujours en référer à quelqu'un d'autre et d'attendre les ordres venus d'en haut. Les lois récemment adoptées sur leur rôle encouragent, à ce stade de la restructuration, l'adoption d'attitudes démocratiques par les Soviets et leurs organismes exécutifs dans toutes leurs actions. Le pivot de leurs activités doit être leur lien étroit avec le peuple. Les nouvelles décisions permettent aux Soviets d'organiser leur tâche de telle manière qu'ils deviennent les véritables organes du gouvernement populaire. Ils se trouvent ainsi investis de droits considérables pour coordonner l'activité de toutes les entreprises et de tous les organismes de leurs secteurs respectifs, tout comme pour exercer un contrôle sur cette activité.

Ce ne sont là que les premières étapes en vue d'une restauration de la nature révolutionnaire et démocratique des Soviets. La prochaine conférence inter-syndicale du Parti qui doit se réunir à Moscou en juin 1988, doit étudier et adopter les résolutions appropriées sur l'amélioration du système électoral et le travail des Soviets à tous les niveaux. Les travaux préparatifs en sont déjà en cours. Il est encore trop tôt pour évaluer les projets de proposition, mais leur principal objectif est bien clair : ils auront pour but de renforcer la démocratie soviétique.

L'œuvre entreprise par notre pays et les questions qu'elle met à l'ordre du jour impliquent une réévaluation du rôle des syndicats de travailleurs dans les affaires sociales.

Il faut rappeler avant tout que nos syndicats représentent une force considérable. Aucune loi sur la législation du travail ne peut être proposée si elle n'a pas l'aval du Conseil des Syndicats de Travailleurs de la Centrale Inter-syndicale[5]. Sur toutes les questions touchant au droit du travail, son application et la protection des travailleurs, les syndicats ont le dernier mot. Si un directeur licencie un travailleur sans demander son approbation au syndicat, le tribunal invalidera automatiquement la décision au motif que le syndicat n'a pas été consulté, sans plus de délibérations. Aucun plan de développement économique, qu'il soit d'un an ou de cinq ans, n'arrive devant le Soviet Suprême sans avoir été approuvé par les syndicats. Les syndicats participent également à toutes les étapes des travaux d'élaboration de ces plans.

Les assurances sociales, la gestion des sanatoriums et des centres de loisirs, le tourisme, l'entraînement physique et sportif, le repos et les vacances des enfants sont toutes choses sous la responsabilité des syndicats. Ils détiennent par conséquent un pouvoir qui n'est pas négligeable. Mais, hélas ! au cours de ces dernières années, on note un ralentissement de leur activité. Sur certaines questions, ils ont abandonné leurs prérogatives aux mains des gestionnaires de l'économie, et n'ont pas fait tout l'usage possible de certains droits qui sont pourtant les leurs.

C'est ainsi que nous avons constaté, une fois la restructuration en route, que l'on ne pouvait s'estimer satisfait du travail des syndicats. Lors de mon voyage dans la région de Kouban, j'ai reproché aux dirigeants syndicaux de se faire les valets des directeurs et d'aller parfois jusqu'à danser sur leur musique. Je leur ai demandé s'il n'était pas grand temps qu'ils prennent une position de principe et choisissent carrément le parti des travailleurs.

Le nouveau rôle des syndicats de travailleurs, dans le cadre de la perestroïka, devrait avant tout consister à donner une orientation plus énergiquement sociale aux décisions économiques et à contrebalancer l'emprise technocratique qui s'est généralisée au cours de ces quelques dernières années. Cela signifie que l'on attend des syndicats qu'ils se montrent plus actifs dans l'élaboration des rubriques sociales des plans économiques, et qu'ils restent fermes sur leurs contre-propositions, s'ils estiment qu'elles le méritent.

Les comités des syndicats de travailleurs doivent avoir des dents, et non pas se réduire à être des partenaires sempiternellement consentants pour les gestionnaires. De mauvaises conditions de travail dans certaines entreprises, un service de santé médiocre, des salles de repos dans un état déplorable — on dirait que les syndicats trouvent cela normal. Or les syndicats de travailleurs ont le droit de vérifier si la direction des entreprises respecte les contrats de travail, le droit de critiquer sa gestion, et même le droit de demander qu'un directeur incapable de répondre aux intérêts légitimes des travailleurs se voit retirer ses fonctions.

Il serait faux de penser que les travailleurs, sous le régime socialiste, n'ont pas besoin de protection. Ils doivent au contraire être encore plus protégés, car le socialisme est un système conçu dans leur intérêt. D'où l'immense responsabilité des syndicats. Toute la société soviétique a un intérêt vital à ce qu'ils accomplissent leur tâche avec plus de vigueur.

La jeunesse soviétique représente un potentiel énorme dans l'effort de restructuration. Ce sont les jeunes générations qui vivront et travailleront dans la société telle qu'elle sera remodelée. C'est pourquoi, naturellement, l'organisation du travail, des études et des loisirs des jeunes est devenu une priorité. Les jeunes cherchent leur place dans le monde, et la jeunesse est une période difficile de la vie. Une période de formation, où l'on teste ses aptitudes, où l'on développe ses conceptions politiques et civiques, où l'on élabore sa personnalité. Pour toutes ces raisons, il faut porter un maximum d'attention aux jeunes et au Komsomol — c'est-à-dire l'Union de la Jeunesse communiste.

Les dispositions que nous avons prises font qu'il n'est pas un seul problème important concernant la jeunesse qui soit abordé sans qu'on prenne en considération l'opinion du Komsomol. Cela ne signifie pas pour autant que nous acquiesçons à toutes ses exigences, loin de là. Mais nous avons substantiellement augmenté ses responsabilités. Rien n'est plus efficace, pour la formation des jeunes générations, pour leur permettre de prendre en main cette richesse qu'est le présent et l'avenir de leur pays, que de les impliquer dans des processus économiques et politiques bien réels. Ce n'est pas en leur tapotant la tête, en leur parlant de haut ou en bêtifiant avec eux que l'on obtiendra les résultats espérés. On doit donner au Komsomol et aux jeunes l'occasion de montrer réellement ce qu'ils valent. Il faut libérer les jeunes de la surveillance mesquine et du contrôle dont ils sont l'objet; c'est en leur donnant des responsabilités et en leur manifestant notre confiance dans ce qu'ils entreprendront que nous les formerons.

La séance plénière du Comité central de janvier 1987 a demandé aux responsables de Parti de veiller de manière plus vigilante à ce que les jeunes s'arment convenablement sur le plan moral et idéologique, comme sur celui du travail. Le ton didactique et l'embrigadement sont intolérables dans les rapports avec les jeunes. Quelles qu'en soient les raisons — manque de confiance dans la maturité des aspirations et des actions des jeunes, prudence excessive, désir de rendre les choses plus faciles à ses enfants — nous ne saurions avaliser une telle position. Il faut prendre en compte deux choses primordiales dans la vie et l'activité laborieuse des jeunes. La première est qu'il leur faut maîtriser tout l'arsenal des moyens qui conduisent à la démocratie et à l'autonomie; leur jeune énergie doit faire sentir son élan à tous les niveaux de la démocratisation, dans toutes leurs entreprises sociales. L'accélération des progrès, et même les progrès eux-mêmes, seront impossibles sans cela. Chaque jeune doit éprouver le sentiment qu'il est partie prenante de tout ce qui se passe dans le pays. La seconde, c'est que les jeunes générations doivent être préparées à participer à la modernisation systématique de notre économie, avant tout grâce à leur information et à l'introduction de nouvelles technologies et de nouveaux matériaux. Nous attendons des jeunes un renouveau intellectuel et un enrichissement de la société.

Les jeunes gens ont à faire face à de complexes problèmes de vie. Beaucoup d'officiels qui n'hésitent pas à faire appel à eux pour aller travailler, disons, sur un chantier de construction, oublient immédiatement qu'ils existent dès qu'on en vient aux questions sociales. Nous soutenons l'idée d'une loi sur la jeunesse qui, sans répéter les propositions générales qui s'appliquent à tous les citoyens soviétiques, traiterait des problèmes spécifiques, des droits et des devoirs des jeunes. Une telle loi devrait définir en termes plus concrets les secteurs d'interaction entre le Komsomol et les organismes d'État, les syndicats de travailleurs et les autres organisations, dès que sont concernés le travail, les études, la vie quotidienne et les loisirs des jeunes. La loi devrait renforcer les responsabilités des départements des ministères et du gouvernement pour la solution des problèmes touchant à la jeunesse.

Le Congrès du Komsomol d'avril 1987 a provoqué une importante réaction à l'échelle du pays. Il a démontré que les membres du Komsomol avaient conscience de leurs responsabilités vis-à-vis de notre pays et de notre peuple, et qu'ils ne demandaient qu'à participer activement au processus de rénovation sociale. J'ai apprécié l'atmosphère d'exigence qui dominait ce congrès; je ne me souviens pas avoir jamais ressenti un aussi grand désir de prendre part à des débats. Les contats étaient vivants, l'assistance sympathique et son énergie avait quelque chose de communicatif.

Il y a tout lieu de croire que nos jeunes gens et jeunes filles font un accueil sincère et chaleureux aux changements révolutionnaires qui ont commencé dans ce pays, et qu'ils sont prêts à les mettre en œuvre avec toute l'énergie et tout le dévouement passionné dont la jeunesse peut faire preuve.

### *Les femmes et la famille*

Il est aujourd'hui impératif pour notre pays d'impliquer plus activement les femmes dans la gestion de l'économie, dans le développement culturel et dans la vie publique. Des conseils de femmes ont été créés partout dans le pays avec ces objectifs.

La séance plénière de janvier a également souhaité la promotion de davantage de femmes aux postes de responsabilité, en songeant à ces millions de femmes qui travaillent dans les services de santé, dans l'éducation, la culture et la science, comme à celles, nombreuses, qui sont employées à des activités qui touchent à la consommation, au commerce et aux services.

Le degré d'émancipation des femmes sert souvent d'instrument de mesure pour jauger le niveau social et politique atteint par une société. L'État soviétique a mis fin à la discrimination vis-à-vis des femmes, si typique de la Russie tsariste, avec détermination et sans compromis. Les femmes ont accédé à un statut social légalement garanti qui en fait vraiment les égales des hommes. Nous sommes fiers de ce que le Gouvernement soviétique a accompli : même droit au travail que les hommes, un salaire égal pour un travail égal et la même protection sociale. Les femmes se voient offrir les mêmes chances en termes d'éducation, de carrière et de participation aux activités sociales et politiques. Sans la contribution des femmes et leurs efforts généreux, nous n'aurions pas bâti une nouvelle société, ni gagné la guerre contre le fascisme.

Cependant, au cours des années de notre terrible et héroïque histoire, nous n'avons pas suffisamment prêté attention à leurs droits spécifiques, aux besoins qui sont les leurs en tant que mères et gestionnaires du foyer, ni à leur fonction indispensable d'éducatrice vis-à-vis des enfants. Engagées dans la recherche scientifique, prises par des activités créatrices, travaillant sur les chantiers de construction, dans la production et dans les services, elles n'ont pas assez de temps pour assurer leurs responsabilités à la maison — s'occuper de leur intérieur, élever les enfants, créer une bonne ambiance familiale. Nous avons découvert que nombre de nos problèmes relatifs au comportement des enfants et des jeunes gens dans notre morale, dans la culture et dans la production, ont en partie pour cause l'affaiblissement des liens familiaux et un relâchement vis-à-vis des responsabilités familiales. C'est là le résultat paradoxal de notre désir sincère, et politiquement justifié, de faire des femmes les égales des hommes sur tous les plans. Actuellement, dans le cadre de la perestroïka, nous réfléchissons à la manière de surmonter cet inconvénient. C'est pourquoi ont lieu en ce moment des débats animés dans la presse, dans les organismes publics, au travail ou à la maison, pour savoir ce que nous devrions faire pour que les femmes aient de nouveau la possibilité de se consacrer également à leurs missions purement féminines.

Un autre problème est l'emploi des femmes à des tâches pénibles, voire dangereuses pour leur santé. Il s'agit là d'un héritage de la guerre, pendant laquelle nous avons perdu des hommes en quantités effrayantes, et qui nous a laissés avec une pénurie aiguë de main-d'œuvre dans tous les domaines de la production. Nous nous sommes maintenant attelés très sérieusement à ce problème.

L'une des tâches sociales les plus urgentes qui nous attendent — tâche qui va de pair avec la campagne antialcoolique — est l'amélioration de la santé de la famille, l'accentuation de son rôle dans la société. Nous espérons que les Conseils de femmes déborderont d'activité et d'initiatives. Ils viennent à peine d'être mis en place et peuvent accomplir beaucoup, car aucune autre organisation n'est aussi proche qu'eux de la vie privée et des problèmes des femmes.

Une démocratisation accrue de la société — axe et garant de la perestroïka — est impossible sans un accroissement du rôle des femmes, sans leur implication active et spécifique, et sans l'appui qu'elles peuvent apporter à tous nos efforts de réformes. Je suis convaincu que le rôle des femmes dans notre société continuera de croître régulièrement.

*L'Union des Nations socialistes, un ensemble unique*

Nous vivons dans un pays multinational. C'est un

facteur de puissance plutôt qu'un facteur de faiblesse ou de désintégration, On qualifiait la Russie tsariste de « prison des nations ». La Révolution et le socialisme les ont débarrassées de l'oppression et des inégalités, et ont permis d'assurer le progrès économique, intellectuel et culturel de toutes les nations et de toutes les nationalités. Certains nations, naguère arriérées, ont acquis une industrie moderne, une structure sociale avancée. Elles se sont élevées au niveau de la culture moderne, alors que certaines d'entre elles ne disposaient même pas, autrefois, d'un alphabet qui leur fût propre. Toute personne de bonne foi ne peut qu'admettre que notre Parti a accompli un travail colossal et a transformé la situation. Les résultats de ce travail ont enrichi la société soviétique — et la civilisation mondiale d'une manière générale.

Toutes les nations et nationalités qui composent notre pays ont apporté leur contribution à la formation et au développement de notre patrie socialiste. Ensemble, elles ont défendu sa liberté, son indépendance et ses acquis révolutionnaires contre l'invasion de ses ennemis. Si la question de la nationalité n'avait pas été résolue au niveau de son principe, l'Union soviétique ne serait jamais parvenue à accumuler le potentiel social, culturel, économique et défensif qui est le sien à l'heure actuelle. Notre État n'aurait pas survécu si les républiques n'avaient pas constitué une communauté fondée sur la fraternité et la coopération, le respect et l'assistance mutuelle.

Tout cela ne signifie cependant pas qu'il n'y ait aucun problème dans ce domaine. Les contradictions sont le lot de tout développement, et elles apparaissent ici aussi. On peut juger excessifs l'insistance avec laquelle nous avons célébré nos réalisations considérables dans la solution de la question de la nationalité, et les discours dithyrambiques auxquels elles ont donné lieu. Car ceci est la vie, dans sa diversité et ses difficultés.

D'un point de vue dialectique, on peut dire que les progrès de l'éducation et des normes culturelles, ajoutés à la modernisation de l'économie, ont favorisé l'émergence, dans chaque nation, d'une intelligentsia; il y a eu croissance de la conscience nationale et croissance d'un légitime intérêt national pour ses racines historiques. On ne peut que s'en réjouir. Telle était l'aspiration des révolutionnaires des différentes nationalités qui ont préparé notre révolution, et qui ont entrepris de bâtir une nouvelle société sur les ruines de l'empire tsariste. Mais il arrive parfois dans ce processus qu'une certaine partie du peuple se laisse glisser vers un nationalisme étroit. Se manifestent alors une vision réduite des choses, des rivalités de nation à nation, des sentiments de supériorité.

Là n'est pas encore l'essentiel. Plus importantes sont les transformations qui se produisent dans une société où une génération est remplacée par une autre, et où c'est chacune d'elle qui doit apprendre à vivre dans un État multi-ethnique. Cela ne se passe pas toujours facilement. Le socialisme, qui a aidé chaque nation à déployer ses ailes, détient toutes les conditions qui permettent de résoudre les problèmes de la nationalité sur une base d'égalité et de coopération. Il est important d'agir dans l'esprit des principes socialistes, et d'avoir présent à l'esprit que, souvent, les nouvelles générations ne savent même pas comment leur nation a atteint de telles hauteurs. Personne ne leur a dit comment l'internationalisme a durablement joué en leur faveur.

Sur un fond général d'agitation nationaliste, qui n'a pas même épargné les pays du monde les plus avancés, l'U.R.S.S. se détache comme un exemple véritablement unique dans l'histoire de la civilisation humaine. Tels sont les fruits de la politique des nationalités lancée par Lénine. Mais que de difficultés au début ! Combien ont été ardues les premières étapes de l'édification harmonieuse d'un État multi-ethnique ! La nation russe a joué un rôle de premier plan dans la solution de la question de la nationalité. Beaucoup de gens ont connu une véritable Renaissance, un siècle des Lumières, grâce à la politique des nationalités de Lénine, et cela, en une très brève période de temps. Et quiconque réagit par l'arrogance nationaliste, se mure en lui-même, et tente de faire de ses propres valeurs un absolu, adopte une attitude partiale qui ne peut être acceptée. Cette question fait toujours l'objet de débats animés et complets dans la société soviétique.

Chaque culture nationale est un trésor qu'il faut préserver. Mais l'intérêt bien compris que l'on porte à tout ce qui est de valeur dans chaque culture nationale ne devrait pas dégénérer en tentatives pour se détourner des processus objectifs d'interaction et de rapprochement.

Il y a également danger lorsque les attitudes des représentants d'une nationalité trahissent un manque de respect vis-à-vis des représentants d'une autre. J'ai passé de nombreuses années dans le Caucase du Nord, une région habitée par de multiples nationalités. C'est toute la région, chaque ville, chaque village, chaque hameau de montage qui sont habités par des gens de nationalités différentes. L'histoire du Caucase septentrional contient quelques pages sombres, mais avec l'avènement du Gouvernement soviétique, la situation a radicalement changé. Je ne voudrais pas idéaliser le tableau; néanmoins, les relations entre les nationalités qui habitent cette région multi-ethnique sont caractérisées par une attitude respectueuse d'autrui, par la coopération, le rapprochement et la cohésion. Je sais d'expérience personnelle combien les montagnards sont sensibles à l'amitié, mais également combien ils sont sensibles à toute manifestation de mépris à leur égard. Le territoire autonome des Karatchaïs-Tcherkesses (dans le Territoire de Stavropol) est non seulement peuplé de Karatchaïs et de Tcherkesses, mais aussi de Russes, d'Abazas, de Nogays, d'Ossètes, de Grecs et de représentants d'autres nationalités, qui tous vivent ensemble dans l'harmonie. Il en est ainsi parce que l'égalité et l'approche honnête de tous les problèmes sont à la base même de leur mode de vie. Chaque fois que l'on s'est départi de ce principe, le prix à payer a été élevé. Les cultures de toutes les nationalités sont préservées et développées dans cette petite région autonome. On conserve les traditions, la littérature y est publiée dans la langue d'origine. Cela n'isolc pas chacun des groupes, loin de là; ils n'en sont en fait que plus proches. Il ne suffit pas de proclamer hautement l'égalité des nations; il est indispensable que chaque groupe ethnique puisse jouir d'un mode de vie pour lui riche de signification.

J'aimerais répéter une fois de plus que si des phénomènes négatifs se manifestent dans ce domaine particulièrement sensible des relations humaines, ils ne sortent pas du néant; ils sont la conséquence des tracasseries administratives, et du peu d'attention que l'on porte aux droits légitimes des personnes. Il y a dans notre pays des débats houleux sur la question des langues ethniques. Qu'en dire ? Même le groupe ethnique le plus réduit ne peut se voir refuser le droit de s'exprimer dans sa langue maternelle. Après tout, telle est la culture humaine d'aujourd'hui, dans sa diversité, dont les langues font partie au même titre que les costumes traditionnels et les manifestations rituelles. C'est là notre richesse commune. Comment la dédaigner ? Comment permettre qu'on la sous-estime ?

Mais en même temps, dans notre immense pays multi-ethnique, nous ne pouvons fonctionner sans un mode commun de communication. La langue russe est naturellement venue remplir ce rôle. Tout le monde a besoin de la maîtriser, et l'histoire elle-même montre que le processus objectif de communication se développe sur la base de la langue la plus importante. Par exemple, alors que les représentants de nombreux groupes ethniques sont venus peupler les États-Unis, c'est l'anglais qui est devenu leur langage commun. Apparemment, le choix s'est fait naturellement. On peut imaginer ce qui se serait passé si les membres de chaque nation qui émigraient aux États-Unis n'avaient parlé que leur propre langue et refusé de s'exprimer en anglais ! C'est la même chose pour notre pays, où le peuple russe, tout au long de son histoire, a apporté la preuve éclatante de son internationalisme, de son respect et de sa bonne volonté vis-à-vis des autres peuples. L'expérience nous a fait conclure que deux langues devaient être étudiées (en dehors des langues étrangères), la langue maternelle et le russe, afin de pouvoir communiquer avec les autres.

Toute tentative pour alimenter les passions sur les questions ethniques ne peut que compliquer la recherche de solutions raisonnables. C'est un problème que nous n'éviterons pas, non plus que d'autres qui pourraient se poser. Nous les traiterons dans le cadre du processus démocratique, consolidant notre communité internationaliste de nations.

Lénine nous a appris à faire preuve du tact et de la prudence les plus extrêmes en matière de nationalité. Dans ce domaine, il ne peut et il ne doit y avoir de stéréotypes. Une chose est claire : quand convergent les intérêts fondamentaux des nations, quand le principe d'égalité en tout demeure la clef de voûte des relations entre les peuples (et tel est le cas de la société soviétique), il est alors possible de régler tous les problèmes, tous les motifs d'incompréhension, même dans les situations les plus difficiles. Bien entendu, il y a à l'Ouest — mais également à l'Est — pas mal de gens qui verraient avec plaisir s'effriter l'amitié et la cohésion entre les peuples de l'Union soviétique. Mais il s'agit d'une toute autre question, et la loi soviétique est là qui monte la garde, et protège les réalisations de la politique des nationalités de Lénine.

Partant de ces positions, nous nous en tiendrons fermement à nos principes. Les sentiments nationaux d'un peuple doivent être respectés et ne sauraient être ignorés. Spéculer sur eux, en revanche, relève de l'irresponsabilité politique et frise le crime. C'est une tradition de notre Parti de lutter contre toute manifestation de nationalisme étroit, de chauvinisme, d'esprit de clocher, de sionisme, d'antisémitisme, quelque forme qu'elle adopte. Nous serons fidèles à cette tradition. Toute notre expérience montre en effet que l'on peut contrecarrer les attitudes nationalistes par une éducation internationaliste cohérente.

A rencontrer tant de gens au cours de mes voyages dans les républiques et les régions nationales de l'Union soviétique, j'ai pu constater par moi-même, à de multiples reprises, qu'ils appréciaient d'appartenir à une grande famille internationale, qu'ils étaient fiers d'être l'un des éléments d'un vaste pouvoir qui joue un rôle important dans les progrès de l'humanité. C'est exactement de ces sentiments-là qu'est tissé le patriotisme soviétique. Nous continuerons de renforcer l'union et la fraternité des nations libres dans un pays libre.

### *Prestige et confiance*

La perestroïka touche à toutes les sphères de la société. Dans son processus, elle résout les problèmes, surmonte les difficultés. Le Parti agit en tant que lanceur d'idées, force organisatrice et dirigeante et, dirai-je, en tant que garant de la perestroïka dans l'intérêt de la consolidation du socialisme et dans celui des travailleurs. Le Parti a pris là une responsabilité historique. En 1917, Lénine a dit, « Maintenant que nous avons commencé la Révolution, nous devons aller jusqu'au bout ». Il en va de même avec la perestroïka. Le Parti ira jusqu'au bout.

La confiance placée dans le Parti n'a cessé de croître, son prestique de grandir. Bien que nous soyons dans une étape de transition entre un stade qualitatif et un autre, les organes du Parti s'efforcent de ne pas accaparer les responsabilités des organisations chargées de l'économie et de l'administration. C'est loin d'être facile : que le Parti exerce sa pression, et les objectifs seront remplis ! pensent certains. Mais le but que poursuit le Parti est différent; il a avant tout à proposer l'analyse théorique des processus, à prévoir à temps les points critiques dans le développement des contradictions, à introduire des correctifs dans la stratégie et dans les tactiques, à élaborer une politique et à définir avec quelles méthodes et sous quelles formes elle sera mise en œuvre, à sélectionner les personnes qui en auront la responsabilité — bref, il doit avant tout procurer à la perestroïka ses modes d'organisation et son cadre idéologique. Et seul le Parti peut le faire.

L'administration et l'économie, elles, sont l'affaire du Gouvernement et d'autres organismes responsables dans ces questions. Cette façon de procéder n'est pas sortie toute faite du néant, l'expérience l'a imposée. Le Parti doit faire son travail; tous les autres doivent faire le leur. Sans quoi, le rôle dirigeant du Parti, le travail idéologique et le travail avec les cadres se révèlent inadéquats.

Notre société s'est développée d'une telle manière, historiquement, que tout ce qui se passe dans le Parti a un retentissement dans la vie du pays.

Nous n'avons pas d'opposition officielle. Cela donne encore plus de responsabilité au PCUS en tant que Parti au pouvoir. C'est pour cette raison que nous y considérons comme des priorités essentielles le développement accentué de la démocratie interne, le renforcement des principes de direction collective dans le travail, ainsi qu'une plus grande transparence. Le Comité central exige que les gens élus aux postes les plus élevés soient modestes, honnêtes et imperméables à la flatterie et aux flagorneries. Personne, dans le Parti, ne doit être au-dessus des critiques, comme personne ne peut être privé du droit de critiquer.

Il était clair pour nous que nous devions commencer par transformer notre façon de penser et notre mentalité, notre organisation, notre style et nos méthodes de travail; c'est l'action à mener auprès de tous, et surtout des responsables.

Avec la plus grande résolution, nous avons emprunté une voie qui a pour but de soutenir et promouvoir les personnalités ingénieuses, réfléchies et dynamiques, capables d'évaluer une situation en s'autocritiquant, de se débarrasser du formalisme et d'une approche dogmatique de leur tâche, de trouver de nouvelles solutions non orthodoxes — bref, des personnes qui ont envie d'aller de l'avant avec audace et savent réaliser leurs objectifs. La perestroïka a libéré pour elles un vaste espace où pourra s'exprimer leur activité créatrice.

Il n'y a bien entendu pas lieu de changer tout le personnel. La chose ne serait d'ailleurs pas possible. En revanche, il faut procéder à des remaniements, que ce soit aux niveaux supérieurs et intermédiaires, comme au niveau de la simple entreprise. C'est d'ailleurs ce qui se passe actuellement. Nous avons besoin de forces neuves. En outre, il faut tenir compte d'un phénomène naturel qui joue son rôle : certaines personnes sont en fin de carrière; d'autres n'ont tout simplement pas les épaules assez larges pour prendre de nouvelles responsabilités. Ce sont des choses bien compréhensibles, et il n'y a aucune raison d'en faire un drame.

Chaque période possède ses propres exigences, ses hommes en avance sur les autres, ses approches particulières. Ceux qui sont capables de se repenser, de se lancer dans de nouvelles directions au sein de leur tâche politique et idéologique, et de se renouveler dans leur façon de s'organiser, auront le soutien des travailleurs et des organes du Parti et pourront travailler. L'essentiel de nos forces est prêt, même si les modalités varient. Certains se plieront rapidement aux nouvelles exigences, d'autres prendront le temps de la réflexion. Nous partons de l'idée qu'en principe, la plupart de nos cadres seront capables de résoudre les problèmes de la perestroïka. Cependant, nous ne pourrons nous satisfaire d'une situation où tout continuera d'être fait à l'ancien rythme, sans accélération : il faut passer à la vitesse supérieure.

La perestroïka demande compétence et professionnalisme de haut niveau. Impossible d'aller de l'avant sans une formation moderne et complète, sans une connaissance approfondie des domaines de la production, de la science et de la technologie, de la gestion de l'économie, de l'organisation du travail, de la sociologie et de la psychologie. Autrement dit, nous devons jeter dans la balance tout ce qui est possible en matière de potentiel intellectuel, et en augmentant substantiellement l'efficacité créatrice.

Je tiens à insister une fois de plus sur l'importance de l'activité du Parti dans le domaine de la théorie, où se fait actuellement un travail considérable. Mais là aussi, nous avons besoin de davantage de démocratie et nous n'accepterons pas le monopole d'une personne ou d'un groupe de personnes. Le Comité central du PCUS fait appel aux forces créatives du Parti et de la société pour qu'elles s'impliquent dans cette tâche. Si nous laissons tout venir du centre, ou, pire encore, d'une seule personne ou d'un groupe de personnes, nous avons toutes les chances de tomber dans des formes de pensée fossilisées. Ce serait porter un coup fatal au programme de la perestroïka comme au développement de la société. L'histoire du PCUS comporte quelques tristes et amères leçons en ce domaine. On ne peut limiter les sciences sociales et les forces créatives du Parti au seul commentairee des décisions et aux discours des personnages haut placés. L'approche que nous avons choisie est différente, et nous agirons conformément aux principes et aux traditions que Lénine nous a légués en la matière.

### IV - L'Occident et la restructuration

Nous nous intéressons beaucoup à la façon dont la perestroïka est perçue en dehors du pays, en particulier à l'Ouest. Non par simple curiosité, mais parce que c'est notre rôle d'hommes politiques. Nous constatons que le processus de restructuration y suscite un intérêt croissant, non pas seulement parce qu'il est intéressant en soi, mais parce qu'il touche au destin d'une grande nation. La restructuration de notre société est considérée à juste titre comme un événement dont les conséquences ont un retentissement international. « Ce qui se passe en Union soviétique concerne le monde entier », a-t-on écrit dans un journal d'Europe de l'Ouest.

Je noterai tout d'abord que le sincère intérêt soulevé par la perestroïka dans la très grande majorité des pays du monde s'accompagne d'optimisme et que tous ou presque souhaitent très sincèrement à l'Union soviétique de réussir les transformations qu'elle a entreprises. Le monde attend beaucoup de nous et espère que la perestroïka aura un effet bénéfique sur l'évolution de la planète et sur les relations internationales dans leur ensemble.

Aux yeux des cercles officiels et des mass média occidentaux, la réalisation des réformes annoncées en avril 1985 paraissait plus que douteuse et les laissait sceptiques. Les remarques ironiques abondaient : c'est un changement d'équipe, disait-on, et celle-ci se dépêche de faire connaître ses idées et son programme. On ajoutait que les Russes étaient un peuple émotif, habitué à ce que les nouveaux dirigeants accusent leurs prédécesseurs d'être responsables de tout ce qui n'allait pas, mais laissent les choses toujours dans le même état. Ces critiques allaient s'espacer avec le temps, ironisait-on, et la nouvelle équipe oublierait rapidement ses bonnes intentions.

Ce point de vue, cependant, ne prévalut pas longtemps. Il devint en effet rapidement très clair que la restructuration était une réalité historique et qu'elle gagnait en force. Après la séance plénière du Comité central du PCUS de janvier 1987, il ne fut plus possible de nier le fait que ce pays venait réellement d'entrer dans une période de réformes audacieuses et d'une portée exceptionnelle.

Ces nouveaux thèmes devinrent encore plus prononcés dans les commentaires auxquels donna lieu la séance plénière du Comité central de juin 1987. On commença à admettre que l'échelle et l'envergure des réformes proposées dans la gestion de l'économie dépassaient les prévisions les plus optimistes de la plupart des soviétologues. Nous voyons bien que beaucoup, à l'Ouest, ne s'attendaient pas à des discussions aussi franches et aussi approfondies, à des mesures constructives sur une aussi vaste échelle. La qualification de « demi-mesure » que l'on utilisait volontiers pour définir nos activités jusqu'alors, s'est soudainement démodée lorsqu'il s'est agi de décrire les décisions de la séance plénière de juin et la session du Soviet Suprême d'U.R.S.S. Nous sommes largement sortis du « cercle de craie » auquel les observateurs occidentaux limitaient nos possibilités et nos intentions.

Avant même la séance plénière, on avait encore entendu toutes sortes d'affirmations sur « la campagne de réformes de Gorbatchev en perte de vitesse ». Ces mêmes observateurs parlent maintenant d'une « seconde révolution », de la nature irréversible de la restructuration, du « réel bond en avant » que nous faisons sur la base des réformes économiques et légales qui viennent d'être mises en place. D'une manière générale, ils ont maintenant bien senti l'importance de la séance plénière de juin dans le processus de restructuration. C'est pourquoi il leur est plus indispensable que jamais de déterminer une attitude vis-à-vis de la restructuration. Nous sommes critiqués pour le rythme auquel nous la menons; la « gauche » nous trouve trop lents; la « droite » estime que nous brûlons les étapes. Mais tout le monde, semble-t-il, admet que les dirigeants soviétiques réalisent sans faiblir ces réformes.

Les observateurs occidentaux aimeraient se faire une idée des conséquences de la restructuration pour l'Union soviétique et le monde, si son processus se poursuit. Ils voudraient surtout savoir ce qui conviendrait le mieux à l'Occident : le succès ou l'échec de la perestroïka.

Il existe évidemment plusieurs réponses possibles à ces questions. Beaucoup de spécialistes compétents admettent que le développement social et économique de l'Union soviétique peut s'accélérer, et que l'actuel courant qui entraîne la restructuration aura des conséquences internationales positives. A juste titre, ils font remarquer que la communauté mondiale a tout à gagner du bien-être croissant du peuple soviétique et des progrès de la démocratie dans notre pays. Le champ et l'échelle des programmes sociaux et économiques prévus par l'Union soviétique sont la preuve matériellement garantie de sa volonté de mener une politique extérieure de paix. D'où le message qu'ils adressent aux dirigeants politiques des puissances occidentales : vous n'avez rien à redouter de la perestroïka; n'en faites pas un motif de guerre psychologique mais au contraire, encouragez-la par des liens économiques et des échanges humains et culturels : prenez au sérieux les initiatives soviétiques en matière de désarmement et d'amélioration de la situation internationale, et cherchez des accords sur les problèmes qu'elle connaît.

Laissant de côté supputations et calculs, chose que nous considérons comme sujettes à caution, nous considérons que dans l'ensemble une telle position est réaliste; et nous accueillons favorablement son orientation globalement constructive. Elle s'accorde avec l'élan donné à l'amélioration des relations internationales et reflète le sentiment des populations.

Certains politiques font preuve de sagesse lorsqu'ils reconnaissent que l'Occident commettrait une gaffe de proportion historique s'il ne réagissait pas au message positif de Moscou, s'il ne se débarrassait pas de la vision erronée qu'il conserve de l'Union soviétique et des inventions qu'il a lui-même répandues sur son compte.

Malheureusement, on entend aussi soutenir activement une autre thèse dans les médias et dans les milieux politiques occidentaux. On assiste encore à des tentatives pour jeter le discrédit sur notre politique et nos intentions. On a émis plusieurs prédictions pessimistes et manifesté des craintes en ce qui concerne le dynamisme de notre politique, intérieure et extérieure. Cela ne fait que montrer, une fois de plus, quelle est encore la force d'inertie de la Guerre froide, et combien profondes sont les racines de l'antisoviétisme dans certains milieux. Si tout se résumait à de simples débats scolastiques ou a un exercice de propagande, on pourrait tout à fait l'ignorer. Car la manière dont les choses évolueront finira bien par montrer qui mentait et qui disait vrai. Mais là où le bât blesse, c'est que l'on en fait un argument pour effrayer les gens et leur faire croire que la perestroïka risquerait d'augmenter la puissance militaire de l'Union soviétique par l'amélioration de son économie, et donc d'accroître la « menace soviétique ». Dans ce cas, il faudrait envisager les relations avec l'U.R.S.S. dans le contexte d'un échec final de la perestroïka et se donner comme but général d'y mettre obstacle et de la courcircuiter, selon le slogan employé par les antisoviétiques virulents : « Plus ça va mal pour l'U.R.S.S., plus ça va bien pour l'Ouest ».

Les milieux d'extrême droite ne font aucun effort pour dissimuler leur hostilité à la perestroïka, car elle constitue la preuve que leur opinion — à savoir que le socialisme n'a rien qui puisse séduire le « monde libre » — est erronée. Pour ces gens, devoir rejeter le concept éculé de « l'immobilisme social » de la société soviétique revient à courir à la catastrophe idéologique. Car c'est alors toute leur doctrine antisoviétique — et les mesures politiques qui en découlent — qu'il leur faudrait réviser. On verrait alors s'évaporer dans l'air la mythique « menace soviétique » qui viendrait, paraît-il, du fait qu'incapable de résoudre ses difficultés internes, l'Union soviétique s'embarquerait dans une politique expansionniste.

Ils ont même essayé de discréditer la transparence et la démocratisation. On a par exemple répandu de fausses nouvelles venues d'U.R.S.S., prétendûment tirées de nos propres journaux. On s'est cependant rapidement aperçu qu'aucune de ces nouvelles n'avait fait l'objet d'une publication en Union soviétique. Le but de ces manœuvres est de nous obliger à nous restreindre nous-mêmes, à limiter la transparence et à abandonner la démocratisation, à manifester de la mauvaise humeur vis-à-vis de nos propres médias. Il s'agit fondamentalement de bloquer les processus inhérents à la perestroïka, qui sont impensables sans la glasnost et la démocratisation.

Des efforts de plus en plus grands n'ont cessé d'être faits pour semer le doute parmi nos citoyens sur la justesse de la perestroïka; on a tenté de les effrayer avec les difficultés qui les attendaient, ou de susciter chez eux des espérances irréalistes. Sans doute pense-t-on provoquer ainsi la méfiance de notre peuple vis-à-vis de ses dirigeants, en monter certains contre d'autres et diviser la société et le Parti.

Certains politiciens et certains médias, en particulier aux États-Unis, ont également essayé de présenter la perestroïka comme une poussée vers la « libéralisation » provoquée par les pressions de l'Occident. Certes, on ne peut que rendre hommage aux responsables de la propagande occidentale, qui sont très forts au jeu verbal de la démocratie. Mais nous croirons à la nature démocratique des sociétés occidentales quand leurs travailleurs, ouvriers et employés de bureau, éliront les responsables des usines et les présidents de banque, quand leurs médias soumettront les entreprises, les banques et leurs patrons au feu roulant d'une critique régulière et discuteront des véritables processus inhérents aux pays occidentaux, au lieu de se lancer dans d'interminables et inutiles controverses avec les politiciens.

Certaines des critiques adressées à nos réformes assurent que des conséquences pénibles du processus de restructuration sont à redouter. On nous prédit de l'inflation, du chômage, un accroissement des stratifications sociales, autrement dit toutes ces choses qui font la « richesse » de l'Occident. Ou alors, on laisse entendre qu'il existerait une forte opposition au Parti et au Gouvernement au sein du Comité central; que notre armée serait contre la perestroïka, et que le KGB n'a pas encore dit son mot ! Nos adversaires sont prêts à se servir de n'importe quel argument pour arriver à leurs fins.

Je suis navré d'avoir à leur apprendre quelques nouvelles désolantes : aujourd'hui, les membres du Politburo et du Comité central sont plus unanimes que jamais, et il n'est rien qui pourra faire vaciller cette unanimité. Aussi bien dans l'armée que dans le Comité de Sécurité de l'État et que dans chacun des départements du Gouvernement, le Parti détient la plus haute autorité et sa voix est politiquement décisive. L'adoption de la perestroïka n'a fait que consolider les positions du Parti, ajoutant une nouvelle dimension à son rôle politique et moral au sein de la société et de l'État.

Cependant, je dirai, pour être tout à fait juste, que certains observateurs occidentaux ont correctement perçu la nature socialiste de nos transformations; ils ont compris qu'elles avaient la consolidation du socialisme pour but. Ceux qui essayent d'effrayer la population occidentale avec la perestroïka redoutent en réalité son succès, ne serait-ce que parce qu'elle leur enlèvera toute chance d'agiter la « menace soviétique », cet épouvantail, de noircir la véritable image de notre pays pour en faire le tableau grotesque de « l'affreux ennemi », de poursuivre cette absurde course aux armements à l'aide de slogans démagogiques et d'en tirer de substantiels bénéfices.

En effet, si notre programme de développement réussit, comment pourront-ils continuer à faire marcher les gens en leur disant que le socialisme n'est pas un système viable, qu'il est incapable de procurer aux gens nourriture et vêtements ? L'idée que notre pays serait « l'empire du mal », la Révolution d'Octobre un faux-pas de l'histoire et la période post-révolutionnaire de simples « zigzags » de cette même histoire craque de toutes ses coutures. La perestroïka ne convient pas du tout à certaines personnes.

« Aujourd'hui, certains s'efforcent, sans le moindre scrupule, de salir et de calomnier les réformes actuellement en cours en U.R.S.S. », écrit la revue d'Allemagne de l'Ouest, *Stern*, « disant qu'en réalité, elles ne font que consolider le système et que le Kremlin ne désire qu'une chose, rendre plus efficace ce système. Mais, par Dieu, si la lutte contre la corruption et la mauvaise gestion, si une plus grande liberté de penser ne font que consolider le système communiste, alors, en suivant cette logique, la démocratie serait le meilleur véhicule pour le marxisme-léninisme ! » Je voudrais ajouter quelques mots à cette éloquente citation. Si le socialisme est en effet entièrement incompatible avec la démocratie et l'efficacité économique, comme le prétendent ses adversaires, ces derniers devraient n'avoir aucune raison de s'inquiéter de leur avenir et de leurs profits futurs.

Et si nous nous critiquons nous-mêmes comme jamais personne ne nous a critiqués à l'Ouest, à l'Est ou n'importe où ailleurs, c'est que nous sommes suffisamment forts et ne craignons pas pour notre avenir. Nous surmonterons ces critiques; le peuple et le Parti les surmonteront. Mais lorsque nos réformes auront produit les résultats espérés, alors les critiques du socialisme devront procéder à leur tour à une « perestroïka »!

Nous les avons placés en situation difficile; car ce que sont nos erreurs et nos maladresses, nous le savons infiniment mieux qu'eux; et nous en parlons avec beaucoup plus de sincérité et de compétence qu'ils ne le font. C'est ainsi que les peuples, à l'Ouest, finiront peu à peu par arrêter de croire à toutes ces absurdités que l'on répand sur l'Union soviétique, absurdités qui sont loin d'inspirer confiance dans la politique des pays occidentaux.

Au cours de mes entretiens avec des Américains ou des citoyens d'autres pays occidentaux, je pose toujours abruptement cette question : souhaitentils que l'Union soviétique ait une chance de faire passer davantage de ressources vers son développement économique et social, grâce à des réductions dans ses dépenses militaires, ou au contraire, préfèrent-ils étrangler économiquement notre pays en accélérant la course aux armements, dans le but de le frustrer des bénéfices du formidable travail déjà accompli, en obligeant les dirigeants soviétiques à détourner de plus en plus de ressources vers des objectifs stériles, à savoir l'armement ? Ou leur conception des choses se réduirait-elle vraiment à forcer l'Union soviétique à se consacrer uniquement à ses problèmes domestiques, permettant ainsi à l'Occident de dominer le reste du monde ?

Mais on peut aborder cette question sous un autre angle. Ceux qui espèrent étrangler économiquement l'Union soviétique semblent se faire des illusions sur l'état florissant de leur propre économie. Aussi riches que soient les États-Unis, ce pays peut difficilement s'offrir le luxe de gaspiller un tiers de milliard de dollars par an en armes. L'élévation des dépenses d'armement se traduit par une augmentation du déficit du budget. Les États-Unis, aujourd'hui, empruntent les deux tiers de ce qu'ils dépensent en armements. La dette du Gouvernement fédéral américain est en réalité la dette contractée par le Pentagone, et ce sont de nombreuses générations d'Américains qui devront la rembourser. Il faudra bien mettre un terme à ce cercle vicieux à un moment ou un autre. Mais cela, de toute façon, reste le problème des Américains.

Il m'arrive d'éprouver l'impression que certains hommes politiques américains, tout en chantant les louanges du système capitaliste et de la démocratie, ressentent néanmoins quelques doutes en leur for intérieur, les conduisant à redouter la compétition avec l'U.R.S.S. en période de paix. Cela les pousse à insister sur la nécessité de tenir en alerte la machine de guerre et à alimenter les tensions. Quelque chose me dit qu'il y en aura pour dire, à la lecture de ces lignes, que Gorbatchev connaît bien mal la démocratie occidentale. Il y a hélas ! une ou deux choses que je sais, et qui me suffisent pour garder confiance en la démocratie et l'humanisme socialistes.

Nous résoudrons les problèmes dont nous discutons honnêtement, et nous atteindrons les objectifs que nous nous sommes fixés. Les dispositions dans lesquelles se trouve notre peuple doivent aussi être prises en compte. Ils ont été piqués au vif, si l'on peut dire, et leurs sentiments patriotiques sont en jeu : les citoyens soviétiques ne ménageront donc pas leurs efforts pour atteindre leurs buts et accompliront des prodiges pour y arriver. L'Union soviétique est un vaste pays, riche en ressources minérales et en main-d'œuvre de qualité, riche également de connaissances scientifiques. Presque tous nos travailleurs ont reçu une éducation secondaire. Que l'on ne se presse pas trop, donc, de nous jeter « à la poubelle de l'histoire ». Cette plaisanterie fait sourire le peuple soviétique.

Dans mes entretiens avec une délégation de la Chambre américaine des Représentants, en avril dernier, j'ai précisé que la réalisation de nos programmes de restructuration ne constituait pas une menace – politique, économique ou autre – pour le peuple américain, pas plus que pour tout autre peuple. J'ai dit la même chose au Kremlin, dans mon adresse à ceux qui participaient au Forum pour un monde dénucléarisé et pour la survie de l'humanité : nous désirons être compris, nous espérons que la communauté mondiale admettra qu'il n'est nul besoin d'un gagnant et d'un perdant, et que la planète tirera des bénéfices du désir que nous avons d'améliorer notre pays.

C'est donc ainsi que ni l'Union soviétique comme telle, ni la perestroïka, ne constituent une menace pour quiconque, excepté peut-être en ceci qu'elle crée un précédent, si quelqu'un trouve que notre exemple est acceptable. On continue de nous accuser sans trêve de vouloir implanter le communisme partout dans le monde. Quelle absurdité! Peu importeraient ces accusations, si elles émanaient de personnes peu embarrassées de scrupules lorsqu'il s'agit d'écrire n'importe quoi pour gagner sa vie. On entend pourtant ces propos, encore aujourd'hui, prononcés en public par des hommes d'État apparemment responsables. Et j'ai été extrêmement surpris de les retrouver, deux ans après le lancement de la perestroïka, dans la bouche d'un homme politique que je pensais pouvoir respecter. Pourquoi ? ai-je demandé. Nous connaissons les doctrines de Truman, d'Eisenhower et de Reagan. Alors que personne n'a jamais entendu l'un de nos dirigeants affirmer que nous voulions « implanter partout la domination communiste ». Lénine a déclaré que nous, État socialiste, devions influencer le monde avant tout par nos réalisations économiques.

Le succès de la perestroïka montrera que le socialisme est non seulement capable de se montrer à la hauteur de la tâche historique qui impose d'atteindre des sommets en matière de progrès scientifiques et technologiques, mais qu'il peut également accomplir cette tâche avec un maximum d'efficacité sociale et morale, par les méthodes de la démocratie, pour le peuple et grâce à ses efforts, à son intelligence, à son talent, à ses capacités, à sa conscience et au sens de ses responsabilités vis-à-vis des autres peuples.

Le succès de la perestroïka mettra à nu l'étroitesse d'esprit de classe et l'égoïsme des forces qui règnent actuellement en Occident, forces qui s'appuient sur le militarisme et la course aux armements, et recherchent des « ennemis » partout sur la planète.

Le succès de la perestroïka aidera les pays en voie de développement à trouver leur chemin vers la modernisation économique et sociale sans avoir à faire de concession au néo-colonialisme ou à se jeter eux-mêmes dans le chaudron du capitalisme.

Ce succès de la perestroïka constituera l'ultime argument dans la dispute historique qui cherche à savoir lequel des deux systèmes est le plus cohérent avec les intérêts du peuple. Débarrassée de ses traits liés à des conditions extrêmes, l'Union soviétique acquerrera de nouveaux attraits et deviendra l'incarnation vivante de ce qui est inhérent au système socialiste; les idéaux du socialisme y puiseront un nouvel élan.

A plusieurs reprises, j'ai eu l'occasion de m'apercevoir que mes interlocuteurs occidentaux avaient parfaitement saisi cela. Un homme politique occidental, que l'on ne saurait taxer de communisme, a déclaré : « Si vous réalisez ce que vous envisagez, il en résultera des conséquences fantastiques, réellement globales. »

Il n'est probablement pas facile, pour un lecteur étranger, de comprendre ce que sont beaucoup de nos difficultés. C'est bien naturel. Chaque peuple, chaque pays, mène une existence qui lui est propre, a ses propres lois, ses propres espérances et ses propres préjugés, ses propres idéaux. Une telle diversité est merveilleuse; elle a besoin d'être développée, et non d'être étouffée. Pour ma part, je suis atterré de voir les tentatives de certains hommes politiques pour apprendre aux autres comment il faut vivre et quelle politique il faut adopter. Ils partent d'un arrogant a priori, à savoir que la vie que l'on mène dans leur pays, la politique que l'on y fait, sont des exemples et un modèle de liberté, de démocratie, d'activité économique et de normes sociales. Je considère qu'il serait notoirement plus démocratique d'admettre que d'autres nations peuvent ne pas être d'accord là-dessus.

Dans notre monde complexe et agité, il est impossible de tout mesurer à une seule aune, la sienne. Les tentatives de diktat militaire, aussi bien que les pressions morales, politiques ou économiques sont aujourd'hui passées de mode. Qui plus est, ces tentatives sont dangereuses; elles irritent les peuples du monde et, par conséquent, retardent les progrès vers la paix et la coopération.

Une juste compréhension de la perestroïka est également la clef d'une juste compréhension de la politique étrangère menée par l'Union soviétique. La vérité quant à la perestroïka s'accorde avec les intérêts de la paix universelle et la sécurité internationale. Lorsque nous en appelons à l'Occident pour qu'il procède à un examen minutieux mais honnête, responsable et sans préjugés de notre œuvre, nous ne cherchons pas qu'à conforter nos seuls intérêts. Ne pas être capable ou ne pas vouloir saisir l'essence de la perestroïka est soit l'amorce d'un malentendu sur nos intentions dans l'arène mondiale, soit une tentative de plus pour maintenir et approfondir la méfiance qui existe dans les relations entre les pays et les peuples.

Les liens organiques qui caractérisent la politique intérieure et la politique extérieure de chaque État, prennent, à certains moments où ils se resserrent, une signification pratique. Un changement dans la politique intérieure se traduit inévitablement par un changement d'attitude sur les questions internationales. C'est pourquoi maintenant, dans les conditions de la perestroïka, la continuité qui marque nos activités intérieures et nos activités dans l'arène internationale est plus frappante et plus tangible qu'auparavant. Les nouvelles conceptions de la politique étrangère soviétique, ses orientations et ses actions pratiques sont toutes des émanations directes de la philosophie, du programme et de la pratique de la restructuration.

Le processus de la perestroïka en Union soviétique offre une chance nouvelle à la coopération internationale. Des observateurs indépendants prédisent d'ores et déjà une croissance de la part de l'Union soviétique dans l'économie mondiale, une reprise vigoureuse de ses liens économiques avec l'étranger et de ses échanges scientifiques et technologiques, y compris ceux qui s'exercent dans le cadre d'organisations économiques internationales.

Nous le déclarons ouvertement à tous ceux qui veulent bien l'entendre : nous avons besoin d'une paix durable afin que nous puissions nous consacrer au développement de notre société et faire face à notre tâche d'améliorer l'existence du peuple soviétique. Il s'agit là d'objectifs fondamentaux, à long terme. C'est pourquoi chacun, nos rivaux et néanmoins partenaires occidentaux compris, doit prendre conscience que notre politique internationale, visant à édifier un monde débarrassé de ses armes nucléaires et de la violence et à établir des normes civilisées dans les relations entre les États, est également digne de confiance quant aux principes qui la sous-tendent.

## NOTES DU CHAPITRE II

1) C'est lors de l'Assemblée plénière spéciale du Comité central du PCUS, tenue le 11 mars 1985 que Mikhail Gorbatchev a été élu Secrétaire général du Comité central du CPUS.
2) Gossplan : Comité d'Etat du Plan d'U.R.S.S. Agence gouvernementale responsable de la planification à long et court terme du développement économique et social du pays, et du contrôle de la réalisation des plans.
Gossnab : Comité d'Etat pour la fourniture de matériel et de technologie. Agence d'Etat.
Minfin : Ministère des Finances de l'U.R.S.S.
Gosbank : Banque d'Etat de l'U.R.S.S., la principale du pays.
3) Dans les *contrats collectifs,* une équipe de travailleurs mène à bien une tâche donnée contractuellement définie, soit avec une administration, soit avec son entreprise ou n'importe quelle organisation. Dans ce cas, le salaire de chacun des travailleurs dépend de son efficacité au travail. Les *contrats familiaux,* comme leur nom l'indique, sont des contrats collectifs à l'échelle d'une famille.
4) *Ce complexe agro-industriel de l'U.R.S.S.* est l'un des organismes de l'économie nationale dont les diverses branches s'occupent de la production de denrées agricoles, de leur transformation, de leur ensilage et de leur vente.
5) La *Centrale inter-syndicale* est l'organisme qui représente les syndicats de travailleurs soviétiques entre leurs congrès.

DEUXIÈME PARTIE

# LA PENSÉE NOUVELLE ET LE MONDE

## CHAPITRE III

# Comment nous voyons le monde d'aujourd'hui

### *Où nous en sommes*

Nous avons commencé la perestroïka dans une situation de tension internationale grandissante. La détente des années soixante-dix avait, dans les faits, connu un coup d'arrêt. Nos appels à la paix n'avaient trouvé aucun écho auprès des chancelleries occidentales. La politique étrangère soviétique était en train de patiner. La course aux armements avait repris sa course en spirale. Les menaces de guerre étaient croissantes.

Pour s'assurer les moyens d'engager un changement positif, il convenait de se poser les questions suivantes : pourquoi tout ceci arrive-t-il ? Quelle conjoncture nouvelle le monde a-t-il abordé au cours de son développement ? Et pour ce faire, il nous fallait embrasser d'un regard sobre et réaliste le panorama mondial, afin de débarrasser notre raisonnement de la force de l'habitude. Comme nous disons en Russie, afin d'examiner les choses « d'un œil neuf. »

A quoi ressemble donc ce monde dans lequel nous vivons, ce monde des actuelles générations de l'espèce humaine ? Il est divers, varié, dynamique, et imprégné de tendances opposées comme de contradictions aiguës. C'est un monde de changements sociaux fondamentaux, un monde de révolutions scientifiques et techniques généralisées, un monde où empirent les problèmes globaux soulevés par l'écologie, les matières premières et autres, un monde de changements radicaux dans l'information. C'est un monde dans lequel des possiblités de développement et de progrès inédits côtoient la pauvreté la plus abjecte, les économies rétrogrades et le médiévalisme. C'est un monde dans lequel existent de vastes « champs de tension. »

Tout était considérablement plus simple il y a des années. Existaient alors plusieurs puissances qui déterminaient leurs intérêts respectifs et les équilibraient si elles y parvenaient — et se faisaient la guerre quand elles n'y parvenaient pas. Les relations internationales étaient bâties sur l'équilibre des intérêts de ces diverses puissances. Voici un domaine, en voici un autre, et encore un autre. Mais que l'on considère ce qu'il est advenu durant les quarante années et plus de l'après-guerre jusqu'à aujourd'hui.

Le tableau politique du monde comprend un groupe non négligeable de pays socialistes qui ont parcouru un long chemin sur la voie du développement progressif dans un laps de temps relativement bref; le vaste domaine des pays capitalistes développés, avec leurs propres intérêts, leur histoire, leurs préoccupations et leurs problèmes propres; enfin l'océan des pays du Tiers-Monde qui ont émergé au cours des trente ou quarante années passées lorsque des dizaines de pays d'Asie, d'Afrique et d'Amérique latine ont acquis leur indépendance.

Il semble évident que chaque groupe d'États et chaque pays ont leurs intérêts spécifiques. Du point de vue de la logique élémentaire, tous ces intérêts devraient trouver un reflet raisonnable dans la politique mondiale. Mais tel n'est pas le cas. Je l'ai plus d'une fois dit à mes interlocuteurs des pays capitalistes : examinons les réalités et tenons-en compte — il y a le monde capitaliste et le monde socialiste, mais il existe également un vaste monde formé de pays en voie de développement. Un monde qui compte des milliards d'habitants. Tous les pays ont certes leurs problèmes. Mais les pays en voie de développement en ont cent fois plus que les autres et il convient de prendre ce fait en considération. Ces pays ont leurs intérêts nationaux particuliers. Des décennies durant, ce furent des colonies, qui ont lutté avec obstination pour leur libération, qui ont acquis leur indépendance, et qui désirent améliorer la vie de leurs citoyens, utiliser leurs ressources comme bon leur semble, édifier une économie et une culture indépendantes.

Peut-on penser voir un jour s'instaurer des relations internationales normales et justes qui procéderaient exclusivement des intérêts, disons, de l'Union soviétique ou des États-Unis, du Royaume-uni ou du Japon ? Non ! Il faut un équilibre des divers intérêts. A l'heure actuelle, cet équilibre n'existe pas. A l'heure actuelle, les riches s'enrichissent et les pauvres s'appauvrissent. Des processus susceptibles d'ébranler le système des relations internationales dans son ensemble sont toutefois en train de naître dans le Tiers-Monde.

Personne ne peut isoler le monde socialiste, le monde en voie de développement ou le monde capitaliste développé. Mais le point de vue existe selon lequel le socialisme serait un accident de l'histoire, qui aurait depuis très longtemps dû retourner aux poubelles de celle-ci. Dès lors, le Tiers-Monde serait domestiqué, la marche du monde reprendait son cours, et la prospérité serait à nouveau possible — aux dépens des autres. Une fuite dans le passé n'est pas une réponse aux défis de l'avenir, car elle ne relève que d'un simple aventurisme fondé sur la peur et la méfiance.

Et nous n'avons pas simplement procédé à une nouvelle lecture de la réalité d'un monde pluriracial et pluri-dimensionnel. Nous avons non seulement établi la différence des divers intérêts des États eux-mêmes, nous avons cerné l'enjeu principal : la tendance croissance à l'interdépendance des états de la communauté mondiale. Telle est la dialectique du développement contemporain. Le monde, contradictoire, socialement et politiquement divers, mais néanmoins interconnecté et largement intégré, est en train d'affronter de vastes difficultés, comme s'il se frayait un chemin à tâtons dans un réseau d'oppositions.

Une autre réalité de notre époque, non moins évidente, est l'émergence et l'aggravation d'enjeux globaux qui sont également devenus vitaux pour le destin de la civilisation. Je veux parler de la préservation de la nature, de la condition critique de l'environnement, de l'atmosphère et des océans, et enfin des ressources traditionnelles de notre planète qui se sont révélées ne pas être illimitées. Je veux parler de ces horribles maux anciens et nouveaux, de cette inquiétude commune à tous les hommes : comment allons-nous mettre un terme aux famines et vaincre la pauvreté qui sévit dans de vastes secteurs de la planète ? Je veux parler de la collaboration des intelligences pour explorer l'espace et l'océan, et l'utilisation du savoir obtenu au profit de l'humanité.

Je pourrais dire bien des choses sur le travail que nous effectuons à l'échelon national dans notre pays pour aider à résoudre ces problèmes. Je les ai effleurés dans une certaine mesure en discutant de notre perestroïka. Nous ferons tout ce qui sera en notre pouvoir.

Mais l'Union soviétique ne peut à elle seule répondre à tous ces défis. Et nous n'avons pas honte de le répéter, et d'en appeler à la coopération internationale. Nous le disons en toute responsabilité, rejetant les fallacieuses considérations de « prestige » : dans le monde d'aujourd'hui, tous autant que nous sommes, nous allons devenir de plus en plus dépendants les uns des autres, et devenir de plus en plus nécessaires les uns aux autres. Et puisque de telles réalités existent dans le monde, puisque nous savons que nous sommes tous, dans ce monde, liés désormais par le même destin, que nous vivons sur la même planète, que nous exploitons ses ressources mais prenons conscience qu'elles ne sont pas illimitées et qu'il faut les économiser, que la nature et l'environnement doivent être préservés, alors ce constat est valable pour nous tous. La nécessité, à l'échelon international, de procédures et de mécanismes efficaces et justes susceptibles de garantir une utilisation rationnelle des ressources de notre planète considérées comme la propriété de l'humanité tout entière, cette nécessité devient de plus en plus pressante.

C'est ainsi que nous envisageons notre interdépendance, l'intégrité du monde, le besoin impérieux de regrouper les efforts de l'humanité pour assurer sa propre préservation, pour son profit aujourd'hui, demain et pour toujours.

Dernier point, et non le moindre : il est encore une réalité que nous devons reconnaître. Étant entrée dans l'ère nucléaire où l'énergie de l'atome est employée à des fins militaires, l'humanité a perdu son immortalité. Dans le passé, il y a eu des guerres, des guerres terrifiantes qui ont emporté des millions et des millions de vies humaines, transformé cités et villages en champs de ruines et monceaux de cendres, détruit des nations et des cultures entières. Mais la perpétuation de l'espèce humaine n'était pas menacée. Aujourd'hui, en revanche, si jamais un conflit nucléaire devait éclater, tous les êtres vivants seraient effacés de la surface de la Terre.

Même ce qui est impossible du point de vue de la logique, à savoir que l'humanité puisse se voir annihiler un grand nombre de fois, est devenu techniquement possible. Les arsenaux nucléaires existants sont si importants que pour chaque habitant de la Terre, il existe une charge capable, elle, d'incinérer un immense territoire. Aujourd'hui, un seul sous-marin stratégique emporte un potentiel destructif égal à celui de plusieurs Secondes Guerres mondiales. Et ces sous-marins, il y en a des douzaines !

La course aux armements, tout comme la guerre nucléaire, est impossible à gagner. Poursuivre une telle course à la surface de la Terre, et l'étendre à l'espace, accélérerait le processus d'accumulation et de modernisation des armes nucléaires, accumulation dont le rythme est d'ores et déjà fébrile. La situation mondiale peut devenir telle qu'elle ne dépendra plus des politiques mais deviendra captive du hasard. Tous, nous sommes confrontés à l'exigence d'apprendre à vivre en paix dans ce monde, à élaborer un nouveau mode de pensée, car les conditions aujourd'hui sont bien différentes de ce qu'elles étaient il y a trente ou quarante ans.

Le temps est venu d'abandonner les visions d'une politique étrangère influencées par un point de vue impérial. Ni l'Union soviétique ni les États-Unis ne pourront l'imposer aux autres. Il est toujours possible de supprimer, contraindre, corrompre, briser ou détruire, mais seulement durant une période limitée. Si l'on envisage le long terme, si l'on se place sur le terrain de la politique à grande échelle, nul ne pourra jamais subordonner les autres. C'est bien pourquoi ne demeure qu'une seule et unique donnée : les relations d'égalité. Nous devons tous en prendre conscience. En même temps que les réalités ci-dessus évoquées concernant les armes nucélaires, l'écologie, la révolution scientifique et technique, ainsi que l'information, c'est encore un point qui nous oblige au respect mutuel et général.

Tel est notre monde — complexe, mais pas désespéré. Nous restons persuadé que tout peut être résolu mais que chacun devrait repenser son rôle dans ce monde et s'y comporter de manière responsable.

### *Une nouvelle pensée politique*

Au cours des deux ans et demi qui se sont écoulés depuis avril 1985, nous avons fait bien des progrès vers la compréhension de la situation mondiale et des moyens de la changer de manière positive. J'évoquerai également les actions pratiques que nous avons engagées dans le but d'améliorer radicalement l'atmosphère internationale. Mais venons-en au point le plus important.

Ayant adopté lors du XXVII^e^ Congrès du PCUS le concept d'un monde contradictoire mais interconnecté, interdépendant et essentiellement intégré, nous avons commencé d'édifier sur ces bases notre politique étrangère. Oui, nous demeurons différents, du moins pour ce qui a trait à notre système social, nos opinions idéologiques et religieuses, et notre mode de vie. Certes, des distinctions subsisteront. Mais faut-il se pourfendre à cause d'elles ? Ne serait-il pas plus judicieux de passer outre à ce qui nous divise, pour le bien commun de toute l'humanité, pour le bien de la vie sur Terre ? Nous avons fait notre choix, revendiqué une nouvelle approche politique, tant par des déclarations qui nous lient que par des actions et des décisions spécifiques.

Le peuple est las des tensions et des confrontations. Il préfère la quête d'un monde plus sûr et plus fiable, un monde dans lequel chacun préserverait ses propres opinions philosophiques, politiques, idéologiques, et son mode de vie.

Nous observons ce qui est en train de se produire en gardant les yeux ouverts. Nous voyons que les stéréotypes persistent et que les vieilles conceptions restent profondément enracinées — des conceptions nourrissant des ambitions impérialistes et militaristes selon lesquelles les autres pays ne sont considérés que comme des cibles pour la politique et les autres activités de certains, et se voient privés du droit à un choix indépendant comme à une politique étrangère propre.

Nous ne proposons pas d'offrir une quelconque méthode super-radicale pour résoudre les divers problèmes locaux, même si de telles méthodes sont également nécessaires dans certains cas. Nous ne souhaitons pas traiter les affaires internationales d'une manière qui attiserait la confrontation. Tout en n'approuvant pas le caractère des relations habituelles entre l'Occident et les pays en voie de développement, nous ne poussons pas à leur rupture. Nous croyons au contraire qu'il faudrait transformer ces relations en les débarrassant du néocolonialisme, qui ne diffère du colonialisme d'antan que par ses mécanismes d'exploitation plus raffinés. Il faut réunir les conditions pour que ces pays puissent maîtriser leurs propres ressources naturelles et humaines, et les utiliser à leur profit plutôt qu'à celui de tiers.

La normalisation des relations internationales dans les secteurs de l'économie, de l'information et de l'écologie devrait se fonder sur une large internationalisation. Tout indique que l'Occident aimerait, pour ainsi dire, garder l'affaire dans la famille, entre les Sept, les Cinq, et autres groupes analogues. Ceci explique sans doute les tentatives pour discréditer les Nations-unies.

Ainsi allègue-t-on, par exemple, que l'ONU perd sa signification et qu'elle est au bord de la décrépitude. Et l'on dit cela aujourd'hui, quand se produisent tant de changements dans un monde écartelé par les intérêts divergents de quantité d'États, et quand la priorité serait de trouver un équilibre entre ces divers intérêts. Dans ces circonstances, le rôle de l'ONU, avec son expérience pour arrondir les angles de la coopération internationale, est au contraire plus important qu'il ne l'a jamais été.

Il est vrai que les efforts des Nations-unies n'ont pas toujours été couronnés de succès. Mais, selon moi, cette organisation constitue le forum le plus approprié pour rechercher un équilibre entre les intérêts des États, équilibre qui s'avère essentiel à la stabilité du monde.

Je suis bien conscient qu'on ne peut pas tout changer du jour au lendemain. Je suis également conscient que l'Occident et nous devrons continuer à avoir des approches différentes des situations spécifiques. Et, malgré tout, comme je l'ai déjà dit, les nations du monde ressemblent aujourd'hui à un groupe d'alpinistes reliés par la même corde. Ils peuvent soit grimper ensemble jusqu'au sommet de la montagne, soit plonger ensemble dans le gouffre. S'ils veulent éviter ce désastre, les dirigeants politiques devront s'élever au-dessus de leurs intérêts étroits et prendre conscience du caractère dramatique de la situation. C'est pourquoi le beoin d'une compréhension neuve de la situation et de ses composantes est si pressant aujourd'hui.

Il n'est plus possible de définir une politique sur les prémisses de l'année 1947, la doctrine de Truman et le discours de Churchill à Fulton. Il est nécessaire de penser et d'agir d'une nouvelle manière. Qui plus est, l'histoire ne peut attendre; on ne peut pas se permettre de perdre du temps. Demain, il sera peut-être trop tard et après-demain, peut-être, ne surviendra jamais.

Le principe fondamental de la nouvelle approche politique est simple : *la guerre nucleaire ne peut être un moyen de parvenir à ses objectifs, qu'ils soient politiques, économiques, idéologiques ou autres.* Cette conclusion est réellement révolutionnaire car elle équivaut à se débarrasser des notions traditionnelles de guerre et de paix. C'est la fonction politique de la guerre qui en a toujours constitué la justification, son explication « rationnelle ». La guerre nucléaire est insensée; elle est irrationnelle. Il n'y aurait ni vainqueurs ni vaincus dans un conflit nucléaire généralisé : la civilisation mondiale périrait inévitablement. Ce serait un suicide, plutôt qu'une guerre au sens conventionnel du terme.

Mais la technologie militaire a fait de tels progrès que même une guerre conventionnelle serait dorénavant comparable à un conflit nucléaire dans ses effets destructeurs. C'est pourquoi il est logique d'inclure également dans notre catégorie des guerres nucélaires cette « variante » de conflit armé entre les grandes puissances.

Par conséquent, une situation entièrement neuve a pris naissance. Un mode de pensée et un mode d'action, fondés sur l'usage de la force dans la politique mondiale, se sont fait jour au cours des siècles, voire des millénaires. Il semble que ces principes aient pris racine au point d'être inébranlables. Aujourd'hui, ils ont perdu tout fondement raisonnable. Classique en son temps, le précepte de Clausewitz selon lequel la guerre est la poursuite de la politique par d'autres moyens est devenu irrémédiablement démodé. Il appartient désormais aux bibliothèques. Pour la première fois dans l'histoire, fonder la politique internationale sur des normes morales et éthiques communes à l'humanité tout entière, de même qu'humaniser les relations entre États, est devenu une exigence vitale.

Une nouvelle dialectique de la force et de la sécurité se déduit de l'impossibilité d'une solution guerrière — ou plutôt, nucléaire — aux différends internationaux. La sécurité ne peut plus être assurée par des moyens militaires, pas plus que par l'emploi d'armes de dissuasion, ou l'amélioration continuelle de la dialectique du « sabre » et du « bouclier ». Toute tentative de parvenir à la supériorité militaire est ridicule. Or, aujourd'hui, de telles tentatives sont effectuées dans l'espace. Cet anachronisme surprenant persiste à cause du rôle excessif joué par le militarisme dans la politique. Du point de vue de la sécurité, la course aux armements est devenue une absurdité parce que sa logique même conduit à la déstabilisation des relations internationales et, au bout du compte, à un conflit nucléaire. Tout en distrayant d'immenses ressources des autres priorités, la course aux armements rabaisse le niveau de la sécurité et l'entrave. Elle est, en soi, ennemie de la paix. La seule voie vers la sécurité passe par des décisions politiques et par le désarmement. A notre époque, une sécurité authentique et égale pour tous peut être garantie par une diminution constante du niveau de l'équilibre stratégique duquel les armes nucléaires et conventionnelles de destruction massive devraient être totalement éliminées.

Peut-être cela en effraie-t-il certains. Que fera-t-on dès lors des complexes militaro-industriels ? demandent-ils. L'emploi et les salaires de tant de gens sont en jeu. Ce problème a été particulièrement analysé dans l'un des plus récents travaux du prix Nobel V. Leontiev, qui a prouvé que les arguments des militaristes ne tiennent pas d'un point de vue économique. Voici ce que j'en pense : d'abord, chaque emploi dans un complexe militaro-industriel coûte deux ou trois fois plus que dans l'industrie civile. On pourrait créer trois emplois à la place. En second lieu, déjà aujourd'hui, des secteurs de l'économie militaire sont connectés avec l'économie civile, apportant beaucoup à cette dernière. Par conséquent, cela constitue un point de départ pour employer leurs possibilités à des fins pacifiques. En troisième lieu, l'U.R.S.S. et les Etats-Unis pourraient s'accorder sur de vastes programmes communs, rassemblant nos ressources et nos potentiels intellectuels et scientifiques, afin de régler les problèmes les plus divers au profit de l'humanité.

La nouvelle perspective politique exige la reconnaissance d'un autre axiome simple : la sécurité est indivisible. C'est une sécurité égale pour tous ou pas de sécurité du tout. Le seul fondement solide pour la sécurité est la reconnaissance des intérêts de tous les peuples et tous les pays, et de leur égalité dans lcs affaires internationales. La sécurité de chaque nation devrait aller de pair avec la sécurité pour tous les membres de la communauté internationale. Ainsi, serait-il de l'intérêt des Etats-Unis que l'Union soviétique se retrouve dans une situation où elle s'estimerait avoir une sécurité moindre que la leur ? De même, profiterions-nous de la situation inverse ? Je peux affirmer avec force qu'il n'en serait rien. Aussi, les adversaires doivent-ils devenir partenaires et se mettre à rechercher, en commun, le moyen de parvenir à une sécurité universelle.

Nous pouvons voir les premiers signes de cette pensée nouvelle dans bien des pays et dans diverses couches de la société. Et ce n'est que naturel car c'est la voie vers des accords mutuellement bénéfiques et des compromis réciproques sur la base de l'intérêt commun suprême : prévenir une catastrophe nucléaire. En conséquence, il ne devrait pas y avoir d'effort vers la sécurité pour soi aux dépens des autres.

Les nouvelles perspectives influent de même fortement le caractère des doctrines militaires. Cellesci devraient être strictement des doctrines de défense. Ceci est d'ailleurs en rapport avec les notions neuves — ou comparativement neuves — de niveau raisonnable d'armements, de défense non agressive, d'élimination du déséquilibre et de l'asymétrie dans divers types de forces armées, de découplement des forces offensives des deux blocs, et ainsi de suite[1].

La sécurité universelle à notre époque repose sur la reconnaissance du droit de chaque nation à choisir sa propre voie vers le progrès social, sur la renonciation à l'ingérence dans les affaires intérieures des autres États, sur le respect des autres combiné à une vision objectivement auto-critique de notre propre société. Une nation peut choisir le capitalisme ou le socialisme. C'est son droit souverain. Les nations ne peuvent ni ne doivent calquer leur vie sur celle des Etats-Unis ou bien celle de l'Union soviétique. En conséquence, les positions politiques devraient être dénuées de toute intolérance idéologique.

Les différences idéologiques ne devraient pas être reportées sur la sphère des relations inter-États, pas plus que la politique étrangère ne devrait leur être subordonnée car les idéologies peuvent bien être aux antipodes, l'intérêt de la survie et la prévention de la guerre demeurent des buts universels et suprêmes.

Parallèlement à la menace nucléaire, le nouveau mode de pensée politique considère la solution aux autres problèmes globaux, y compris ceux du développement économique et de l'écologie, comme la condition indispensable pour assurer une paix juste et durable. Penser d'une nouvelle manière signifie également voir un lien direct entre désarmement et développement.

Notre doctrine est celle de l'internationalisation des efforts visant à convertir le désarmement en un facteur de développement. Dans un message à la Conférence internationale organisée sur ce sujet à

New York, fin août 1987, j'ai écrit : « La mise en œuvre du principe de base de "désarmement pour le développement" peut et doit rassembler l'humanité, et faciliter la formation d'une prise de conscience globale. »

La Déclaration de principe de Delhi pour un monde non-violent et libéré de l'arme nucléaire, signée par le Premier Ministre de la République indienne, Radjiv Gandhi, et moi-même en novembre 1986, contient des termes que j'aimerais rappeler ici : « A l'ère nucléaire, l'humanité doit faire naître un nouveau mode de pensée politique, une nouvelle conception du monde susceptible de procurer des garanties fiables pour la survie de l'homme. Les peupes veulent vivre dans un monde plus sûr et plus juste. L'humanité mérite un meilleur sort que celui d'otage de la terreur nucléaire, un meilleur sort que le désespoir. Il est nécessaire de changer la situation du monde actuel pour bâtir un monde libéré de l'arme nucléaire, libéré de la violence et de la haine, de la peur et du soupçon. »

Il existe des indices sérieux indiquant qu'un nouveau mode de pensée est en train de prendre forme, que les gens commencent à comprendre quel gouffre le monde a frôlé. Mais ce processus est très difficile. Et le plus ardu reste encore de garantir que cette compréhension se reflètera dans les actes des décideurs politiques, dans leur esprit. Mais je persiste à croire que la nouvelle mentalité politique finira par s'ouvrir une voie, car elle est née des réalités de notre temps.

*Notre voie vers une nouvelle perspective*

Nous ne prétendons pas donner de leçon aux autres. Ayant nous-mêmes reçu d'interminables conseils de leur part, nous en sommes arrivés à la conclusion qu'il s'agit là d'un passe-temps inutile.

Essentiellement, c'est la vie elle-même qui enseigne aux gens à penser d'une manière neuve. Nous-mêmes y sommes venus graduellement, maîtrisant l'approche étape par étape, reconsidérant nos vues habituelles sur la guerre et la paix, les relations entre les deux systèmes, et méditant sur les problèmes globaux.

La route a été longue. Il y a une trentaine d'années, le XXe Congrès du PCUS est parvenu à une importante conclusion, celle qu'une nouvelle guerre mondiale n'était pas inévitable et qu'on pouvait l'empêcher. Ceci n'impliquait pas le simple report d'un conflit futur en un « répit pacifique » éternellement prolongé, mais au contraire signifiait que toute crise internationale devrait être résolue par des moyens pacifiques. Notre Parti a proclamé sa conviction en la possibilité et la nécessité d'éliminer la menace de la guerre en tant que telle, de bannir la guerre de la vie de l'humanité. Suivait la déclaration que la guerre n'était en aucune manière le préalable indispensable aux révolutions sociales. Le principe de la coexistence pacifique fut alors redéfini, en tenant compte des changements apportés par la Seconde Guerre mondiale.

Durant les années de la détente, nous avons essayé de donner à ces principes un contenu concret sur les bases de la coopération et d'un dialogue international équitable. Ces années-là ont vu la conclusion d'un certain nombre de traités importants mettant un terme à la période d'« après-guerre » en Europe, et une amélioration des relations soviéto-américaines qui devait influer sur l'ensemble de la situation mondiale.

La logique même de la détente a été impulsée par la prise de conscience croissante qu'une guerre nucléaire n'aurait pas de vainqueur. Partant de ce fait, nous avons déclaré, au monde entier, il y a cinq ans, que jamais nous ne serions les premiers à faire usage de l'arme nucléaire.

Un virage conceptuel de grande envergure est intervenu en avril 1985, lors de la Réunion plénière du Comité central du PCUS, et lors du XXVIIe Congrès du Parti. Plus précisément, il s'agissait d'un infléchissement vers un nouveau mode de pensée politique, vers de nouvelles idées portant sur la corrélation entre les principes de classe et les principes communs à l'humanité dans le monde moderne.

Un nouveau mode de pensée ne relève pas de l'improvisation ou de l'exercice mental. C'est le résultat de réflexions approfondies sur les réalités du monde d'aujourd'hui, le résultat de la compréhension qu'une attitude responsable à l'égard de la politique exige une assise rationnelle, et le renoncement nécessaire à certains des postulats qui semblaient inébranlables auparavant. Une approche partiale, des décisions de circonstance dans l'optique d'objectifs éphémères, et toute dérive hors d'une analyse strictement scientifique de la situatiuon nous coûteraient cher.

On peut dire que nous avons enfanté cette nouvelle mentalité dans la douleur. Nous tirons notre inspiration de Lénine. Quand on se retourne vers lui, et qu'on procède à chaque fois à une « nouvelle lecture » de son œuvre, on est frappé par sa capacité à aller au fond des choses, à discerner les enchevêtrements dialectiques les plus complexes dans les processus mondiaux. Etant le chef du parti du prolétariat, et justifiant au niveau théorique et politique les tâches révolutionnaires de ce dernier, Lénine pouvait voir plus loin, transcender les limites de classe de celui-ci. Plus d'une fois, il a parlé de la priorité des intérêts communs à toute l'humanité, par-delà les intérêts de classe. Ce n'est qu'aujourd'hui que nous sommes parvenus à saisir toute la profondeur la signification de ces idées. Ce sont elles qui nourrissent notre philosophie des relations internationales et le nouveau mode de pensée.

On peut arguer que de tout temps, philosophes et théologiens ont traité des idées de valeurs humaines « éternelles ». Certes, c'est vrai, mais ce n'était alors que « spéculations scolastiques » condamnées à n'être que rêve utopique. Parvenue à la fin de ce dramatique XX^e^ siècle, l'humanité devrait reconnaître la nécessité vitale des valeurs humaines, leur priorité.

Depuis des temps immémoriaux, les intérêts de classe ont constitué la pierre angulaire des politiques, tant intérieure qu'étrangère. Il va sans dire qu'officiellement, ils étaient en règle générale présentés comme les intérêts de la nation, de l'État ou de l'alliance, et noblement drapés de références au « bien-être universel » ou de motivations religieuses. Toutefois, les marxistes tout comme bon nombre de gens à l'esprit plus serein restent convaincus qu'en dernière analyse, ce sont les intérêts des forces socio-politiques dominantes qui déterminent la politique d'un État ou d'une alliance d'États. Les incompatibilités aiguës entre ces intérêts sur la scène internationale ont toujours conduit à des conflits armés et des guerres tout au long de l'histoire. C'est pourquoi l'histoire politique de l'humanité est essentiellement formée de guerres. Aujourd'hui, cette tradition nous mène directement au gouffre nucléaire. Nous — l'humanité tout entière — sommes embarqués sur le même bateau et nous n'avons d'autre possibilité que de sombrer ou nager ensemble. C'est pourquoi les pourparlers sur le désarmement ne sont pas un jeu que puisse gagner l'un ou l'autre camp. Nous devons tous gagner, sinon nous perdrons tous.

L'épine dorsale du nouveau mode de pensée est la reconnaissance de la priorité donnée aux valeurs humaines ou, pour être plus précis, à la survie de l'humanité.

Il peut sembler étrange à certains que les communistes insistent à ce point sur les valeurs et les intérêts humains. Certes, une approche de classe sur tous les phénomènes de la vie sociale constitue l'ABC du marxisme. Aujourd'hui, d'ailleurs, une telle approche rend parfaitement compte des réalités d'une société de classe — une société avec des intérêts de classe opposés —, tout comme elle rend compte des réalités de la vie internationale qui sont également imprégnées de cette opposition. Et jusqu'à la période la plus récente, la lutte de classe est restée le pivot du développement social, et le demeure dans les pays où règne encore la division en classes. Parallèlement, la philosophie marxiste a été dominée — en ce qui concerne les questions principales de la vie sociale — par la même approche. Les notions humanistes étaient vues comme une fonction et comme le résultat final des luttes de la classe ouvrière — l'ultime classe qui, par sa libération libèrera la société tout entière les antagonismes de classe.

Mais aujourd'hui, avec l'émergence des armes de destruction massive — et donc, globale — apparaît une limite objective à la confrontation de classe sur l'arène internationale : la menace d'une destruction universelle. Pour la première fois dans l'histoire, s'est fait jour un intérêt commun à toute l'humanité, un intérêt réel et non pas spéculatif ou lointain : celui de la sauver du désastre.

Des changements, dans l'esprit de cette nouvelle perspective, ont été introduits dans la dernière édition du programme du PCUS adopté lors du XXVIIe Congrès du Parti. En particulier, nous n'estimons désormais plus possible d'y retenir la définition de la coexistence pacifique entre états dotés de systèmes sociaux différents comme une « forme spécifique de la lutte des classes ».

C'était une idée admise que la source des guerres mondiales gisait dans les contradictions entre deux systèmes sociaux. Avant 1917, n'existait dans le monde qu'un seul et unique système, le capitalisme, ce qui n'a pas empêché une guerre mondiale entre des états appartenant au même système. Il y eut d'autres guerres aussi. Et vice versa : durant la Seconde Guerre mondiale, des pays représentant des systèmes différents ont lutté ensemble contre le fascisme pour finir par l'écraser. L'intérêt commun de tous les peuples et des États face à la menace fasciste avait surpassé leurs différences socio-politiques et permis l'établissement d'une coalition antifasciste transcendant les systèmes. Cela veut dire qu'aujourd'hui également, face à un danger pire encore, les États appartenant à des systèmes sociaux différents peuvent et doivent coopérer entre eux au nom de la paix.

L'élaboration de notre philosophie de paix nous a permis de voir sous un jour nouveau l'interdépendance de la guerre et de la révolution. Par le passé, la guerre a souvent servi de détonateur à la révolution. Souvenons-nous de la Commune de Paris, venue comme en écho à la guerre franco-prussienne, ou bien de la Révolution russe, déclenchée par le conflit russo-japonais. La Première Guerre mondiale a provoqué une véritable tempête révolutionnaire qui devait culminer dans notre pays par la Révolution d'Octobre. La Seconde Guerre mondiale a suscité une nouvelle vague de révolutions en Europe orientale et en Asie, tout comme une puissante révolution anti-colonialiste.

Tout cela contribua à renforcer la logique marxiste- léniniste selon laquelle l'impérialisme générait inévitablement une confrontation armée majeure, tandis que cette dernière engendrait naturellement une « masse critique » de mécontentement social débouchant sur une nouvelle situation révolutionnaire dans un certain nombre de pays. D'où cette prédiction longtemps admise dans notre pays : une troisième guerre mondiale, si elle était déclenchée par l'impérialisme, déboucherait sur de nouveaux bouleversements sociaux qui mettraient pour de bon un terme au système capitalisme, apportant ainsi au monde la paix globale.

Mais quand les conditions ont changé au point que le seul résultat d'un conflit nucléaire serait la destruction universelle, nous en avons tiré la conclusion que disparaissait nécessairement le lien de cause à effet entre guerre et révolution. Les perspectives de progrès social « coïncidaient » avec celles de prévention d'une guerre nucléaire. Au XXVIIe Congrès du PCUS, nous avons clairement prononcé le divorce entre les thèmes de la guerre et de la révolution, en excluant de la nouvelle édition du programme du Parti les deux phrases suivantes : « Si d'aventure les agresseurs impérialistes devaient néanmoins se risquer à déclencher une nouvelle guerre mondiale, les peuples ne toléreraient plus un système qui les entraîne dans des conflits dévastateurs. Ils balaieraient l'impérialisme et l'enterreraient. » Cette clause qui admettait en théorie la possibilité d'une nouvelle guerre mondiale a été retirée, car on a estimé qu'elle ne correspondait plus aux réalités de l'ère nucléaire.

La compétition idéologique, économique et politique entre les pays capitalistes et socialistes est inévitable. Néanmoins, l'on peut et l'on doit la contenir dans le cadre d'une compétition pacifique qui envisage nécessairement la coopération. Il revient à l'histoire de juger des mérites de chaque système en particulier. Elle fera le tri. Que chaque nation décide quel est pour elle le meilleur système, la meilleure idéologie. Que cette décision soit prise au terme d'une compétition pacifique, que chaque système prouve sa capacité à répondre aux besoins de l'homme et à ses intérêts. Les États et les peuples de la Terre sont très différents et il est bon qu'il en soit ainsi. C'est un aiguillon pour la compétition. Cette analyse ne contredit pas le concept de coexistence pacifique. On y retrouve l'unité dialectique des contraires.

Telles sont, dans leurs grandes lignes, les principales étapes de notre passage vers une nouvelle philosophie de paix, vers la compréhension de la nouvelle dialectique des intérêts de classe et des intérêts humains communs, vers la compréhension des principes de notre époque moderne.

Cela implique-t-il que nous ayons renoncé à toute analyse de classe des causes de la menace nucléaire et des autres problèmes globaux ? Non. Ce serait une erreur d'ignorer l'hétérogénéité de classe des forces à l'œuvre dans l'arène internationale, comme de négliger l'influence des antagonismes sociaux sur les affaires internationales et l'approche de toutes les autres tâches de l'humanité.

Nous voyons bien la force des positions de la fraction agressive et militariste parmi la classe dirigeante des grands pays capitalistes. Leur principal soutien vient du puissant complexe militaro-industriel dont les intérêts s'enracinent dans la nature même du système capitaliste et qui tire d'énormes profits, aux dépens du contribuable, de la production d'armes. Et pour faire croire aux gens que tout cet argent n'est pas dépensé en vain, ils doivent eux-mêmes se convaincre de l'existence d'un « ennemi extérieur » qui menacerait de s'en prendre à leur bien-être et à leurs « intérêts nationaux » en général. D'où cette politique de la force, aussi effrénée qu'irresponsable. Comment cette confiance totale en la force est-elle possible en notre ère nucléaire où les stocks d'arme existants sont si énormes que même une partie infime de ceux-ci pourrait sans peine annihiler l'humanité ? C'est exactement ce que nous appelons une mentalité relevant de la tristement célèbre « Guerre froide ». Cette mentalité, toutefois, reste encore manifeste dans les intérêts économiques concrets des entreprises d'armement, tout comme dans l'influence qu'exercent sur la politique l'armée qui refuse de renoncer à sa position privilégiée et la machinerie bureaucratique au service du militarisme.

On pourrait nous demander pourquoi nous maintenons et modernisons nos armes et nos forces armées. Je puis fournir une réponse précise, étant le Président de notre Conseil de défense. Quasiment depuis la Révolution d'Octobre, nous avons été sous la menace permanente d'une agression potentielle : une guerre civile impliquant des forces étrangères, l'intervention de quatre États, un blocus économique assorti d'un cordon sanitaire, aucune reconnaissance diplomatique (dans le cas des États-Unis, jusqu'en 1933), des provocations armées à l'est et, finalement, une guerre sanglante et dévastatrice contre le fascisme venu de l'ouest. Sans oublier les plans pour une attaque nucléaire contre l'Union soviétique ourdis par les militaires américains et le Conseil nationale de sécurité. Essayez de vous mettre à notre place.

Nous demandons à notre tour pourquoi l'Occident a été le premier à instaurer une alliance militaire, l'OTAN, et reste toujours le premier à développer de nouveaux systèmes d'armes. Ou, pourquoi l'actuel gouvernement des États-Unis refuse d'interrompre ses essais d'armes nucléaires et pourquoi il presse les Américains d'engloutir des sommes colossales dans le programme de Guerre des Etoiles ? Ce ne sont pas des questions en l'air. Tous ces faits peuvent-ils être rangés parmi les aspirations pacifiques ? Je le répète, essayez de vous mettre à notre place et de voir comment vous réagiriez.

Pour toutes ces raisons, nous sommes sincèrement prêts au désarmement, mais uniquement sur une juste base de sécurité égale, et prêts à la coopération sur un très large front. Toutefois, n'ayant pas oublié les amères leçons du passé, nous ne pouvons unilatéralement accomplir de pas significatifs dc crainte qu'ils ne représentent une tentation pour les avocats des « intérêts nationaux globaux ». Selon nous, le plus important est de mettre en branle le mécanisme d'auto-préservation de l'humanité et de soutenir les promesses de paix, de raison et de bonne volonté.

### *La « Main de Moscou »*

Sans doute la déclaration d'un dirigeant soviétique la plus galvaudée en Occident est-elle l'exclamation furieuse de Nikita Krouchtchev : « Nous vous enterrerons ! » Il convient d'expliquer à l'adresse du lecteur étranger que nous avons connu, à la fin des années vingt et au début des années trente, des débats enflammés entre experts agronomes et scientifiques, décrits avec une ironie amère comme une dispute « à qui enterrerait l'autre ». L'exclamation de Krouchtchev, empruntée à ces débats, était malheureuse à tous égards, mais on doit la resituer dans le contexte de son discours tout entier. Il se plaçait au niveau de la compétition entre les deux systèmes et désirait montrer que le socialisme n'avait pas peur d'être comparé au capitalisme, et que l'avenir appartenait au socialisme. Krouchtchev était un homme émotif qui avait été profondément affecté de voir ses efforts sincères pour améliorer la situation internationale et ses propositions précises se heurter à une muraille d'incompréhension et de résistance.

Permettez-moi vous dire, cette fois à partir de ma propre expérience, que pour négocier avec l'Occident des problèmes de désarmement, il faut avoir une patience incroyable, car s'y glissent toujours des intérêts économiques. Il faudrait également ajouter que si nous autres, en Union soviétique, nous jugions la politique d'un autre État à l'aune des déclarations personnelles de ses dirigeants, il y a bien longtemps qu'on aurait commencé à tirer.

Mais tel n'est pas le cas. Aussi les Occidentaux devraient-ils cesser d'exploiter ces quelques paroles d'un homme qui n'est plus parmi nous et ne plus les présenter comme le reflet de notre position.

Quant au mystérieux recueil de citations de la Maison Blanche auquel se réfère l'Occident, exposant la « doctrine » léniniste qui viserait à imposer le communisme dans le monde entier et soumettre l'Europe tout entière, je dois dire qu'aucune doctrine de cette sorte n'a jamais été soutenue par Marx, Lénine ou aucun dirigeant soviétique. Les prétendues « citations » parfois utilisées par des orateurs de haut rang sont le fruit de grossières falsifications ou, au mieux, de l'ignorance.

Voici ce que j'aimerais dire sur la trop célèbre « Main de Moscou. » En accord avec la théorie marxiste, l'avenir appartient à une société où il n'y aura plus d'exploitation de l'homme par l'homme, ni d'oppression nationale et raciale. L'avenir appartient à une société gouvernée par des principes de justice sociale, de liberté et de développement harmonieux de l'individu. Mais chaque nation a le droit de décider si ces principes sont bons pour elle et si elle désire les adopter pour restructurer sa vie. Si tel est le cas, à elle de décider alors de la vitesse et des modalités de ce changement.

« Le prolétariat victorieux ne peut imposer à nulle autre nation son propre idéal d'une vie heureuse sans porter atteinte à sa propre victoire. » Cette déclaration de Marx constitue une définition précise de notre attitude à l'égard de toute les formes d'« exportation de la révolution ». Les révolutions, a dit Lénine, « mûrissent quand des millions de gens réalisent qu'ils ne peuvent plus vivre selon l'ancienne mode. Elles mûrissent dans le cours du développement historique et éclatent lorsque se présente une certaine combinaison de facteurs internes et externes. » Toute tentative de faire une révolution « sur ordre » ou à une date stipulée à l'avance était condamnée par Lénine comme relevant du « charlatanisme ».

La théorie que nous baptisons socialisme scientifique stipule que la société humaine passe par certains stades au cours de son développement. Il y a eu la société primitive, puis le système esclavagiste et puis le féodalisme. Le féodalisme a cédé la place au capitalisme et le XX^e^ siècle a vu la naissance de la société socialiste. Nous sommes convaincus que ce sont là des étapes naturelles dans la progression historique. C'est l'évolution inévitable du monde. Laissons l'Occident penser que le capitalisme constitue l'ultime accomplissement de la civilisation. C'est son droit le plus strict. Nous ne sommes simplement pas d'accord. Et que l'histoire nous départage.

Les révolutions et les mouvements de libération émergent sur un sol national. Et ils naissent lorsque la pauvreté et l'oppression des masses deviennent intolérables, quand la dignité nationale est humiliée et quand un peuple se voit dénier le droit à décider lui-même de son destin. Si les masses se soulèvent pour lutter, cela veut dire que leurs droits fondamentaux sont supprimés. Et les ambitions d'un tiers ou la « main de Moscou » n'ont rien à voir en l'affaire. Bref, ce mythe n'est qu'un mensonge pernicieux.

### *Les implications internationales de la pensée nouvelle*

Nous ne considérons pas la pensée nouvelle comme quelque chose de fixé une bonne fois pour toute. Nous ne pensons pas avoir trouvé la vérité ultime, que les autres n'auraient que le choix d'accepter ou de rejeter, adoptant dans ce dernier cas une attitude que nous qualifierions d'erronée. Non. Pour nous aussi, la pensée nouvelle est un processus au cours lequel nous continuons à apprendre et à acquérir de nouvelles expériences. Lénine disait que même soixante-dix Marx ne suffiraient pas pour analyser l'ensemble des processus en interaction dans l'économie mondiale. Et depuis cette époque, le monde est devenu bien plus complexe. Le développement d'un nouveau mode de pensée exige le dialogue non seulement avec ceux qui partagent les mêmes vues mais aussi avec ceux qui pensent autrement et représentent un système philosophique et politique différent du nôtre.

Car ils véhiculent également l'expérience historique, la culture et les traditions de leurs peuples; eux aussi prennent part au développement du monde, ont le droit d'avoir leur opinion propre et de jouer un rôle actif dans la politique mondiale. Je reste convaincu que les hommes politiques d'aujourd'hui devraient prendre conscience du potentiel intellectuel des autres pays et des autres peuples car sinon, leurs activités seront condamnées au provincialisme et à un point de vue étroitement nationaliste, sinon pire.

C'est pourquoi nous sommes les tenants d'un large dialogue pour la confrontation des vues, du débat et de la discussion. Cela stimule la réflexion et évite de retomber dans les ornières de la pensée conventionnelle. Le principal, toutefois, étant que cela contribue à généraliser le nouveau mode de pensée.

Le dialogue entre des gens « issus de mondes différents », de conditions sociales et de points de vues divergents, est tout particulièrement important.

Si les unit une commune préoccupation pour l'avenir de l'humanité, leurs disputes et leurs innombrables controverses ne les empêcheront pas de trouver des points de contact et de se mettre d'accord sur les enjeux principaux, constituant ainsi un très bon exemple pour le monde entier.

Ce fait est particulièrement manifeste durant les réunions de scientifiques, d'écrivains ou de personnalités du monde culturel. Sincérité et compétence caractérisent leur préoccupation et leur inquiétude pour l'avenir du monde, pour le destin et les potentialités de l'humanité, tout comme les caractérisent leur force morale et leur compassion pour tous ceux qui vivent encore dans des conditions indignes de l'homme. Ceci est extrêmement important à une époque où la science et l'intelligence humaine dévoilent les mystères les plus obscurs de la nature et de la vie et décident virtuellement du cours de l'histoire. Je dirai par conséquent que le dialogue informel, animé, entre personnalités politiques, scientifiques et culturelles est un impératif.

Ces réunions non seulement enrichissent notre théorie et notre philosophie mais elles ont également influé sur les actions décisions politiques qu'il a fallu prendre ces dernières années.

Je me rappelle fort bien ma réunion de novembre 1985 avec une délégation du congrès des Prix Nobel, formée de George Wald (E.-U.), Teo Knippenberg et Susan Gabrielle (Pays-Bas), Alois Anglaender (Autriche) et Alexander Prokhorov (U.R.S.S.). Assistaient également à la réunion les académiciens Anatoli Alexandrov et Ievgueni Velikhov. Notre discussion avait eu lieu peu avant que je me rende à Genève pour ma première rencontre avec le président Reagan. Les scientifiques me transmirent un appel des participants de leur congrès et nous eûmes une discussion très approfondie sur les conséquences possibles de l'utilisation de l'arme nucléaire, l'importance de l'interdiction des essais nucléaires et le danger de militarisation de l'espace. Nous convînmes que les efforts vers la sécurité à travers le désarmement devaient être combinés avec les efforts pour garantir à l'homme des conditions de vie décente.

Je me souviens de ces prix Nobel me disant

qu'aujourd'hui, il fallait plus de courage pour sauvegarder la paix que pour préparer la guerre. Cette réunion nous procura le soutien moral nécessaire à l'attitude que nous escomptions prendre lors de notre rencontre avec le président américain.

Prenons un autre exemple. Au Forum international de Moscou « Pour un Monde débarrassé de l'arme nucléaire et la survie de l'humanité » — une réunion sans précédent par le nombre de ses participants et leur autorité — j'eus l'occasion de sonder l'état d'esprit, d'entendre les réflexions et les idées d'une élite intellectuelle internationale. Mes discussions avec les participants m'avaient laissé une forte impression. J'ai discuté des résultats du congrès avec mes collègues du Politburo et nous avons alors décidé de faire un nouveau compromis majeur : découpler les accords globaux de Reykjavik en séparant des autres questions le problème des missiles à moyenne portée stationnés en Europe.

Encore un autre exemple. L'Union soviétique a systématiquement prorogé son moratoire unilatéral sur les explosions nucléaires. Ceci, dirais-je, fut le résultat d'une étude approfondie des nombreux appels lancés aux dirigeants soviétiques par divers intellectuels des autres pays. Nous avons pris au sérieux leurs inquiétudes et leurs arguments car nous avons réalisé qu'une politique responsable devait tenir compte de l'avis de ce qu'on peut considérer comme la frange de l'opinion publique qui fait le plus autorité. Je crois qu'une politique qui ne manifeste pas de préoccupation pour l'avenir de l'humanité — et cette préoccupation devrait être le signe distinctif de tout véritable intellectuel — est une politique immorale qui ne mérite pas le respect.

Le forum d'Issik-Koul auquel s'étaient rendues, à l'invitation de l'écrivain soviétique Chinghiz Aîtmatov, des personnalités du monde culturel de renommée mondiale, a fortement marqué la nouvelle perspective. J'ai rencontré ces personnalités. Le thème principal de notre discussion fut l'humanisme et la politique, ainsi que les aspects intellectuels et moraux des activités politiques à l'ère nucléaire. J'ai dit, lors de cette rencontre, que des nations avaient su tirer les enseignements de leurs tragédies passées, mobiliser leurs forces et, surmontant les épreuves, les difficultés et les pertes, se relever pour repartir de l'avant, chacune suivant sa voie propre. Qu'adviendra-t-il si nous ne parvenons pas à écarter la menace nucléaire qui pèse sur notre maison commune ? J'ai bien peur que, si nous la commettons, nous ne soyons incapables de rectifier une telle erreur. C'est là notre tâche la plus importante. C'est bien pourquoi le potentiel intellectuel et moral de la culture universelle doit être mis au service de la politique.

Le Groupe international des physiciens pour la prévention de la guerre nucléaire en est venu à exercer une influence considérable sur l'opinion publique mondiale en un bref laps de temps. Ce mouvement lancé par le professeur américain Bernard Lown et notre académicien soviétique Ievgueni Tchazov, a été rejoint par des dizaines de milliers de physiciens venus des deux Amériques, d'Europe, d'Asie, d'Afrique et d'Australie. J'avais déjà rencontré le professeur Lown mais cette fois, après le congrès de Moscou, j'eus l'occasion de rencontrer tous les dirigeants du mouvement. Il est impossible d'ignorer ce que ces gens disent. Ce qu'ils font impose le plus grand respect. Car ce qu'ils disent et ce qu'ils font est guidé par une connaissance précise et un désir passionné d'avertir l'humanité des dangers qui la menacent.

A la lumière de leurs arguments et des données strictement scientifiques en leur possession, il semble n'y avoir plus de place pour la politique politicienne. Et aucun homme politique sérieux n'a le droit de passer outre à leurs conclusions ou de négliger les idées grâce auxquelles ils font avancer l'opinion publique mondiale.

Pour ce qui est des dirigeants soviétiques, je dois dire que nous sommes avides de connaître l'opinion, et même les critiques, des gens de toute sorte qui forment, dans leur variété, notre monde d'aujourd'hui. Lors de nos contacts avec eux, nous mettons à l'épreuve les potentialités du nouveau mode de pensée et le réalisme de notre politique. Dès lors, toute découverte, lors de ces contacts, d'une similitude de vues — quand ce n'est pas une identité — nous fournit des preuves supplémentaires que nos nouvelles méthodes d'approche suivent le même cours que la quête de cette partie de l'humanité lancée dans une réflexion sincère.

Il est naturel pour moi, en tant que communiste, de rester constamment en contact avec les représentants de quantité de mouvements communistes dans les pays étrangers. Bien des choses ont changé dans ces contacts au cours des années passées. Nous nous éloignons de cette diplomatie inter-partis qui parfois édulcorait la vérité ou, pire encore, contait des fables d'Esope.

Peu importe ce que peuvent en penser ses opposants, le communisme a trouvé sa source et subsiste par les intérêts de l'homme et par sa liberté, pour défendre ses droits authentiques et la justice sur terre. Le communisme est un formidable potentiel pour l'humanité. C'est bien pourquoi notre vision partagée sur le monde et les idées, les opinions, considérations et critiques bienveillantes réciproques que nous échangeons avec nos frères en esprit s'avèrent indispensables. Ces échanges contribuent à développer un nouveau mode de pensée et mettre en œuvre politiquement la riche accumulation d'expérience internationale qui reflète les intérêts et les sentiments de la classe ouvrière.

Nous voyons dans l'intensification des contacts internationaux entre scientifiques, personnalités du monde culturel et intellectuels en général, et dans leurs mouvements professionnels, une tentative pour rallier les meilleures forces de leurs nations et de leurs peuples, les aider à comprendre le monde contemporain et exprimer leur opinion sur son avenir afin de prévenir le désastre ultime.

Ceci s'applique non seulement au désarmement, à la démilitarisation des attitudes mentales comme de la société elle-même, mais également à des préoccupations générales pour l'humanité telles que les risques écologiques, l'avenir des ressources et de l'énergie, la politique de santé, l'éducation, l'alimentation, la croissance démographique, l'agression de l'information, et ainsi de suite. Nous trouvons maints points de contact et découvrons quantité de choses utiles à travers ces échanges avec des hommes de science et de culture, ainsi qu'avec les spécialistes faisant autorité dans tous ces domaines.

J'aurais tendance à dire qu'il est devenu impératif pour les hommes politiques et les représentants de la science et de la culture de se rencontrer et de maintenir des échanges de vues — il semblerait que cela doive devenir une exigence naturelle dans les conditions actuelles.

J'ai récemment eu l'occasion de discuter avec un célèbre écrivain latino-américain, Gabriel Garcìa Marquez. Un grand esprit assurément. L'ampleur de sa réflexion est globale : il suffit de lire un seul de ses livres pour s'en convaincre. Il s'est avéré qu'en discutant de la restructuration à l'œuvre en Union soviétique, on en venait, disait-il, à étudier en profondeur tous les problèmes internationaux et sociaux de notre époque. Car le monde entier a besoin de restructuration, à savoir de changements qualitatifs assortis d'un développement progressif. L'opinion d'un tel homme a son poids. Et c'est précisément parce qu'elle reflète les pensées, les soucis et les sentiments de millions d'individus —

blancs, noirs, jaunes, de tous les peuples de la Terre — qu'elle est source d'inspiration. Cela veut dire que ce que nous avons commencé à réaliser chez nous peut également profiter aux autres peuples.

Nous nous réjouissons de l'influence directe de quantité de mouvements publics divers — syndicats, mouvements de femmes, de jeunes, pacifistes ou écologistes — sur la politique internationale, une influence qui s'est considérablement accrue au cours des dernières années. Ils envahissent, avec leurs exigences impérieuses et leur sens des responsabilités, ce qui était naguère encore le domaine réservé de la diplomatie.

Ce n'est que justice que les gens aient des informations de première main sur les intentions des hommes d'État dont dépend effectivement le cours des événements dans les secteurs clés de la vie internationale. J'ai rencontré une délégation de la Fédération mondiale des syndicats. C'est la plus grande des confédérations syndicales, qui représente des centaines de millions de travailleurs dans quantité de pays. La délégation m'a transmis un document du XIe Congrès mondial des syndicats avec un appel adressé au président des Etats-Unis et à moi-même. Le poids de ce document repose, à mes yeux, sur le fait qu'il représente la volonté de la classe ouvrière reflétant l'intérêt commun de l'humanité pour une paix durable. Ce document et les conversations franches que j'ai eues avec les dirigeants syndicaux m'ont convaincu que la mission historique de la classe ouvrière en tant que porte-parole — à travers ses intérêts propres et celui du progrès social de tous, que cette mission était toujours d'actualité même si les conditions actuelles avaient radicalement changé depuis l'époque où la classe ouvrière avait pour la première fois pris conscience de cette mission.

J'ai été profondément touché par le Congrès mondial des Femmes qui s'est réuni à Moscou en juin 1987. On m'a demandé d'y parler. C'était un forum très représentatif — avec des femmes venues de plus de cent cinquante pays. Ce que j'ai pu ressentir en entendant s'exprimer les déléguées puis lorsque je me suis adressé à elles, ce fut un impressionnant engagement personnel dans le devenir du monde. Sans aucun doute, les femmes, dont la destinée naturelle est de préserver et perpétuer la race humaine, sont les championnes les plus désintéressées, les plus emplies d'abnégation, et les plus nombreuses, de l'idée de la paix. Ma participation à ce congrès m'a beaucoup apporté, tant sur le plan émotionnel que politique.

Chaque jour, je reçois des douzaines de lettres, de messages et de télégrammes venus du monde entier — émanant d'hommes politiques et de personnalités publiques, maires, parlementaires ou hommes d'affaires, mais surtout des lettres de gens ordinaires, de couples ou de familles, des pétitions et des lettres d'enfants, collectives ou individuelles. Certaines sont réellement émouvantes, avec des vers, des poèmes, des dessins, des petits souvenirs faits à la main, des diplômes scolaires, des attestations de succès de groupes ou de clubs, voire des prières. Et derrière ces divers sentiments humains, ces diverses pensées, transparaît une angoisse pour l'avenir de la paix et l'espoir que l'humanité est digne d'un meilleur sort qu'une vie sous la perpétuelle menace de l'holocauste nucléaire.

Si accaparé que je puisse être par mes activités, je fais de mon mieux pour répondre à ces lettres. Le point le plus important dans tous ces messages et ces appels, c'est leur confiance en l'Union soviétique et notre politique actuelle. Nous attachons une grande valeur à cette confiance et ferons tout notre possible pour la justifier par nos actions, tant à l'intérieur que dans les affaires internationales.

Une telle communication avec les gens du monde entier renforce ma conviction que les perspectives pour la civilisation ne sont pas désespérées, puisque les plus grands esprits comme l'honnête homme réfléchissent et s'inquiètent du présent et de l'avenir et sont prêts à consacrer leur talent, leur savoir, leur temps, leur énergie et leurs émotions à préserver ce monde et en bâtir un meilleur, et plus juste.

Aussi, en fondant notre politique sur un nouveau mode de pensée, nous nous proposons de ne pas nous confiner aux idées auxquelles nous sommes accoutumés, ni au langage politique qui est typiquement le nôtre. Nous n'avons pas la moindre intention de convertir tout le monde au marxisme. La nouvelle mentalité politique peut et doit imprégner l'expérience de tous les peuples et garantir l'enrichissement mutuel par la confluence des diverses traditions culturelles.

*Pour une politique étrangère ouverte et honnête*

La direction soviétique s'efforce de mener les affaires étrangères d'une autre manière. Le *dialogue* est le premier élément que je dois mentionner dans ce contexte. Sans lui, on peut difficilement se targuer de parvenir à la compréhension mutuelle. Une fois embrassés les principes du nouveau mode de pensée, nous avons fait du dialogue l'instrument de base pour les mettre à l'épreuve dans la pratique internationale. Plus encore, par le biais du dialogue, nous testons le degré de réalisme de nos idées, nos initiatives et nos actions internationales. Et nous notons avec satisfaction que ce mot de *dialogue,* bien que, contrairement à perestroïka, il ne soit pas d'origine russe, s'est profondément enraciné dans notre vocabulaire diplomatique ces dernières années. Et le dialogue politique proprement dit en est venu à jouer un rôle plus important que jamais dans les relations internationales.

Depuis deux ans et demi que je suis Secrétaire

général, je n'ai eu pas moins de cent cinquante réunions et entretiens avec des chefs d'État et de gouvernements, présidents d'assemblées et dirigeants de partis — communistes, sociaux-démocrates, libéraux, conservateurs — ainsi qu'avec des hommes politiques et des personnalités publiques de tous échelons, qu'ils soient européens, américains, africains ou asiatiques.

Ceci est également devenu pratique courante pour bon nombre de mes collègues à la direction de l'État soviétique. C'est une grande école pour nous tous. Je crois qu'un tel dialogue est tout aussi utile à la plupart de nos interlocuteurs. Il sert à structurer et renforcer ces relations internationales civilisées si essentielles au monde moderne.

Qui plus est, nous désirons revenir au sens originel, authentique, des mots que nous employons dans les contacts internationaux. En déclarant notre attachement à une politique ouverte et honnête, nous voulons effectivement dire honnêteté, décence et sincérité, tous principes que nous suivons dans nos actes. En soi, ces mots ne sont pas neufs — nous les avons hérités de Lénine. Ce qui est nouveau, en revanche, c'est que nous essayons de les libérer des ambiguïtés si largement répandues dans le monde moderne. Ce qui est également neuf, c'est que la situation actuelle les rend obligatoires pour tous.

Nous avons aussi bien supprimé tout décalage entre ce que nous disons à nos interlocuteurs étrangers derrière des portes closes et ce que nous déclarons et faisons en public. Je dois confesser que je ne suis pas favorable à ces diplomaties alambiquées où vous finissez par ne plus comprendre ce que votre partenaire désire exprimer lors d'une réunion ou dans un échange de messages. Je suis favorable à une politique ouverte, réellement efficace. Ce ne doit pas être une politique à double visage, car la possibilité de prévoir s'avère une condition indispensable au maintien de la stabilité internationale. Il doit y voir plus de lumière et d'ouverture dans les affaires internationales et moins de manœuvres tactiques et de jongleries verbales. Plus personne ne peut tromper personne. Je ne cesse de le répéter aux Occidentaux à qui je parle. Ce que l'on exige des dirigeants de nos jours, c'est une évaluation correcte des réalités, un esprit lucide et un sens accru des responsabilités. Ce qui veut dire qu'on exige d'eux de pratiquer une politique sérieuse plutôt que de jouer à la politique, ou à la politique politicienne.

Je crois que le nouveau style dans les relations internationales implique d'étendre leur cadre bien au-delà des limites de la diplomatie au sens strict. Les parlements prennent une part de plus en plus active dans les contacts internationaux, au même titre que les gouvernements, et c'est une évolution encourageante. Elle souligne une tendance vers une démocratie accrue dans les relations internationales. L'invasion à grande échelle de ce domaine par l'opinion, les organisations publiques nationales et internationales, est un signe de notre temps. La diplomatie populaire, celle du citoyen, cette façon de s'adresser directement aux peuples, est un mode de contact inter-états qui se répand.

User des méthodes de la diplomatie populaire n'est pas pour nous un truc. Cela procède simplement de la prise de conscience que le fardeau entier de la course aux armements repose sur les peuples, sans parler des conséquences éventuelles pour eux d'un conflit international. Nous voulons transmettre la position de l'Union soviétique directement aux peuples du monde.

Arrivé à ce point, je dois aborder le sujet épineux et crucial des relations entre politique et propagande. La réponse à nos initiatives en politique étrangère a souvent été : « C'est de la propagande ! » Il faut reconnaître que les propositions de politique étrangère à notre époque d'information de masse et d'intérêt général pour les problèmes internationaux se sont toujours accompagnées d'offensives de propagande. Elles devaient « faire impression ». Les dirigeants américains, par exemple, commencent par faire de la réclame pour leurs prochaines actions internationales bien avant de les annoncer officiellement et celles-ci sont immanquablement présentées comme des décisions « majeures », « historiques », « cruciales » et ainsi de suite. Mais ce qui importe, après tout, c'est le caractère réel et l'intention véritable des dites propositions : si elles sont destinées à être réellement mises en pratique, si elles sont réalistes, si elles prennent en compte l'intérêt de toutes les parties concernées ou si au contraire elles ont pour seul but de créer un choc. Ainsi puis-je déclarer avec une pleine responsabilité, que toutes nos initiatives sont concrètes, qu'elles sont, pour citer Lénine des « slogans pour l'action » et non des « slogans de propagande. »

Parvenu à ce lieu, je peux répéter, la conscience claire, ce que j'ai dit au magazine *Time* au mois d'août 1985. Après tout, si l'on ne voit rien d'autre que de la propagande, quoi que nous fassions, pourquoi dès lors ne pas y répliquer selon le principe du tac-au-tac ? Nous avons suspendu les essais nucléaires. Pourquoi les Américains ne pourraient-ils pas faire de même, en représaille, et renchérir avec un autre « coup de propagande » en suspendant, mettons, la mise au point de leurs nouveaux missiles stratégiques ? Auquel cas nous répondrions par le même genre de « propagande », et ainsi de suite. Qui, peut-on se demander, pourrait perdre à ce genre de compétition au niveau de la « propagande » ?

Deux ans et demi, ce n'est pas si long. A en juger par tous les signes, la période dont nous parlons s'est révélée pleine de substance. Quel en est l'élément le plus marquant ? Certains peuvent estimer que la nouvelle mentalité politique en est encore à se frayer un chemin avec difficulté dans le dédale de la politique mondiale. Et c'est vrai. Certains peuvent estimer que l'inertie de l'ancien mode de pensée reste encore plus forte que les tendances nouvelles. Et c'est également vrai. Et pourtant, le principal reste que cette tâche difficile de préparer le terrain pour restructurer les relations internationales a été accomplie. Et nous sommes persuadés que le monde changera dans le bon sens. Il change déjà.

## NOTES DU CHAPITRE III

1) Les nations socialistes de l'Europe se sont résolument embarquées dans cette voie. Le 29 mai 1987, à Berlin, une réunion du Comité consultatif politique a adopté un document d'une importance primordiale, « Sur la doctrine militaire des pays membres du Pacte de Varsovie ». Il établit les bases essentielles du caractère purement défensif de cette doctrine. « Jamais, en aucune circonstance, lit-on, nous n'engagerons les hostilités contre un état ou une alliance d'états quelconque, tant que nous n'aurons pas nous-mêmes subi une attaque armée. Nous ne serons jamais les premiers à user de l'arme nucléaire. Nous n'avons aucune revendication territoriale sur aucun état d'Europe ou d'ailleurs. Les pays membres du Pacte de Varsovie ne considèrent aucun état, aucun peuple comme leur ennemi : ils sont prêts à établir des relations avec tous les pays sans exception, sur la base d'un respect mutuel, pour les intérêts de la sécurité et de la coexistence pacifique. »

Les pays du Pacte de Varsovie s'efforcent de n'avoir pas plus de forces armées et d'armements qu'il n'est nécessaire pour assurer leur défense. Ils adhéreront strictement aux principes de la « suffisance » pour la protection de leur sécurité. Ils ont proposé aux pays de l'OTAN que tout le monde s'installe autour d'une table pour comparer les doctrines militaires des deux alliances aux fins de mieux comprendre les intentions de chacun. Le silence fut la seule réponse à cette proposition.

CHAPITRE IV

# La restructuration en U.R.S.S. et dans le monde socialiste

L'essence de notre principe internationaliste est celle-ci : prendre des décisions importantes et significatives à l'intérieur, et peser avec soin leur signification pour le socialisme dans son ensemble. Il va sans dire qu'aucun pays socialiste ne peut progresser à un rythme sain sans compréhension, sans solidarité ni coopération mutuelle et solidaire avec les autres nations fraternelles, voire, à certains moments, sans leur aide.

## *Du socialisme réel*

Quand nous nous sommes embarqués sur la voie de la perestroïka, nous avons pris comme prémisse que la restructuration était opératoire et qu'elle continuerait à l'être. Renforcer le socialisme dans son ensemble dans le cadre de cette restructuration est la finalité partagée par tout le peuple soviétique, et concue pour faire progresser notre société vers un nouvel échelon qualitatif. C'est le premier point.

Le second est que la voie choisie et la nécessité d'accélérer le rythme nous ont fait chercher comment développer la coopération avec les autres pays socialistes dans un vaste contexte historique. La conclusion — et tous les parties frères sont parvenus à la même — est qu'il fallait insuffler un plus grand dynamisme à notre coopération, que cette sphère était également prête à une forme de restructuration. Nos réflexions et partant, nos initiatives, ont été fondées sur des analyses précises.

Durant les décennies d'après-guerre, le socialisme est devenu une formation internationale puissante et un facteur déterminant de la politique mondiale. Une forme d'économie socialiste fonctionne dans un vaste groupe de pays. On a établi les fondements d'une division du travail internationale et socialiste. Les organisations multilatérales des États socialistes ont acquis une expérience variée dans leur activité. Les échanges culturels et scientifiques ont pris une grande ampleur. Bien entendu, tout cela ne veut pas dire que le développement du socialisme mondial s'est toujours effectué avec succès.

Le niveau économique initial des pays qui ont opté pour une voie socialiste de développement diffère considérablement de l'un à l'autre. Aujourd'hui encore, il est loin d'être partout identique. C'est l'une des difficultés qui se présentent pour réaliser toutes les potentialités du socialisme et parfaire les mécanismes d'intégration.

Le socialisme a traversé des phases de développement compliquées. Dans les premières décennies d'après-guerre, l'Union soviétique avait seule l'expérience d'édification d'une société nouvelle. Elle devait donc être responsable de tout ce qui arrivait, en bien ou en mal. Le caractère de ses relations économiques avec les autres pays socialistes se conformait à cette même ligne : ces relations se développaient en reposant essentiellement sur la fourniture par l'Union soviétique de matières premières et de combustible, et sur l'aide qu'elle apportait à la création des industries de base. Dans le domaine de l'édification de l'État, également, les États socialistes frères s'appuyaient largement sur l'exemple soviétique. Dans une certaine mesure, c'était inévitable. Les assertions concernant le caractère imposé du « modèle soviétique » déforment cette nécessité objective de l'époque. L'expérience et l'aide du premier État socialiste ont dans l'ensemble favorisé les efforts des autres pays pour bâtir une nouvelle société.

Mais ce ne fut pas sans pertes, passablement sérieuses au demeurant. Tirant parti de l'expérience soviétique, certains pays en vinrent à oublier leurs propres spécificités. Pis encore, une manière stéréotypée d'aborder les problèmes se vit gratifier d'un vernis idéologique par certains de nos théoriciens et de nos dirigeants particulièrement pragmatiques qui agissaient quasiment comme s'ils étaient les seuls détenteurs de la vérité. Sans prendre en considération la singularité des problèmes et les traits spécifiques des divers pays socialistes, ils en venaient parfois à afficher quelques défiance à l'égard de la manière qu'avaient ces pays d'aborder certains de leurs problèmes.

D'un autre côté, on vit se manifester dans un certain nombre de pays socialistes des tendances à une certaine introversion, qui devait donner naissance à des jugements et des actes marqués de subjectivité, nonobstant le fait que les nations socialistes ont toujours été la cible de pressions massives — politiques, militaires, économiques et idéologiques — de la part de l'impérialisme et ce, pratiquement depuis leur naissance.

Dans certains cas, tout cela déboucha sur certains processus objectifs et sur l'émergence de problèmes qui ne furent pas remarqués en leur temps par le parti et la direction au pouvoir. En ce qui concerne nos autres amis des pays socialistes, ils gardaient en général le silence, même quand ils avaient relevé quelque sujet d'inquiétude. La franchise était mal vue et pouvait, pour ainsi dire, être « mal comprise ». Certains pays socialistes ont traversé des crises sérieuses au cours de leur développement. Tel fut le cas, par exemple, de la Hongrie en 1956, de la Tchécoslovaquie en 1968, et de la Pologne en 1956 puis, de nouveau, au tout début des années 1980. Chacune de ces crises avait ses traits spécifiques. Elles ont été traitées chaque fois de manière différente. Mais le fait est que dans aucune nation socialiste ne s'est produit un retour à l'ordre ancien. Je veux faire remarquer ici que ce n'est pas au socialisme en tant que tel qu'on doit imputer les difficultés et les complications rencontrées dans leur développement par les pays socialistes mais, en gros, aux erreurs de calcul des partis au pouvoir. Et bien entendu, l'Occident a également sa part de responsabilité dans l'affaire, par son entêtement constant à saper le développement de ces États et à leur mettre des bâtons dans les roues.

Au prix d'essais difficiles, et parfois amers, les pays socialistes ont amassé l'expérience nécessaire pour mener à bien les transformations. La pratique des partis communistes au pouvoir, tout comme leur travail théorique, ont graduellement permis de cerner, d'affiner les méthodes et les moyens nécessaires à cette transformation socialiste de la société. Marx, Engels et Lénine, qui avaient fourni la justification théorique des principes sur lesquels se fonde le concept de socialisme, n'ont pas cherché à livrer un portrait détaillé de la société future. Et c'est en général impossible à faire. Ce portrait a acquis progressivement ses grands traits mais il est encore en gestation, témoin de la créativité révolutionnaire.

On a connu également de sérieux faux-pas dans les relations entre pays socialistes. Particulièrement grave fut la rupture des relations amicales entre l'U.R.S.S. et la Yougoslavie, la République populaire de Chine et l'Albanie. Ces leçons furent amères. Mais les communistes les ont retenues. Nous continuons d'apprendre encore aujourd'hui.

En général, un des avantages du socialisme est justement sa capacité à apprendre. Apprendre à résoudre les problèmes posés par la vie. Apprendre à éviter les situations de crise que nos adversaires cherchent à créer et à exploiter contre nous. Apprendre à résister aux tentatives de stratification du monde socialiste en dressant certains pays contre les autres. Apprendre à prévenir les conflits d'intérêts entre les divers États socialistes par l'harmonisation de ces intérêts et la recherche de solutions mutuellement acceptables aux problèmes les plus complexes.

Quelles sont les réussites du monde socialiste à la moitié des années quatre-vingt ? Nous pouvons désormais affirmer sans risque que le système socialiste s'est fermement établi dans un vaste groupe de nations, que leur potentiel économique s'est régulièrement accru, et que leurs valeurs culturelles et spirituelles sont profondément dignes et morales.

Mais en ce cas, on peut nous demander : si tout va si bien, pourquoi la perestroïka est-elle d'un si grand intérêt pour ce qui concerne les relations entre pays socialistes ? C'est effectivement une question parfaitement légitime.

Globalement, la réponse est tout ce qu'il y a de simple : la phase initiale de naissance et de développement du socialisme est achevée mais la forme de relation établie à cette époque est demeurée virtuellement inchangée. Les concrétions négatives au sein de ces relations n'ont pas été examinées avec un degré suffisant de franchise, ce qui veut dire que l'on n'a pas identifié tous les obstacles à leur développement, tous les éléments les empêchant d'entrer dans une phase nouvelle, contemporaine. Et dans l'intervalle, chaque pays socialiste, chaque société socialiste a, de sa propre initiative, accumulé un potentiel considérable dans tous les domaines de l'existence. C'est tout le prestige et les possibilités du socialisme qui en pâtiraient directement si nous nous raccrochions aux anciennes formes de coopération ou si nous nous y limitions .

De fait, depuis la fin des années soixante-dix, les contacts entre dirigeants des pays frères ont de plus en plus souvent eu lieu pour la galerie plutôt que pour régler réellement les affaires; ils étaient de moins en moins marqués par la confiance et l'efficacité.

A présent, bien des choses ont changé. Durant les deux ans et demi écoulés, des amis de la communauté socialiste se sont joints à nous pour accomplir de grands pas. Il faut continuer dans cette voie et c'est ce qui se produit.

La gamme entière des relations politiques, économiques et humaines avec les pays socialistes est en cours de renouvellement. Il s'agit là d'un processus dicté par les nécessités objectives de développement de chaque pays et la situation internationale dans son ensemble, davantage que par les émotions.

*Vers de nouvelles relations*

Le rôle joué par l'Union soviétique au sein de la communauté socialiste dans les conditions de la perestroïka est déterminé par la position objective de notre pays. Que les choses aillent bien chez nous ou qu'elles aillent mal, cela concerne inévitablement tout le monde. Mais le niveau d'interaction que nous atteignons désormais est un résultat qui excède le simple travail accompli à l'intérieur du pays.

C'est d'abord et avant tout la résultante des actions conjointes et des efforts concertés des pays frères. Car nous avons discuté à fond de chaque aspect de la coopération avec nos amis et alliés.

Nous partons tous du postulat qu'à cette étape cruciale du développement du monde, le socialisme doit montrer dans sa pleine mesure le dynamisme de son sytème économique et politique, de son mode de vie humain. Les relations de la communauté socialiste sont déjà en cours de réadaptation aux exigences de l'époque. Nous sommes loin de céder à l'euphorie : l'élan vient juste d'être donné. Mais les objectifs principaux ont été définis.

Qu'impliquent ces points de référence ? Avant tout, le cadre entier des relations politiques entre pays socialistes doit être strictement fondé sur l'indépendance absolue. C'est le point de vue soutenu par les dirigeants de tous les pays frères. L'indépendance de chaque Parti, son droit à décider des choix affrontés par son pays, et sa responsabilité devant la nation sont des principes indiscutables.

Nous sommes en outre fermement convaincus que la communauté socialiste ne réussira que si chaque parti, chaque État se préoccupe à la fois de ses propres intérêts et des intérêts communs, s'il respecte ses amis et alliés, tient compte d'eux et prête une oreille attentive à l'expérience des autres. La prise de conscience de cette relation entre les affaires intérieures et les intérêts du socialisme mondial est typique des pays de la communauté socialiste. Nous sommes unis, dans cette unité réside notre force, et c'est d'elle que nous tirons notre confiance en notre capacité à surmonter les défis lancés par notre époque.

La collaboration entre les Partis communistes au pouvoir est le pivot de la coopération entre pays socialistes. Ces dernières années, nous avons eu des réunions et des discussions détaillées avec la direction de chaque pays frère. Les formes de cette coopération sont également en cours de renouvellement. Un lien nouveau et sans doute crucial en ce domaine est l'instauration de réunions de travail multilatérales entre dirigeants. De telles réunions nous permettent de discuter, rapidement et dans un climat de camaraderie, de la gamme entière des problèmes du développement socialiste dans ses aspects intérieur et extérieur.

L'extension, dans une situation internationale compliquée, du terme du Pacte de Varsovie, à la suite d'une décision unanime, fut un événement décisif. Les réunions régulières du Comité consultatif politique du Pacte de Varsovie ouvre la voie à une accumulation d'idées et d'initiatives de ses participants et leur permet, pour ainsi dire, de « synchroniser leurs montres ».

L'intention est d'harmoniser les initiatives de chaque pays frère grâce à une ligne commune dans les affaires internationales. L'expérience a démontré l'importance de chacun des termes de l'équation. Aucun pays frère – et nous y incluons de plein droit l'U.R.S.S. – ne peut s'acquitter de ses tâches sur la scène internationale s'il est isolé du courant général. De la même manière, une politique étrangère coordonnée de tous nos États ne peut que se révéler éfficace, pourvu que la contribution de chaque pays à la cause commune soit dûment prise en compte.

En ce qui concerne les relations économiques, nous les avons développées sur la base d'une observation conséquente des principes d'avantage réciproque et d'assistance mutuelle. Nous sommes parvenus à la conclusion commune que tous, nous avions besoin aujourd'hui d'une percée dans les sciences et la technologie ainsi que dans le domaine économique. A cette fin, nous avons élaboré et adopté un programme global de progrès scientifique et technique, visant à accroître nettement l'efficacité de la production, à doubler voire tripler la productivité d'ici l'an deux mille. Est-ce de l'utopie ? Non. La communauté socialiste a tout ce qu'il faut pour réaliser cette tâche, y compris une formidable capacité de production, une vaste quantité de projets de recherche et d'ingénierie, ainsi que les ressources naturelles et la main d'oeuvre en quantité suffisante. En outre, notre système fondé sur le plan nous permet de canaliser des ressources considérables vers la satisfaction des besoins définis en priorité.

Au terme de ces discussions, les dirigeants des États membres du Comecon sont parvenus à la conclusion que toutes les composantes structurelles du système socialiste devaient fonctionner de manière plus efficace. Là-dessus, nous sommes tous tombés d'accord. Mais bien entendu, cela ne signifie pas que les processus seront engagés de manière identique dans tous les pays socialistes. Car chaque nation a ses traditions propres, ses habitudes et particularismes dans le fonctionnement de ses institutions politiques.

En principe, tous les pays socialistes sont d'une manière ou de l'autre engagés dans un processus visant au renouveau et à de profondes transformations. Mais chaque pays, en fait sa direction et son peuple, décide de manière indépendante de l'envergure, de l'échelle, des formes, du rythme et des modalités que devront prendre ces transformations. Il n'y a pas de contradiction à ce niveau; simplement des traits spécifiques.

Jacques Chirac, le Premier ministre français, m'a demandé : « Pensez-vous que l'esprit de la perestroïka va étendre son impact sur tous les pays socialistes d'Europe de l'Est ? » Je lui ai répondu que l'influence était réciproque. Nous empruntons quelque chose à l'expérience de nos amis tandis qu'eux-mêmes prennent chez nous ce qu'ils estiment leur convenir le mieux. En bref, il s'agit là d'un processus d'échange et d'enrichissement mutuel.

Pour parler franchement, il me semble que la question n'avait pas été soulevée dans le seul but de savoir comment nous allions procéder. Elle avait été dans une certaine mesure suscitée par des rumeurs selon lesquelles certains de nos amis auraient été en « désaccord » avec la ligne de la direction soviétique vers la perestroïka. Que puis-je répondre à cela ? Nous n'avons pas de désaccord sérieux avec nos amis et alliés. Nous avons l'habitude de parler franchement et de manière pragmatique. Et, à mes yeux, nous gagnons plus d'une évaluation honnête et critique de nos gestes et de nos initiatives que d'applaudissements nourris saluant la moindre de nos actions. C'est le premier point. Le second, et je vais le répéter dans ce contexte, est que nous ne prétendons pas être les seuls à détenir la vérité. La vérité s'obtient au prix d'une quête et d'un effort commun.

Mais qu'on permette de dire quelques mots de plus sur les affaires économiques. Nous voyons dans les liens directs entre les compagnies et les entreprises, ainsi que dans leur spécialisation, la principale réserve de forces, le levier susceptible d'approfondir le processus d'intégration. C'est exactement selon ces lignes directrices que nous restructurons nos activités économiques extérieures, en ôtant les barrières qui empêchent les entreprises de se trouver les partenaires appropriés chez les pays frères et de décider de leur propre chef des modalités de leur coopération avec eux. Nous sommes en train de lancer des consortiums socialistes, composés des compagnies susceptibles de répondre au plus vite aux besoins de nos pays en biens de haute technicité. De telles compagnies sont en cours d'instauration dans les branches des services, de la construction et des transports. L'Union soviétique est prête à leur passer quelques commandes lucratives. Nous sommes également prêts à envisager la possibilité d'intégrer des hommes d'affaires occidentaux à l'activité de ces compagnies.

Nous espérons accélérer le processus d'intégration au cours des années qui viennent. A cette fin, le Comecon devrait se polariser de plus en plus sur deux domaines primordiaux.

Premièrement, il va devoir coordonner les politiques économiques, élaborer des programmes à long terme pour la coopération dans certains domaines cruciaux et promouvoir de vastes projets et programmes communs de recherches et d'ingénierie. Ce faisant, il est possible et il serait judicieux de coopérer avec des pays non socialistes et leurs organisations, essentiellement la C.E.E.

En second lieu, le Comecon se polarisera sur le développement et la coordination de règles normatives pour le mécanisme d'intégration, ainsi que sur les conditions économiques et légales d'établissement de liens de coopération directs, y compris évidemment la fixation des prix.

Nous voulons que le Comecon ait moins de réglementations administratives, moins de comités et de commissions, et qu'il prête une plus grande attention aux incitations économiques, aux initiatives, à l'esprit d'entreprise socialiste, et à l'accroissement de l'implication des collectif de travail dans le processus de production. Nos amis et nous estimons que le Comecon doit se débarrasser d'un excès de paperasserie et de pagaille bureaucratique.

En aucune façon le Comecon n'empiète sur l'indépendance d'aucun État membre et sur son droit souverain de gérer ses ressources propres et ses capacités, comme à assurer de son mieux le bien-être de son peuple. Il n'est pas un organisme supranational. Pour le processus de décision, il s'en tient au principe du consensus, plutôt qu'à celui du vote à la majorité. Le seul point important est que le manque de désir d'un pays quelconque ou son absence d'intérêt pour un projet ne doit pas être un frein pour les autres. Celui qui veut participer est libre de le faire; dans le cas contraire, il peut toujours attendre de voir comment s'en sortent les autres. Chaque pays est libre de décider s'il est prêt à telle ou telle coopération et jusqu'à quel point il veut s'y impliquer. Je crois que c'est la seule méthode valable.

Nous avons également une tâche de grande ampleur concernant la coopération dans le domaine intellectuel. Un changement s'impose là aussi. En fait, chaque pays socialiste est un laboratoire qui teste les diverses formes et méthodes d'effort de construction socialiste. C'est pourquoi, de notre point de vue, l'échange d'expériences assorti de la récapitulation de telles expériences acquiert une signification grandissante.

Nous autres communistes soviétiques, lorsque nous envisageons l'avenir du socialisme, nous partons de l'idée de Lénine selon laquelle cet avenir se créera à travers une série d'efforts réalisés par divers pays. C'est pourquoi nous croyons naturellement qu'un bon moyen de juger du sérieux d'un parti au pouvoir est de regarder quel usage il fait de sa propre expérience, ainsi que de celle de ses amis et de l'expérience globale du monde. Quant à la valeur de cette expérience, nous en avons sous la main un critère : la pratique sociale et politique, les résultats du développement social et de la croissance économique, et le renforcement du socialisme dans les faits. Nos scientifiques, notre presse et nos spécialistes sont en train d'analyser l'expérience des pays frères bien plus activement et sur une bien plus vaste échelle de manière à pouvoir l'appliquer de manière créative aux conditions soviétiques.

De leur côté, ces pays montrent un immense intérêt pour ce qui se produit en U.R.S.S.. J'ai pu le constater lors de mes rencontres tant avec les dirigeants des pays socialistes qu'avec les simples citoyens au cours de mes voyages à l'étranger.

En voici une petite illustration. Au cours de ma visite en Tchécoslovaquie, j'ai eu l'occasion de discuter avec des gens dans les rues et dans les usines de Prague; tous me disaient : « Ce que vous êtes en train d'accomplir est très bien ! » Un jeune homme remarqua : « Finalement, cela se résume à dire la vérité, aimer la vérité, et souhaiter aux autres la vérité" ». A quoi j'ai ajouté : « Et agir en accord avec la vérité. C'est la science la plus difficile. » Je poursuivis ainsi : « La vie est plus dure que n'importe quelle école; on n'obtient rien facilement. Parfois il faut battre en retraite, pour ensuite avancer. C'est épuisant de penser, analyser et ré-analyser, mais cela ne doit pas faire peur. »

La conclusion générale de la direction soviétique est que nous pouvons parvenir à un nouveau stade dans les relations entre pays socialistes en développant les liens entre collectifs de travail et individus par le biais d'échange d'expériences. Nos liens dans toutes les sphères deviennent plus vigoureux. Nous avons pris un bon départ. Le solide réseau de contacts au sein du Parti, de l'État et des organismes publics joue un rôle important, voire décisif, dans la coopération entre pays frères. Nous avons différents types de contacts — depuis ceux entre les entreprises, les équipes de travail, les familles, les organisations d'enfants et de jeunesse, les universités et les écoles, les associations créatives, les personnalités culturelles, et les individus, jusqu'aux relations d'affaires permanentes entre fonctionnaires des services, membres des gouvernements et secrétaires des Comités centraux.

Quelques mots de nos relations avec la République populaire de Chine, où des idées intéressantes et à bien des égards fructueuses sont en cours de réalisation dans le processus des « quatre modernisations ». Nous considérons la Chine comme une grande puissance socialiste et prenons des mesures décisives pour garantir le développement des relations sino-soviétiques dans un esprit de bon voisinage et de coopération. Des progrès manifestes ont déjà eu lieu. Nous croyons que la période d'aliénation est passée. Nous invitons nos camarades chinois à œuvrer avec nous au développement de bonnes relations entre nos deux pays et nos deux peuples.

Le stade actuel du développement historique impose une exigence stricte aux États socialistes : celle de suivre le rythme, de progresser vers les positions les plus en pointe dans l'économie, les science et la technologie, et de démontrer de manière convaincante l'attrait du mode de vie socialiste.

Nous avons été francs et auto-critiques dans notre description du développement passé et nous avons endossé notre part de responsabilité dans les échecs de la communauté socialiste. Nos amis ont été prompts à répondre. Ceci a ouvert la voie pour restructurer les relations, les amener à un échelon nouveau, contemporain.

Ensemble, nous avons accompli beaucoup ces dernières années, dans la politique, l'économie et l'échange d'information. Si tout n'est pas encore couronné de succès, nous n'en sommes pas inquiets pour autant. Nous travaillons avec obstination, explorant de nouvelles approches. Le principal est que nous sommes convaincus de l'importance de la coopération et de la nécessité de l'accroître. Au stade actuel de l'histoire, qui en arrive effectivement à un moment décisif, les partis au pouvoir dans les pays socialistes sont conscients de l'étendue considérable de leur responsabilité, nationale comme internationale, et cherchent en permanence de nouveaux moyens d'accélérer le développement social. Un infléchissement vers le progrès scientifique et technique, des efforts créatifs populaires et le développement de la démocratie, voilà ce qui garantit que, dans la période qui s'ouvre, et contrairement aux prévisions des prophètes de mauvais augure, le socialisme révèlera plus complètement ses potentialités.

Les changements révolutionnaires deviennent partie intégrante du vaste monde socialiste. Ces changements prennent de l'ampleur. Ceci s'applique aux pays socialistes mais constitue également une contribution au progrès de la civilisation du monde.

CHAPITRE V

## Le Tiers-Monde dans la communauté internationale

L'émergence sur la scène internationale de plus de cent pays d'Asie, d'Afrique et d'Amérique latine, qui se sont embarqués dans la voie du développement indépendant, est l'une des grandes réalités de notre monde contemporain. Nous saluons ce phénomène du XXe siècle. Voici un monde immense et divers, aux vastes intérêts, confronté à des problèmes difficiles. Nous avons pris conscience que le développement de ce monde sera déterminant pour l'avenir de la civilisation.

La responsabilité à l'égard de ces dizaines de pays avec leurs population totale de millions et de millions d'hommes est immense. Car la responsabilité de maîtriser leur énorme potentiel au bénéfice du progrès mondial, ne repose pas entre leurs seules mains.

D'un côté, le Tiers-Monde nous offre des exemples de croissance économique rapide, quoique irrégulière et douloureuse. Nombre de pays se transforment en États industrialisés modernes et plusieurs sont en train de devenir des grandes puissances. La politique indépendante de la plupart des États du Tiers-Monde, qui repose sur leur dignité nationale acquise, influe de plus en plus sur l'ensemble des affaires internationales.

D'un autre côté, la pauvreté, les conditions de vie inhumaines, l'analphabétisme et l'ignorance, la malnutrition et la faim, la mortalité infantile et les épidémies restent le lot quotidien pour les deux milliards et demi d'habitants des anciennes colonies et semi-colonies. Telle est l'amère vérité. A l'aube des années quatre-vingts, le revenu par habitant dans les pays du Tiers-Monde est onze fois plus faible que celui des pays capitalistes industrialisés. Et ce fossé s'agrandit au lieu de se réduire.

Néanmoins, les États occidentaux riches continuent à recueillir leur « tribut » néo-colonialiste. Rien que dans la dernière décennie, les profits que les corporations américaines ont ponctionné dans ces pays en voie de développement ont représenté le quadruple de leurs investissements. Les Américains peuvent qualifier cela d'affaire rentable. Nous apprécions autrement la situation. Mais j'y reviendrai plus loin.

Les pays en voie de développement portent le fardeau d'une énorme dette extérieure. Quand elle se combine au volume des profits retirés annuellement, la dette croissante n'offre que de tristes perspectives de développement, assorties de l'inévitable aggravation de problèmes sociaux, économiques et autres, déjà extrêmement cruciaux.

Il me revient une conversation que j'ai eue avec le président Mitterrand. Elle se résumait à ceci : à l'évidence, chaque entreprise capitaliste recherche le profit maximal. Toutefois, un capitaliste ou une compagnie sont forcés, essentiellement sous la pression des travailleurs, de tenir compte du fait que, si l'entreprise veut effectivement fonctionner, il est impératif que les revenus garantis des employés, si bas fussent-ils, restent malgré tout suffisants pour leur permettre de restaurer leur capacités de production, préserver leur santé, améliorer leur qualification et élever leurs enfants. Le capitaliste est forcé d'agir ainsi, conscient que ce faisant, il garantit également pour lui-même son profit pour aujourd'hui et pour demain. Mais pris dans son ensemble, le capitalisme représenté par les pays occidentaux ne veut même pas admettre cette simple vérité dans ses rapports avec ses anciennes colonies. Le capitalisme a conduit ses relations économiques avec l'Asie, l'Afrique et l'Amérique latine au point où des nations entières sont condamnées à la stagnation économique, incapables de répondre à leurs besoins les plus essentiels et embourbées dans une dette monstrueuse.

Ces pays seront incapables, évidemment, de rembourser leur dette dans les conditions actuelles. Si l'on ne trouve pas une solution équitable, tout peut arriver. La dette des pays en voie de développement s'est transformée en une espèce de bombe à retardement. La détonation d'une telle bombe pourrait avoir des conséquences abominables. On risque une explosion sociale d'une force destructive terrifiante.

La dette des pays en voie de développement est le problème le plus grave de notre planète. Il ne date pas d'aujourd'hui. Mais on l'a soit écarté, soit négligé, soit traité en se cantonnant aux généralités. Les dirigeants occidentaux sous-estiment le danger; ils refusent de voir la gravité des bouleversements économiques qui peuvent se produire. C'est pourquoi ils proposent des demi-mesures visant à sauver la situation avec des palliatifs. On note un refus manifeste à prendre des mesures réelles, concrètes pour normaliser la coopération économique avec les pays en voie de développement.

Des efforts massifs sont nécessaires si l'on veut des changements authentiques et l'instauration d'un nouvel ordre économique mondial. La route sera longue et dure et l'on doit se préparer à négocier des virages imprévus. La restructuration des relations internationales exige que l'on considère les intérêts de tous les pays, elle requiert un équilibre de ces intérêts. Nombreux sont pourtant ceux qui se refusent à la moindre concession.

*Les conflits régionaux*

L'état critique des pays en voie de développement est la véritable raison de bien des conflits en Asie, en Afrique et en Amérique latine. Discutant de ce point avec le président Reagan lors de notre rencontre à Genève, je lui ai dit qu'en tout premier lieu, on devait prendre conscience de l'origine des conflits régionaux.

La vérité est que, même s'ils sont dissemblables dans leur essence et dans la nature des forces en présence, ils naissent en général sur le terrain local, et résultent de conflits internes ou régionaux engendrés par le passé colonial, les nouveaux processus sociaux, la répétition d'une politique prédatrice, voire les trois à la fois.

Crises et conflits nourrissent le terrorisme international. L'Union soviétique rejette le principe du terrorisme et est prête à coopérer énergiquement avec les autres États pour éradiquer ce fléau. Il est opportun de concentrer ce travail entre les mains de l'ONU. Il serait utile d'instaurer sous son égide un tribunal chargé d'instruire les actes de terrorisme international. A l'occasion d'un dialogue bilatéral avec les pays occidentaux (au cours de l'année passée, nous avons eu de nombreux échanges de vue sur ce thème avec les États-Unis, la Grande-Bretagne, la France, l'Allemagne fédérale, l'Italie, le Canada et la Suède), nous sommes tombés d'accord sur l'élaboration de mesures effectives pour combattre le terrorisme. Nous sommes prêts à conclure des accords bilatéraux particuliers. J'espère que ce front commun face au terrorisme international s'élargira dans les années qui viennent. Mais une chose reste incontournable : si le terrorisme doit être éradiqué, il est impératif d'éliminer les raisons qui engendrent conflits et terrorisme.

J'ai souvent rencontré des dirigeants politiques occidentaux qui voient dans l'existence même de conflits régionaux la marque de « l'activité conspiratrice du Kremlin ». Qu'en est-il exactement ?

Au Moyen-Orient, un conflit est en cours entre Israël et ses voisins depuis de nombreuses années. On fait de Moscou le coupable, puisqu'il s'oppose invariablement à l'expansion d'Israël et vient à la rescousse des droits souverains des peuples arabes, y compris le peuple arabe de Palestine. On attribue à l'Union soviétique d'imaginaires préjugés anti-israéliens, bien que notre pays ait été parmi les premiers à promouvoir la formation de l'État d'Israël.

On doit discuter sérieusement des choses sérieuses. Le Moyen-Orient est un nœud compliqué où s'enchevêtrent les intérêts de nombreux pays. La situation sur place demeure dangereuse. Nous croyons qu'il est important pour l'Est comme pour l'Ouest de défaire ce nœud; c'est important pour le monde entier. Mais on voit également défendre la thèse selon laquelle les problèmes du Moyen-Orient sont dans l'ensemble impossibles à résoudre. Il est difficile même de comprendre une telle position et il est encore plus impossible de la partager pour des raisons tant politiques que morales. Logiquement, la seule conclusion qu'on pourrait en tirer est que la situation ne pourra qu'empirer, que vont s'ouvrir fatalement de nouvelles hostilités, avec encore de nouvelles souffrances pour les peuples de la région.

Ne serait-il pas préférable de prendre une position active et de soutenir les efforts de ceux qui cherchent les moyens de résoudre l'impasse du Moyen-Orient par un simple règlement politique ?

Nous comprenons que, dans les circonstances actuelles, il soit difficile de réconcilier les intérêts des camps en conflit. Pourtant, il est essentiel d'essayer de réduire à un dénominateur commun les intérêts des Arabes, d'Israël, de ses voisins et des autres états. Cependant, nous ne voulons pas du tout que le processus de règlement ou les objectifs mêmes de ce processus aillent en quelque manière à l'encontre des intérêts des États-Unis et de l'Occident. Loin de nous l'intention de pousser du coude les États-Unis hors du Moyen-Orient — ce serait tout bonnement irréaliste. Mais les États-Unis, de leur côté, ne devraient pas non plus viser des objectifs irréalistes.

Le plus important en l'affaire est de prendre en considération les intérêts de toutes les parties. Plus précisément, je fais allusion à notre initiative, déjà ancienne, de réunir une conférence internationale sur le Moyen-Orient. J'avais mentionné ce point dans une conversation avec Jimmy Carter. Il a fallu aux Américains dix ans pour voir, à partir de leur propre expérience — encore auraient-ils pu s'inspirer de celle de leurs prédécesseurs — que des accords séparés sont improductifs. Ce n'est que récemment, après avoir traversé une « réorientation », que Washington semble évoluer vers une évaluation plus réaliste de la situation et revenir à une discussion plus large de ces problèmes.

Il est essentiel de faire décoller les négociations. Celles-ci devraient également inclure les contacts bilatéraux et multilatéraux déjà engagés, et s'orienter vers la recherche plus vigoureuse d'un juste règlement politique.

Si la conférence ne se révèle pas un paravent pour des accords et des mesures séparés, si elle vise un authentique règlement au Moyen-Orient en tenant compte des intérêts des pays arabes, sans oublier ceux d'Israël et des Palestiniens, nous sommes pour notre part prêts à fournir toute l'assistance souhaitable et prendre une part active à toutes les étapes de la conférence. Et à le faire de manière constructive.

Je voudrais souligner que dans cette affaire, nous ne nourrissons aucune hostilité de principe à l'égard d'Israël. Nous reconnaissons son droit légitime à l'existence. Toutefois, dans la situation actuelle et à la lumière des actes commis par Israël, nous ne pouvons accepter de nouer des relations diplomatiques. Si, néanmoins, la situation devait changer, si nous voyons la possibilité d'une normalisation et d'un règlement au Moyen-Orient, nous pourrons reconsidérer la question. Nous n'avons en l'occurrence aucuns blocages. Quant aux contacts existant déjà entre nos deux pays, nous n'y renoncerons pas.

Prenons une autre région explosive : l'Amérique centrale. Quel est ici l'enjeu du conflit ? Le régime impopulaire de Somoza a été renversé au Nicaragua, et la révolution populaire est sortie victorieuse. Là aussi, on a déclaré ex- abrupto que la révolution sandiniste était l'« œuvre de Moscou et de Cuba ». Telle est le prétexte idéologique classique, éculé, pour mener une guerre non déclarée contre un petit pays dont la seule « faute » est de vouloir vivre selon sa voie propre, sans ingérence de l'extérieur. Incidemment, ce qui s'est produit au Nicaragua montre à quoi l'on peut s'attendre dans les autres pays. Nous trouvons ridicules ces allégations selon lesquelles le Nicaragua « menaçerait » la sécurité des États-Unis, selon lesquelles des bases militaires soviétiques y seraient en construction, bases, paraît-il, connues des Américains mais dont, pour ma part, je n'ai jamais entendu parler.

Nous avons eu, Margaret Thatcher et moi, un débat animé sur ce point. Je lui ai dit que des conditions d'existence insupportables avaient forcé les Nicaraguayens à entreprendre la révolution. Ces conditions avaient été créées par les amis américains des Anglais qui avaient fait de toute l'Amérique centrale leur arrière-cour, pillant impitoyablement ses ressources pour s'étonner après que les gens se révoltent. Ce qui s'est produit au Nicaragua est l'affaire des Sandinistes et du peuple nicaraguayen. Notre discussion fut très directe. Je demandai à Mme Thatcher : « Vous nous accusez de solidarité avec le Nicaragua mais considérez-vous normal de prêter assistance à l'apartheid, aux racistes ? L'image que vous avez aux yeux de l'opinion publique mondiale ne vous préoccupe-t-elle pas ? Nous sympathisons avec les mouvements de libération des peuples qui luttent pour la justice sociale tandis que vous, à ce qu'il me semble, n'en faites rien. C'est là que nos méthodes divergent. »

Franchement, si les États-Unis laissaient en paix le Nicaragua, ce serait mieux pour les États-Unis eux-mêmes, pour les Latino-Américains et pour le reste du monde.

On ne peut mettre de côté les problèmes explosifs; ils ne disparaîtront pas tout seuls. La situation en Afrique du sud est depuis longtemps très tendue. La population sud-africaine s'oppose aussi bien à l'apartheid qu'au régime oppressif immoral dont l'isolement grandit sur la scène internationale. Mais nombreux sont en Occident ceux qui, là aussi, voient un complot communiste et l'influence de Moscou derrière cette situation conflictuelle, bien qu'il n'y ait pas trace d'une présence soviétique en Afrique du sud, alors qu'on ne peut en dire autant des États-Unis et de leurs alliés.

La même chose est vraie de la situation dans la région du Golfe. L'analyse que fait l'Union soviétique de la situation et des raisons de son exacerbation est connue, elle est exprimée dans des déclarations officielles. Le Conseil de sécurité des Nations-unies a adopté une résolution exigeant un cessez-le-feu et un arrêt de toutes les activités militaires, ainsi que le retrait par l'Iran et l'Irak de leurs troupes à l'intérieur de frontières internationalement reconnues. L'Union soviétique a voté cette résolution. Mais les États-Unis, agissant en contradiction avec l'esprit de la résolution du Conseil de sécurité, cherchent un prétexte pour s'immiscer dans le conflit Iran-Irak et renforcer leur présence dans la région du Golfe. Ils allèguent que l'Union soviétique y menacerait les intérêts occidentaux, qui doivent être protégés, et qui plus est, promettent de rester dans le Golfe même après la fin du conflit.

Telle est l'analyse de tous les conflits régionaux vus à travers le prisme de la confrontation américano-soviétique. Nous avons l'impression que les États-Unis ont besoin de conflits régionaux pour se donner toujours une liberté de manœuvre en jouant sur l'argument de la confrontation, et en appliquant une politique fondée sur la force et la propagande antisoviétique. L'Union soviétique, pour sa part, soutient qu'on ne devrait pas exploiter ces conflits pour attiser la confrontation entre les deux systèmes, surtout lorsque cela implique les États-Unis et l'U.R.S.S.

Puisque nous avons abordé la question des conflits régionaux, le lecteur peut se demander ce que je pense de l'affaire afghane. Sans doute n'est-il pas de notoriété publique que l'Afghanistan fut le premier pays avec lequel l'Union soviétique ait établi des relations diplomatiques. Nous avons toujours été en termes amicaux avec ce pays, avec ses rois et ses chefs tribaux. Sans aucun doute, l'Afghanistan a-t-il connu quantité de problèmes dûs à son retard extrême, retard qui découlait d'ailleurs largement de l'emprise britannique. Par conséquent, il n'était que naturel que nombre d'Afghans aient désiré aider leur peuple à surmonter ses structures médiévales, moderniser l'État et les institutions publiques, accélérer le progrès. Mais sitôt que des changements progressifs furent lancés, les factions impérialistes commencèrent à faire pression sur l'Afghanistan de l'extérieur. Aussi, s'en tenant aux termes du traité soviéto-afghan, les dirigeants de ce pays ont-ils demandé son aide à l'Union soviétique. A onze reprise, ils se sont adressés à nous avant que nous consentions à faire entrer dans ce pays un contingent militaire limité.

Nous voulons voir revenir nos soldats le plus tôt possible. Dans ses grandes lignes, la question a été réglée. Mais elle demeure reliée à l'obligation d'aplanir la situation politique autour de l'Afghanistan. Nous soutenons la politique de réconciliation nationale engagée par la direction actuelle de ce pays. L'Union soviétique veut un Afghanistan indépendant, souverain et non-aligné, comme naguère. C'est le droit souverain de la nation afghane de décider quelle route elle veut prendre, quel gouvernement elle veut avoir et quels programmes de développement elle veut engager. Et l'ingérence américaine ne fait que retarder le retrait de nos troupes, entraver la mise en œuvre d'une politique de réconciliation nationale et, par conséquent, le règlement de toute l'affaire afghane. Et la livraison de missiles Stinger aux bandes contre-révolutionnaires qui s'en servent pour abattre des appareils civils est tout bonnement immorale et totalement injustifiable.

*Les nations ont le droit de choisir leur propre mode de developpement*

Chaque nation est en droit de choisir son propre mode de développement, de disposer de son destin, de son territoire, de ses ressources humaines et naturelles. On ne pourra jamais normaliser les relations internationales si tous les pays ne comprennent pas cela. Car les différences idéologiques et sociales, les différences entre systèmes politiques sont le résultat de choix fait par les peuples. Un choix national ne devrait pas être exploité dans les relations internationales pour engendrer des tendances et des événements susceptibles d'induire conflits et confrontations militaires.

Il est grand temps que les dirigeants occidentaux mettent de côté la psychologie et les notions héritées de l'époque coloniale. Ils devront le faire tôt ou tard. Tant que l'Occident persistera à voir dans le Tiers-Monde sa sphère d'influence, et tant qu'il persistera à y exercer sa domination, les tensions subsisteront et de nouveaux foyers apparaîtront à mesure que s'accroît la résistance anti-impérialiste.

Nos adversaires occidentaux n'aiment pas qu'on leur parle ainsi. Ils perdent contenance et s'indignent quand nous appelons un chat un chat. Ils interprètent nos analyses comme un empiètement sur les liens traditionnels entre les États-Unis et l'Europe occidentale d'un côté, et les pays en voie de développement de l'autre. Ils disent que nous voulons voir décroître le niveau de vie dans les pays capitalistes.

J'ai déjà expliqué à maintes reprises que nous ne poursuivons pas d'objectifs inamicaux envers les intérêts de l'Occident. Nous savons l'importance qu'ont le Moyen-Orient, l'Asie, l'Amérique latine, d'autres régions du Tiers-Monde, et aussi l'Afrique du sud, pour les économies d'Amérique et d'Europe occidentale, en particulier comme sources de matières premières. Couper ces liens est la dernière chose que nous voulons, et nous n'avons aucun désir de provoquer la rupture d'intérêts économiques mutuels consacrés par l'histoire.

Mais il est grand temps de reconnaître aux nations du Tiers-Monde le droit d'être leurs propres maîtres. Elles ont gagné leur indépendance politique après de longues années de lutte difficile. De même, elles veulent obtenir leur indépendance économique. Les dirigeants de ces pays — j'en ai personnellement rencontré beaucoup — apprécient le soutien de leur peuple et veulent faire quelque chose pour lui. Ils veulent pour leur pays une indépendance authentique et une coopération avec les pays tiers sur un plan d'égalité. Le désir de ces nations de consacrer leurs vastes ressources humaines et naturelles au progrès national est compréhensible. Elles veulent vivre tout autant que les pays développés. Or, leur lot aujourd'hui, c'est la sous-alimentation et la maladie. Les États développés exploitent ces nations dont les ressources viennent gonfler leur revenu national selon un canal d'échange non équitable. Les pays en voie de développement ne tolèreront plus longtemps encore cette situation.

Telle est la réalité contemporaine que certains en Occident n'ont pas envie de prendre en considération, même s'ils la connaissent parfaitement. Mais c'est une chose dont il faut tenir compte, surtout quand des dizaines de pays sont concernés.

Plus tôt chacun se sera imprégné de cette réalité, sur tous les continents, et plus tôt les relations internationales deviendront normales. Ainsi la situation globale s'améliorera-t-elle. C'est crucial. C'est même le problème clé.

Il est grand temps d'envisager le problème à l'échelle globale, de chercher le moyen de le résoudre sur la base d'un équilibre des intérêts et de trouver les formes institutionnelles capables de le régler dans le cadre de la communauté internationale. Les Nations-unies sont le meilleur forum pour en débattre. Nous préparons nos propositions en ce sens. J'en ai informé le Secrétaire général de l'ONU, Perez de Cuellar, lors de notre rencontre. Il a approuvé cette idée de porter le débat devant les Nations-unies.

La plupart des pays développés adhèrent à une politique de non-alignement. Le mouvement non-aligné s'est développé sur cette plate-forme pour réunir plus de cent pays, qui représentent l'esssentiel de la population mondiale. Le mouvement est devenu une force puissante et un élément majeur dans les affaires mondiales. Il contribue à établir une nouvelle forme de relations internationales, quels que soient les nuances et les traits spécifiques qu'il possède. Le mouvement des non-alignés incarne le désir des nations récemment libérées de coopérer avec les autres sur une base égalitaire et de bannir des relations internationales diktats et tentatives hégémonistes. L'Union soviétique apprécie les buts du mouvement et en est solidaire.

Très récemment, un bon nombre de pays non-alignés ont estimé que le désarmement et l'élimination des arsenaux nucléaires étaient la prérogative des superpuissances, les États-Unis et l'Union soviétique, et concernaient peu les pays en voie de développement.

Malgré tout, le mouvement a fait preuve d'une compréhension approfondie des interconnexions entre désarmement et développement lors de la huitième conférence des chefs d'État et de gouvernement des pays non alignés qui s'est tenue à Hararé. Sa position officielle s'y est exprimée : une position bien ancrée. Si la course aux armements est interrompue et le désarmement effectué, suffisamment de fonds seront dégagés pour régler les problèmes les plus graves du Tiers-Monde.

J'ai discuté de cette relation entre désarmement et développement avec M. Perez de Cuellar. Nous sommes convenus que la question méritait d'être examinée de près par les Nations-unies. L'Union soviétique a mis sur la table des propositions spécifiques lors de la conférence des Nations-unies sur les relations entre désarmement et développement. On ne peut que regretter que les États-Unis aient refusé de prendre part à cette conférence.

Aujourd'hui, il n'y a pas que les seuls pays socialistes mais également bon nombre d'États capitalistes pour estimer que le mouvement des non-alignés constitue un facteur positif d'envergure dans la politique mondiale. L'Union soviétique s'en félicite et le prend en compte dans sa politique étrangère.

### *Le nœud Asie-Pacifique*

L'Orient, en particulier l'Asie et la zone pacifique est désormais le lieu où la civilisation est en train de presser le pas. Dans le cours de son développement, notre économie se déplace vers la Sibérie et l'Extrême-Orient. Nous avons par conséquent un authentique intérêt à promouvoir la coopération Asie-Pacifique.

L'Union soviétique est un pays aussi asiatique qu'européen et elle désire veiller à ce que cette vaste zone de l'Asie-Pacifique, la région où se jouera sans doute la politique mondiale le siècle prochain, dispose de tout ce qu'il lui faut pour améliorer sa situaton, et que soient scrupuleusement pris en compte les intérêts de tous les États et leur équilibre. Nous sommes opposés à ce que cette région soit la chasse gardée de quiconque. Nous voulons pour tous une authentique égalité, la coopération et la sécurité.

En Asie, la question de la paix n'est peut-être pas moins aiguë et douloureuse, et dans certains secteurs, clle l'est même plus que dans les autres régions du monde. Naturellement, l'Union soviétique, l'Inde et les autres États, soucieux de ce problème, ont engagé diverses initiatives au cours des années passées. La plus connue parmi celles-ci est la proposition de faire de l'Océan indien une zone de paix. Elle a été soutenue par l'Assemblée générale de l'ONU et le mouvement des non-alignés.

Un engagement à ne pas utiliser en premier l'arme nucélaire, décidé par l'URSS et la République populaire de Chine, est devenu la clé de voûte de la paix en Asie, dans le Pacifique et en fait dans le monde entier.

Quand, en tant que Secrétaire général du Comité central du PCUS, j'ai pour la première fois rencontré le Premier ministre de la république de l'Inde, Radjiv Gandhi, en mai 1985, je lui ai suggéré que à l'instar d'initiatives antérieures, et dans une certaine mesure, de l'expérience européenne, ce serait une bonne idée d'envisager une approche générale et intégrée du problème de la sécurité en Asie ainsi que la possibilité pour les pays asiatiques de coordonner leurs efforts en ce sens.

L'idée mûrissait lorsque j'ai rencontré les dirigeants des États européens et d'autres personnalités politiques. J'ai, involontairement, comparé la situation en Asie avec celle de l'Europe. Et cela m'a fait penser que la région du Pacifique, de par sa militarisation croissante, avait également besoin d'un sytème de « garde-fous », tels ceux procurés en Europe par les accords d'Helsinki.

Le rapport politique présenté par le Comité central devant le XXVIIe Congrès du PCUS a souligné l'importance croissante dans la politique étrangère soviétique des orientations asiatique et pacifique. Nous avons décidé qu'il convenait de rechercher sans délai des solutions locales, à commencer par une coordination suivie d'un regroupement des efforts pour émettre des propositions politiques concernant ces problèmes délicats, de manière à, parallèlement et sur cette base, au moins désamorcer les confrontations militaires dans plusieurs régions de l'Asie et y stabiliser la situation. J'ai avancé en ce sens des propositions pertinentes à Vladivostok en juillet 1986. Elles concernaient l'érection d'une barrière contre la dissémination et l'installation d'armes nucléaires dans la zone asiatique et pacifique; la réduction des activités navales dans l'Océan pacifique; la réduction des forces armées et des armements conventionnels en Asie et des mesures propres à instaurer la confiance et le non recours à la force dans la région.

Alors en visite dans cette ville, il m'a semblé particulièrement judicieux d'envisager la situation politique mondiale en adoptant le point de vue de la zone Asie-Pacifique. La situation en Extrême-Orient dans son ensemble, en Asie et dans les zones océaniques adjacentes, où nous avons de tout temps vécu et navigué, revêt pour nous un intérêt national primordial. Ici, dans ce vaste espace qui couvre la moitié du globe, on compte quantité de grandes nations, dont l'U.R.S.S., les États-Unis, l'Inde, la Chine, le Japon, le Viêt-Nam, le Mexique et l'Indonésie. On y trouve également des états considérés comme de taille moyenne quoique déjà vastes à l'échelle européenne : les Philippines, l'Australie et la Nouvelle-Zélande avec, parallèlement, des dizaines de petits États dont certains tout-à-fait minuscules.

Incidemment, quelles clameurs n'a pas soulevé mon discours de Vladivostok ! Combien a-t-on entendu d'insinuations sur la décision de l'Union soviétique de « s'attaquer » au Pacifique pour y asseoir son hégémonie et surtout, bien entendu, venir empiéter sur les intérêts américains.

Mais nous avons maintenant l'habitude de ces réactions antédiluviennes à nos initiatives. Toutes nos tentatives, si timides soient-elles, pour établir de bonnes relations, ou simplement des relations diplomatiques ou commerciales avec tel ou tel pays de cette région sont aussitôt revêtues des plus noirs desseins.

Mais quels sont les faits ? Un an après mon voyage en Extrême-Orient soviétique, j'ai accordé une interview au journal indonésien *Merdeka.* Son rédacteur en chef, B.M. Diah, avait tout-à-fait correctement analysé mon discours comme une invitation, adressée à tous les pays de la région, à s'attaquer ensemble à leurs problèmes communs. Mais en énumérant ceux-ci, il avait oublié de citer les États-Unis d'Amérique. Je le lui fis remarquer en disant que nous souhaitions également coopérer avec eux.

Les spéculations selon lesquelles nos activités et notre intérêt dans cette région constitueraient une menace pour les intérêts des autres sont absurdes. Ce que nous avons dit à Vladivostok est l'expression d'une politique mûrement réfléchie. Personne ne devrait s'en inquiéter. Nous déclarons que nous sommes prêts à coopérer avec les États-Unis de la même manière qu'avec le Japon, les pays de l'ASEAN[1], l'Inde et les autres nations. Nous invitons tout le monde à agir de concert pour la paix et le profit de tous.

Dans ma réponse au rédacteur de *Merdeka*, j'ai appuyé nos intentions dans cette région de nouvelles propositions concrètes, la plus significative d'entre elles étant l'élimination de tous les missiles à moyenne portée de la partie asiatique de l'Union soviétique, bien naturellement dans le cadre d'une « option zéro » avec les Etats-Unis.

Notre analyse de cette énorme partie du monde, où se trouvent tant de pays et de peuples différents, est fondée sur la prise en compte et la perception des réalités locales. Nos idées sur les moyens de garantir la sécurité internationale et la coopération pacifique en Asie et dans l'Océan pacifique reposent sur ces réalités et partent de notre désir sincère de bâtir ensemble de nouvelles et justes relations dans cette région.

Un an plus tard, nous étions en mesure de déceler plusieurs tendances positives. Je les ai mentionnées

1) Association des Nations du Sud-Est asiatique : fondée en 1967. Association politico-économique qui regroupe l'Indonésie, la Malaisie, les Philippines, Singapour et la Thaïlande. (N.d.T.)

dans mon entretien avec le rédacteur en chef de *Merdeka*. Mais les complexités et les contradictions n'ont pas diminué et les tendances à la confrontation se développent. Ce qui nous a incités à proposer des mesures complémentaires destinées à réduire les tensions en Asie et dans le Pacifique, mesures qui approfondissent et précisent les initiatives de Vladivostok.

Nous observons avec soin les positions et les initiatives prises par les États situés dans cette partie du monde. Des idées originales et constructives sont apparus récemment et circulent lors de contacts régionaux. Les traits spécifiques de la vision du monde qu'ont les gens vivant là-bas, leur expérience historique et politique comme leur identité culturelle peuvent être d'un grand secours pour résoudre les problèmes de la région et peuvent fort bien susciter des idées intelligibles et acceptables par tous.

Nous avons été impressionnés par la contribution croissante de l'ASEAN aux affaires internationales. Nous sommes prêts à intensifier nos relations avec chacune des nations de l'ASEAN et avec cette organisation en bloc, tout en respectant la contribution indépendante faite par chaque pays membre, à titre individuel ou collectif, pour améliorer la situation internationale.

Pourquoi évoqué-je l'importance d'une ligne indépendante suivie par des pays à titre indivuel ou bien en groupes ? Ce n'est pas parce qu'en soutenant une telle ligne, nous escomptons agir au détriment de la partie adverse mais parce qu'on ne pourra établir de nouvelles relations internationales que sur la seule base d'une ligne indépendante. Jusqu'à présent, les relations internationales ont pour l'essentiel dépendu des initiatives d'un certain nombre de pays ou groupes de pays. Cela n'a rien fait pour améliorer la situation mondiale. Tous les hommes politiques sérieux devraient savoir tirer cette leçon du passé. On ne pourra bâtir de relations nouvelles dans notre monde complexe, et dans une région aussi délicate que la zone de l'Asie et du Pacifique, qu'en suivant la voie d'une coopération où seront réunis les intérêts de tous les États. Cette forme de relations héritée du passé, avec une métropole d'un côté et des colonies de l'autre, a fait son temps. Elle doit céder la place à un nouveau type de rapports.

On a beaucoup commenté la suggestion d'organiser dans un avenir prévisible une conférence du Pacifique avec tous les pays gravitant autour de l'Océan. Cette idée avait été avancée à titre d'hypothèse de travail ou, pour être précis, d'invite à la discussion. La référence faite à cette occasion à Helsinki s'explique par le fait que la communauté internationale n'a encore connu aucune autre expérience de cet ordre. Cela ne veut pas dire, toutefois, que le « modèle » européen puisse être transplanté sur le terrain de l'Asie-Pacifique. Mais de nos jours, toute expérience internationale possède un certain nombre de traits généraux, globaux.

Parmi les questions que m'avait posées le journal *Merdeka*, il y avait celle-ci : « Comment envisagez-vous le rôle de l'U.R.S.S. dans le développement de la coopération économique régionale ? » En harmonie avec le concept d'accélération de la croissance économique et sociale dans notre pays, nous prêtons une attention toute particulière aux territoires à l'est de l'Oural, dont le potentiel économique est plusieurs fois celui de la partie européenne de l'U.R.S.S. Nous pensons que l'établissement d'entreprises et de sociétés mixtes, en collaboration avec les milieux d'affaires des pays de la zone Asie-Pacifique, pourrait contribuer à l'exploitation des richesses de ces secteurs.

Attentive à l'opinion et aux inquiétudes des pays asiatiques, l'Union soviétique a fait un important pas en avant en acceptant le principe d'une « option double zéro » concernant les missiles à courte et moyenne portée. Nous avons également indiqué que nous étions tout prêts à ne pas accroître le nombre d'avions à capacité nucléaire dans la partie asiatique de notre pays si les États-Unis renonçaient à déployer dans ce secteur de nouvelles têtes nucléaires susceptibles d'atteindre le territoire soviétique. Nous espérons que tout cela donnera un élan au processus de désarmement nucléaire en Asie.

Malgré la complexité et le caractère moucheté du tableau offert par la zone Asie-Pacifique, et malgré l'inégale répartition des zones claires et sombres qu'on y constate, la tonalité générale anti-nucléaire de l'ensemble est évidente. Et il est déjà possible de commencer à se diriger vers l'élimination des armes nucléaires en Asie. Un pas important en ce sens pourrait être, par exemple, la création de zones dénucléarisées. On sait que l'Union soviétique a signé les protocoles du Traité de Rarotonga destiné à établir une telle zone dans le Pacifique sud. Nous soutenons également les propositions des autres pays pour instaurer des zones dénucléarisées en Asie du Sud-est et dans la péninsule coréenne. Une conférence internationale sur l'Océan indien pourrait approfondir la thèse du désarmement nucléaire en cnvisageant de déclarer zone de paix ce secteur du globe.

Nos méthodes concernant le désarmement nucléaire et notre approche du problème en Asie ou en Europe sont identiques. Le désarmement doit être instauré dans le cadre d'un contrôle international strict, incluant l'inspection sur place. Nous demandons instamment aux États-Unis d'entamer des discussions sur les armes nucléaires dans la région

Asie-Pacifique et de résoudre ce problème sur une base d'entente réciproque, en tenant strictement compte des intérêts de tous en matière de sécurité.

Tel est, dans ses grandes lignes, notre conception sur la manière de dénouer la situation nucléaire en Asie. En s'attelant à la question, les États situés dans la région pourraient s'embarquer dans l'édification d'un système de sécurité régionale. Que signifient en fait des relations normales et une situation favorable pour une région peuplée de deux milliards et demi d'habitants ? On pourrait comparer cela à la construction d'une maison, où chacun apporterait sa brique pour élever un édifice de coopération et de compréhension mutuelle, étape par étape, au travers d'un effort commun. C'est un vaste défi, mais il est réalisable.

Les efforts en ce sens entamés par des pays des deux continents — l'Europe et l'Asie — pourraient être conjugués pour devenir un processus commun euro-asiatique qui insufflerait un puissant élan à un système global de sécurité internationale.

Les récents développements nous persuadent de plus en plus qu'il était judicieux et opportun de soulever le sujet de la sécurité dans la zone Asie-Pacifique. Ces derniers temps, on s'est beaucoup intéressé à la recherche des moyens de parvenir à une coopération constructive à l'échelle régionale et continentale. Au surplus, nos relations bilatérales avec certains pays de la zone Asie-Pacifique sont devenues plus dynamiques.

## *Les relations soviéto-indiennes*

L'Inde, notre voisin du sud, est, avec ses huit cents millions d'habitants, une grande puissance. Elle jouit d'une influence primordiale au sein du mouvement des non-alignés comme dans le monde entier et elle représente un facteur crucial pour la paix en Asie et sur la planète.

Les relations soviéto-indiennes se sont développées avec régularité depuis de nombreuses années. J'ai rencontré plusieurs fois le premier ministre de l'Inde, Radjiv Gandhi, à Moscou et à Delhi. Ma visite de 1986 en Inde m'a laissé une impression indélébile. C'est durant celle-ci que nous avons adopté la désormais fameuse Déclaration de Delhi.

L'intérêt planétaire pour le document est naturel. La Déclaration de Delhi est sans précédent. Elle révèle une manière philosophico-politique d'aborder les relations inter-États qui est entièrement neuve. La reconnaissance de la priorité aux valeurs humaines universelles en cette ère spatiale et nucléaire, en constitue la base éthique et philosophique. Bien que le document ait été élaboré par deux pays, sa portée dépasse de loin les frontières régionales et bilatérales.

La naissance même de la Déclaration de Delhi reflète la nature unique des relations soviéto-indiennes. Nous avons des systèmes sociaux différents, mais cela n'empêche pas entre nous un type de coopération qui enrichit spirituellement les deux parties et conduit à une large convergence de vues sur les questions contemporaines. Chaque pays est parvenu par ses propres voies aux perspectives d'ensemble que nous partageons, et chacun a ses propres motivations pour soutenir ces attitudes.

Les relations soviéto-indiennes sont exemplaires à bien des égards : par la diversité de leur contenu politique, économique, scientifique, technique et culturel, par le profond respect et l'attirance qu'ont l'une pour l'autre nos deux nations et par la tonalité générale de nos liens qui reflètent notre confiance réciproque et notre profond désir d'amitié.

Comment est-il possible que l'Inde et l'Union soviétique, deux États aux systèmes sociaux et politiques différents, aient réussi à développer des relations d'une qualité si élevée ? C'est parce que l'un et l'autre fondent leur politique — non pas en paroles, mais dans les actes — sur les principes de la souveraineté, de l'égalité, de la non-ingérence dans les affaires intérieures des autres, et de la coopération. L'un et l'autre reconnaissent le droit de chaque nation à choisir son propre système politique et ses propres schémas de développement social.

Aussi avons-nous toutes les raisons de dire avec une fierté justifiée que l'Union soviétique et l'Inde représentent un exemple de bonnes relations interétats, un exemple à suivre par les autres. Dans nos relations, nous voyons éclore un nouvel ordre mondial dans lequel la coexistence pacifique et la coopération mutuellement profitable fondée sur la bonne volonté seront des normes universelles.

### *A un tournant critique*

J'ai rencontré bon nombre de dirigeants africains au cours des deux ans et demi écoulés (certains plus d'une fois), et j'ai eu avec eux des discussions approfondies : Robert Gabriel Mugabé, Mengistu Haïlé-Mariam, Marcelino dos Santos, Oliver Tambo, Moussa Traoré, Mathieu Kérékou et Chadli Bendjedid, pour n'en citer que quelques-uns. Tous sont des dirigeants dont l'influence nationale est largement reconnue. J'ai retiré de nos entretiens l'impression que l'Afrique est en train de traverser une période active de son développement qui exige beaucoup de responsabilité. L'Afrique est un ferment. Des changements vitaux y sont à l'oeuvre, et cette partie du monde doit affronter quantité de problèmes cruciaux.

Nous ne voyons pas l'Afrique comme un continent homogène où tous les processus déboucheraient sur une seule et unique configuration.

Comme tous les autres pays du monde, chaque pays d'Afrique possède ses traits individuels inimitables et conduit sa politique de son propre chef. Les dirigeants africains sont également différents. Certains sont à la barre depuis relativement longtemps, de sorte qu'ils sont mondialement connus. D'autres ne sont que récemment apparus sur la scène africaine et mondiale et y font encore leurs premières armes.

Nous apprécions à leur juste mesure l'ampleur formidable des tâches auxquelles font face les régimes progressistes d'Afrique. Le fait est que leurs pays ont été historiquement liés à leur ancienne mère-patrie coloniale et que certains d'entre eux continuent même à en dépendre économiquement. Et bien que l'impérialisme fasse tout pour maintenir ses positions par des moyens économiques et financiers, voire par le recours aux armes, ils sont décidés à poursuivre leur chemin vers la consolidation des acquis.

L'Union soviétique soutient ces efforts et ces politiques car seules une souveraineté politique inviolable et l'indépendance économique peuvent fournir une base saine à des relations internationales dans le monde d'aujourd'hui. Chaque nation d'Afrique est légalement en droit de choisir librement son mode de développement, et nous condamnons résolument toute tentative d'ingérence dans leurs affaires intérieures. Nos pays a toujours agi, et continuera d'agir pour soutenir les luttes de libération nationale des nations africaines, y compris celles d'Afrique du sud, où se trouve l'un des derniers bastions du racisme.

Quand j'ai rencontré Oliver Tambo, président de l'ANC, le Congrès national africain, je lui ai dit : « Nous sommes à vos côtés dans votre lutte contre le régime d'apartheid et ses acolytes, pour un État démocratique et un développement indépendant, pour l'égalité de toutes les races et tous les groupes ethniques. Il est significatif que de plus en plus de Sud-Africains blancs condamnent l'apartheid, expriment leur soutien aux objectifs de l'ANC et cherchent à le contacter. Cela prouve une nouvelle fois que l'apartheid n'a aucun avenir. »

Nous avons des liens d'amitiés avec les États sur le front du sud de l'Afrique. Nous soutenons leurs justes revendications et condamnons avec fermeté les menées hostiles de l'Afrique du sud contre eux.

L'Union soviétique n'a aucun intérêt particulier dans le sud de l'Afrique. Nous ne désirons qu'une chose : que les nations et les pays de cette région aient au moins une chance de régler leurs problèmes de développement, leurs affaires intérieures et étrangères dans l'indépendance, la paix et la stabilité.

*Amérique latine : une période de changements décisifs*

Nous suivons également les mêmes principes généraux dans nos relations avec les pays d'Amérique latine. Cette partie du monde a des traditions uniques et possède un vaste potentiel. Ses nations déploient de grands efforts vers un avenir meilleur. Elles veulent concrétiser leurs espoirs malgré tous les écueils. Le chemin de la liberté est toujours pavé d'obstacles mais nous sommes sûrs que l'élan de l'Amérique latine vers le progrès va prendre de la vitesse.

La propagande et les forces de droite aux Etats-Unis décrivent notre intérêt pour l'Amérique latine comme l'intention d'y fomenter une série de révolutions socialistes. Absurde ! Notre conduite depuis des dizaines d'années prouve que nous n'envisageons rien de la sorte. De tels schémas vont à contre-sens de notre théorie, de nos principes et de toute notre conception de la politique étrangère.

Je l'ai dit au président Reagan : « Cela fait des décennies que vous considérez l'Amérique latine comme si elle était le palier de votre porte, et que vous vous comportez en conséquence. Les nations en ont assez. Qu'elles concrétisent leurs aspirations par des moyens pacifiques ou militaires est leur affaire. C'est vous qui avez posé une bombe en Amérique latine sous la forme de cette dette extérieure monstre. Vous feriez bien d'y réfléchir. »

Peut-être que les milieux dirigeants américains comprennent effectivement ce discours mais ils ne l'admettront jamais, car il leur faudrait alors changer leur politique, et tout le monde verrait alors que la fable de la « main de Moscou » est un énorme mensonge.

Nous sympathisons entièrement avec les pays d'Amérique latine dans leurs efforts pour consolider leur indépendance dans tous les domaines et rompre toutes les entraves néo-colonialistes, nous n'en avons jamais fait un secret. Nous apprécions au plus haut point la politique étrangère énergique du Mexique et de l'Argentine, leurs positions responsables sur le désarmement et la sécurité internationale, et leur contribution aux initiatives des Six. Nous soutenons les efforts pour la paix du Groupe de Contadora, les initiatives des chefs d'État d'Amérique centrale, et l'accord de Ciudad Guatemala. Nous saluons les changements démocratiques intervenus dans un grand nombre de pays d'Amérique latine et apprécions le rapprochement croissant des pays de ce continent qui ne pourra que les aider à préserver et renforcer leur souveraineté nationale.

En même temps, j'aimerais souligner une fois encore que nous ne recherchons aucun avantage en Amérique latine. Nous ne voulons pas plus de ses matières premières que de sa main-d'œuvre bon marché. Nous n'allons pas exploiter les attitudes anti-américaines, encore moins les attiser. Cela serait de l'aventurisme, non de la politique sensée, et nous sommes des réalistes, pas des aventuriers excités.

Mais nos sympathies iront toujours vers les nations qui luttent pour la liberté et l'indépendance. Qu'il n'y ait pas de malentendu sur ce point.

*La coopération, pas la confrontation*

C'est ma conviction que la race humaine est entrée dans un stade où nous sommes tous dépendants les uns des autres. Aucun pays, aucune nation ne devrait être considérée isolément des autres, encore moins opposée aux autres. C'est ce que notre vocabulaire communiste appelle l'internationalisme et cela signifie notre vœu de promouvoir les valeurs humaines universelles.

Les milieux dirigeants occidentaux devront bien finir par reconnaître les intérêts des nations du Tiers-Monde. Un jour, j'ai demandé à Gary Hart : « L'Amérique ne peut-elle offrir aux pays en voie de développement une politique différente de celle qu'elle mène aujourd'hui ? Les États-Unis peuvent contribuer grandement à l'édification de nouvelles relations entre États, sans rien perdre du point de vue économique dans l'affaire. Au contraire, l'Amérique a tout à y gagner. Pourquoi les États-Unis rejetteraient-ils l'occasion comme s'ils ne voyaient pas de quel côté est beurrée la tartine ? »

Bien des choses dépendent de la position des États-Unis et de l'Occident dans son ensemble. Par dessus tout, c'est d'eux que dépend la possibilité ou non de dénouer les problèmes du monde moderne et de sortir de l'impasse sur les occasions de développement existantes. Si nous réussissons à édifier de nouvelles relations fondées sur l'égalité et un respect scrupuleux des intérêts de chacun, pourquoi aurions-nous besoin de la machine militaire actuelle qui a été conçue comme un instrument de politique étrangère expansionniste ?

Il est compréhensible que cette machine s'étant construite au long des siècles, il ne soit pas aisé de la détruire du jour au lendemain. Mais nous avons approché le point où nous devons absolument la détruire, car des milliards d'Asiatiques, d'Africains et de Latino-Américains veulent désormais vivre comme des êtres humains. Je suis convaincu que les États-Unis et l'Union soviétique peuvent contribuer grandement à la recherche des moyens d'établir de nouvelles relations planétaires.

Nous en appelons au gouvernement américain pour qu'il nous donne la main afin de rechercher ensemble des solutions aux problèmes du Tiers-Monde. Il y a d'autres voies que la force pour ce faire. Ce que nous proposons est parfaitement réaliste. Les États-Unis devraient trouver un moyen de distraire leur puissance, leur capital — tout ce qui est aujourd'hui mobilisé dans des buts militaires — pour répondre à d'autres exigences, résoudre les problèmes économiques et sociaux du monde moderne. Je reste persuadé que c'est tout-à-fait possible. Mieux encore, les États-Unis pourraient s'adjoindre le concours d'autres pays occidentaux. Et, je le dis, au risque de me répéter, tous ne pourraient qu'y gagner.

CHAPITRE VI

## L'Europe et la politique étrangère soviétique

Qu'on me permette une réflexion personnelle. J'ai effectué mon premier voyage à l'étranger en tant que Secrétaire général du Comité central du PCUS, en France, au mois d'octobre 1985. Près d'un an plus tôt, en décembre 1984, je m'étais rendu en Grande-Bretagne à la tête d'une délégation du Soviet suprême de l'U.R.S.S.. Ces deux voyages m'ont donné beaucoup à réfléchir et, en tout premier lieu, sur le rôle et la place de l'Europe dans le monde.

François Mitterrand a exprimé ce que m'a semblé une idée importante à l'époque : « Pourquoi ne pas envisager la possibilité, m'a-t-il dit, de progrès graduels vers une politique européenne plus vaste ? » Un an plus tard, à Moscou, il disait : « Il est indispensable que l'Europe redevienne réellement le principal protagoniste de sa propre histoire, afin qu'elle puisse jouer dans sa pleine mesure son rôle de facteur d'équilibre et de stabilité dans les affaires internationales. » Mes idées allaient dans le même sens. Des contacts directs avec les dirigeants des deux principaux États d'Europe occidentale, avec des parlementaires et des représentants des partis politiques et des milieux d'affaires, m'ont aidé à me faire une idée plus juste et plus précise de la situation européenne.

Lors du XXVIIe Congrès du PCUS, l'orientation européenne de notre politique étrangère fut qualifiée de particulièrement importante. Nous aimerions que la position de la direction soviétique à l'égard de l'Europe occidentale soit correctement comprise de tous.

Aussi bien avant que depuis le Congrès, j'ai eu des rencontres et des entretiens avec un grand nombre d'éminentes personnalités d'Europe de l'oucst appartenant à différents camps politiques. Ces contacts m'ont confirmé que les États d'Europe occidentale s'intéressent également au développement des relations avec l'Union soviétique. Notre pays tient une place marquante dans leur politique étrangère.

Mais aussi, pourquoi un tel intérêt pour l'Europe ?

*L'héritage et l'histoire*

D'aucuns, à l'ouest, tentent d'« exclure » de l'Europe l'Union soviétique. De temps à autre, comme par inadvertance, ils assimilent « Europe » et « Europe occidentale ».

De telles ruses, toutefois, ne peuvent changer les réalités historiques et géographiques. Les liens commerciaux, culturels et politiques de la Russie avec les autres nations et États européens ont de profondes racines dans l'histoire. Nous sommes des Européens. La Vieille Russie a été unie à l'Europe par le christianisme, et l'on fêtera l'an prochain le millénaire de son arrivée sur la terre de nos ancêtres. L'histoire de la Russie fait partie intégrante de l'histoire de la grande Europe. Les Russes, Ukrainiens, Biélorusses, Moldaves, Lithuaniens, Lettons, Estoniens, Caréliens, et les autres peuples de notre pays ont tous contribué de manière notable au développement de la civilisation européenne. Aussi s'en estiment-ils à juste titre les héritiers légitimes.

Notre histoire européenne commune est complexe et instructive, grande et tragique. Elle mérite qu'on l'étudie et en tire leçon.

Depuis longtemps, les guerres ont constitué les repères dominants dans l'histoire de l'Europe. Au vingtième siècle, ce continent a été le siège de deux guerres mondiales — les plus destructives et les plus sanglantes qu'ait connues l'humanité. Notre peuple a fait les plus grands sacrifices sur l'autel de la lutte de libération contre le fascisme hitlérien. Plus de vingt millions de Soviétiques ont trouvé la mort dans cette guerre terrible.

Si nous rappelons tout ceci, ce n'est aucunement pour déprécier le rôle joué par les autres nations d'Europe dans leur combat contre le fascisme. Le peuple soviétique respecte la contribution apportée par tous les États de la coalition anti-hitlérienne et par les combattants de la Résistance dans la défaite contre la vermine fasciste. Mais jamais nous ne pourrons accepter l'opinion que l'Union soviétique aurait rejoint le combat contre l'Allemagne nazie en 1941 «seulement», quand les autres auraient auparavant dû combattre Hitler «tout seuls».

Lorsque Mme Thatcher me fit une remarque en ce sens, j'objectai en lui rappelant que l'Union soviétique avait lutté politiquement contre le fascisme depuis 1933 et, à partir de 1936, avec les armes aussi, en aidant le gouvernement républicain espagnol. Quant au pacte de non-agression avec l'Allemagne, dont le sens est constamment déformé par nos adversaires, on aurait pu l'éviter, comme tant d'autres choses, si les milieux dirigeants en Angleterre et en France avaient à l'époque accepté de coopérer avec l'Union soviétique contre l'agresseur.

Et qui a livré la Tchécoslovaquie aux Nazis ? Au retour de Munich, Chamberlain annonça qu'il avait ramené la paix au peuple britannique mais dans les faits, il en alla tout autrement : c'est la guerre qu'il leur avait ramenée. Et cela, essentiellement parce que les dirigeants britanniques n'avaient alors qu'une seule idée en tête : par quel moyen retourner Hitler vers l'est, contre l'Union soviétique, et par quel moyen écraser le communisme.

Je ne veux pas simplifier les choses car les nations d'Europe orientale ont elles aussi reçu un héritage difficile. Prenons, par exemple, les relations entre la Russie et la Pologne. Des siècles durant, elles ont été compliquées par la lutte entre les classes dirigeantes des deux pays. Rois et tsars poussaient, qui les Polonais à combattre les Russes, qui les Russes à combattre les Polonais. Toutes ces guerres, cette violence et ces invasions ont empoisonné l'âme des deux peuples et suscité une animosité réciproque.

Le socialisme a marqué un tournant radical dans l'histoire séculaire de cette partie du monde. La défaite du fascisme et la victoire des révolutions socialistes dans les pays d'Europe de l'Est ont créé une situation nouvelle sur le continent. Une force puissante a émergé, qui s'est donnée pour objectif de briser l'enchaînement sans fin des conflits armés. Et aujourd'hui les peuples d'Europe sont entrés dans leur cinquième décennie sans guerre.

Dans le même temps, l'Europe demeure l'arène de vives confrontations idéologiques, politiques et militaires. Certains font remonter la division de l'Europe à Yalta et Potsdam, mettant en cause les accords historiques signés dans ces deux villes. Mais c'est renverser la logique des faits.

Yalta et Potsdam ont établi les bases du compromis d'après-guerre en Europe. Ils sont vitaux en ce qu'ils furent des accords essentiellement anti-fascistes, démocratiques. Ils ont permis l'élimination de l'« ordre nouveau » hitlérien, qui avait privé des nations et des États entiers de leur indépendance et même d'un espoir de liberté et de souveraineté. La logique de la pensée politique ancienne a conduit à la division de l'Europe en deux blocs militaires mutuellement opposés. Une version de l'histoire circule à l'ouest selon laquelle l'Europe a été coupée en deux par les communistes. Mais le discours de Fulton de Churchill ? Et la doctrine de Truman ? La division politique de l'Europe a été engagée par ceux-là mêmes qui ont amené la désintégration de la coalition anti-hitlérienne, instauré la Guerre froide contre les pays socialistes et établi avec le bloc de l'OTAN un instrument de confrontation politico-militaire en Europe. Il faudrait répéter que le Pacte de Varsovie a été signé *après* la création de l'OTAN.

A cause de l'OTAN, l'Europe s'est retrouvée une fois encore attelée au char de la guerre, chargé cette fois d'explosifs nucléaires. Et aujourd'hui, la responsabilité principale de la persistance de cette division de l'Europe doit être rejetée sur ceux qui en ont fait l'arène d'une confrontation de missiles nucléaires et qui réclament une révision des frontières européennes au mépris des réalités politico-territoriales.

Pour commencer, nous n'avons cessé de suggérer le démantèlement des blocs militaires ou, tout du moins, de la branche militaire des deux alliances. Mais puisque notre proposition n'a pas été acceptée, nous devons donc prendre en compte cette réalité. Même dans ce cas, nous persistons à penser que, blocs ou pas blocs, nous devons frayer la voie vers un monde meilleur et vers l'amélioration de relations internationales qui, dans un stade ultérieur, devraient conduire au démantèlement de toutes les alliances militaires.

Un certain nombre d'événements et de situations dramatiques sont intervenus dans l'histoire de l'Europe d'après-guerre mais quoi qu'il en soit, les États européens, au gré des conditions concrètes et des occasions, ont fait leur choix : certains sont demeurés capitalistes alors que d'autres évoluaient vers le socialisme. Une politique authentiquement européenne et un processus authentiquement européens ne peuvent être promus que sur la base de la reconnaissance et du respect de cette réalité.

Nous rejetons cette idée que l'Europe serait condamnée à une confrontation entre les blocs et à de perpétuels préparatifs de guerre des uns contre les autres. Que les pays socialistes ne se soient pas résignés à cette perspective est confirmé par l'initiative, avancée par eux, qui devait conduire toute l'Europe, les Etats-Unis et le Canada à Helsinki. L'Acte final qui y fut adopté a montré les moyens réels pour le continent de parvenir à son unité sur une base équitable et pacifique.

Toutefois, l'impulsion donnée par la fameuse conférence tenue dans la capitale finlandaise a commencé à faiblir sous la pression des vents d'une seconde « Guerre froide ». On a raconté beaucoup de choses sur les raisons de ce recul, mais là n'est pas ici notre propos. Pour faire preuve d'auto-critique, je n'en mentionnerai qu'une seule cause : l'affaiblissement des positions économiques du socialisme que nous avons laissé se développer à la fin des années soixante-dix et au début des années quatre-vingt. Par voie de conséquence, cela prouve une fois encore, de fait, que le socialisme doit bien jouer un rôle décisif pour contenir les ennemis de la détente et favoriser la normalisation des rapports entre tous les États d'Europe pour instaurer des relations de bon voisinage. Chaque fois que le socialisme se relâche, le militarisme, la politique de la force et les ambitions impérialistes relèvent la tête.

Aujourd'hui, l'Union soviétique et la communauté socialiste ont repris l'initiative. En fortifiant le socialisme, nous redonnons un surcroît de force et de vitalité au processus d'Helsinki. Il est grand temps que chacun s'imprègne de cette simple vérité que les barrières existantes ne pourront être abattues si l'Ouest impose ses méthodes à l'Est ou vice-versa. Nous devons conjuguer nos efforts pour nous détourner de la confrontation et de la rivalité militaire au profit de la coexistence pacifique et d'une coopération mutuellement profitable. C'est n'est qu'au travers de cette entente que notre continent trouvera son unité.

### *L'Europe est notre maison commune*

Cette métaphore m'est venue à l'esprit durant l'une de mes discussions. Bien qu'apparemment je l'aie formulée en passant, j'avais l'esprit depuis fort longtemps à la recherche d'une telle formule. Elle ne m'est pas venue d'un coup mais après mûre réflexion et, fait notable, après que j'eus rencontré de nombreux dirigeants européens.

M'étant moi-même familiarisé avec une nouvelle perspective politique, je ne pouvais plus accepter comme auparavant le patchwork multicolore qu'offre la carte politique de l'Europe. Le continent a eu plus que sa part de guerres et de larmes. Il en a eu bien assez. Balayant le panorama de cette terre qui a tant souffert et songeant aux racines communes de cette civilisation européenne, à la fois protéiforme et une dans son essence, j'en suis venu à ressentir avec une acuité grandissante le caractère artificiel et temporaire de la confrontation entre blocs et la nature archaïque du « rideau de fer ». C'est sans doute ainsi qu'a surgi dans mon esprit cette notion de l'« Europe notre maison commune » et que juste au bon moment, la formule m'est venue aux lèvres.

Puis elle a pour ainsi dire, acquis son autonomie, en apparaissant dans la presse. Il y eut également quelques critiques; on lui reprochait d'être abstraite et dénuée de sens. Alors, je décidai d'expliciter l'ensemble de mes vues sur la question. L'occasion s'en est présentée durant ma visite en Tchécoslovaquie, pays qui se trouve exactement au centre géographique de l'Europe. D'où le « thème européen » de mon allocution publique de Prague.

L'Europe est en effet une maison commune où la géographie et l'histoire ont étroitement tissé les destinées de dizaines de pays et de nations. Bien sûr, chacune d'entre elles à ses problèmes propres, chacune veut vivre sa propre vie, suivre ses propres traditions.

Par conséquent, en poursuivant la métaphore, on pourrait dire : la maison est commune, certes, mais chaque famille y a son propre appartement, et de plus, il existe plusieurs entrées. Mais ce n'est qu'ensemble, collectivement, et en suivant les normes sensées de la coexistece que les Européens pourront sauver leur maison, la protéger d'une conflagration et d'autres calamités, l'améliorer et la rendre plus sûre, et la maintenir en bon ordre.

Certains peuvent estimer que c'est un beau rêve. Pourtant, ce n'est pas du rêve, mais la résultante d'une analyse soigneuse de la situation du continent. Si le monde a besoin de relations nouvelles, l'Europe en a besoin par dessus tout. On peut dire que les nations de l'Europe les ont forgées dans la souffrance, et qu'elles les méritent bien.

Ce concept de « maison commune européenne », suggère par dessus tout un certain degré d'intégration, même si les États appartiennent à des systèmes sociaux différents et à des alliances politico-militaires opposées. Ce concept combine la nécessité à des occasions.

*La nécessité :*
*les impératifs d'une politique pan-européenne*

On peut mentionner un certain nombre de circonstances objectives qui créent le besoin d'une politique pan-européenne.

Densément peuplée et fortement urbanisée, l'Europe est hérissée d'armes, tant nucléaires que conventionnelles. Le terme de « baril de poudre » serait un euphémisme pour la qualifier aujourd'hui. S'y confrontent les plus puissants groupes militaires, équipés d'un matériel dernier cri perpétuellement remis au goût du jour. Des milliers de têtes nucléaires sont concentrées ici, quand quelques douzaines suffiraient à transformer la terre de l'Europe en géhenne.

Même une guerre conventionnelle, pour ne rien dire d'un conflit nucléaire, serait désastreuse pour l'Europe aujourd'hui. Ce n'est pas seulement parce que les armes conventionnelles sont bien plus destructives que celles utilisées durant la Seconde Guerre mondiale, mais aussi parce qu'on y trouve des centrales nucléaires regroupant au total quelque deux cents réacteurs et un grand nombre de vastes complexes chimiques. La destruction de ces installations lors d'un conflit conventionnel rendrait le continent inhabitable.

L'Europe est l'une des régions les plus industrialisées du globe. Son industrie et ses transports se sont développés au point où le risque qu'ils présentent pour l'environnement n'est pas loin d'être critique. Ce problème a de loin débordé les frontières nationales et il est aujourd'hui partagé par toute l'Europe.

Des processus d'intégration se développent de manière intensive dans les deux moitiés de l'Europe. Il est temps de songer à ce que sera la prochaine étape. La rupture va-t-elle s'aggraver ou peut-on au contraire trouver un ciment, au bénéfice des deux parties, l'orientale comme l'occidentale, dans l'intérêt de l'Europe et, par conséquent, du reste du monde ? Les nécessités du développement économique dans les deux moitiés de l'Europe, de même que les progrès scientifique et technique, incitent l'une et l'autre à rechercher une forme de coopération mutuellement avantageuse. Je ne veux pas parler de quelque forme d'« autarcie européenne », mais d'un meilleur emploi du potentiel global de l'Europe au profit de ses peuples et de ses relations avec le reste du monde.

Les deux moitiés de l'Europe ont une bonne partie de leurs problèmes propres situés sur la dimension Est-Ouest, mais elles ont également un intérêt commun à résoudre un autre problème extrêmement aigu : le problème Nord-Sud. Cela ne veut pas dire, évidemment, que les pays d'Europe de l'Est partagent la responsabilité du passé colonial des puissances d'Europe occidentale. Mais là n'est pas la question. Si l'on néglige le destin des nations dans les pays en voie de développement, et si l'on ignore le problème critique du comblement du fossé entre ces pays et les pays industrialisés, alors cela pourrait avoir des conséquences désastreuses pour l'Europe et le reste du monde. A cet égard, nous partageons l'esprit et l'initiative des rapports de la Commission Brandt sur le problème Nord-Sud ainsi que du rapport de l'Internationale socialiste, « Un défi global », préparé sous l'égide de Willy Brandt et Michael Manley. Les États d'Europe de l'Ouest, comme l'Union soviétique et les autres pays socialistes, entretiennent des liens étroits avec le Tiers-Monde et pourraient conjuguer leurs efforts pour faciliter son développement.

Tels sont, dans leurs grandes lignes, les impératifs d'une politique déterminée par les intérêts et les exigences d'une Europe vue comme un tout.

*Les opportunités pour l'Europe*

Examinons à présent les opportunités qui se présentent aux Européens et les conditions préalables exigées pour pouvoir vivre dans cette « maison commune ».

Les nations de l'Europe ont fait l'expérience amère et douloureuse de deux guerres mondiales. La prise de conscience du caractère inadmissible d'une nouvelle guerre a laissé l'empreinte la plus profonde dans leur mémoire historique. Ce n'est pas une coïncidence si l'Europe possède le mouvement pacifiste le plus vaste et le plus affirmé, un mouvement qui touche toutes les couches sociales.

La tradition politique européenne en ce qui concerne la conduite des affaires internationales est la plus riche du monde. La perception qu'ont chacun des États d'Europe de leurs voisins est plus réaliste que dans aucune autre région. Leurs « liens » politiques sont plus profonds, plus durables, et par conséquent plus étroits.

Aucun autre continent pris dans son ensemble ne dispose d'un tel système ramifié de négociations bilatérales et multilatérales, de consultations, traités et contacts à tous les niveaux. Il a, à son crédit, cette réussite unique dans l'histoire des relations internationales que constitue le processus d'Helsinki. La Conférence de Stockholm a donné des résultats encourageants. Puis le flambeau fut repris à Vienne où, nous l'espérons, sera accompli un nouveau pas dans le développement du processus d'Helsinki. On peut donc dire que les plans de construction d'une maison commune européenne sont quasiment prêts.

Le potentiel économique, scientifique et technique de l'Europe est formidable. Il est encore dispersé, et les forces de répulsion entre l'Est et l'Ouest du continent sont plus fortes que les forces d'attraction. Cependant, l'état actuel des affaires économiques, tant à l'Ouest qu'à l'Est, et leurs perspectives tangibles permettent d'espérer une solution par le biais d'une combinaison des processus économiques engagés de part et d'autre, et pour le bénéfice de tous.

Tel est la seule voie raisonnable pour faire progresser matériellement la civilisation européenne.

L'Europe « de l'Atlantique à l'Oural » est une entité historico-culturelle soudée par l'héritage commun de la Renaissance et des Lumières, ainsi que par les grands enseignements philosophiques et sociaux des XIXe et XXe siècles. Il existe des aimants puissants pour aider les décideurs politiques dans leur quête des modalités d'entente et de coopération mutuelle à l'échelle des relations inter-États.

L'héritage culturel de l'Europe constitue un formidable potentiel pour une politique de paix et de bon voisinage. Plus généralement, c'est en Europe que les perspectives nouvelles et salutaires rencontrent le terrain le plus fertile, bien plus que dans toute autre région où les deux systèmes de société sont en contact.

J'admets franchement notre satisfaction de constater que l'idée d'une « maison commune européenne » ait trouvé un écho favorable parmi les personnalités publiques et politiques de premier plan non seulement en Europe orientale mais également à l'Ouest, y compris chez ceux dont les options politiques sont fort éloignées des nôtres. Ainsi, le ministre des Affaires étrangères d'Allemagne fédérale, Genscher, s'est déclaré être prêt à « accepter l'idée d'une maison commune européenne et de collaborer avec l'Union soviétique pour en faire réellement notre maison à tous. » Le

Président fédéral Richard von Weizsäcker, le ministre des Affaires étrangères italien Giulio Andreotti, et d'autres dirigeants se sont exprimés dans le même sens. Ainsi, la conscience de la communauté culturelle de l'Europe, de l'interconnexion et l'interdépendance des destins de tous les pays du continent, et de la nécessité vitale de leur coopération, ne s'est pas encore perdue.

Il est toutefois des idéologues et des politiciens qui persistent à semer la défiance à l'égard de l'Union soviétique. La majorité des pays d'Europe occidentale, suivant en cela le sillage des États-Unis, publie en ce sens un grand nombre d'articles tonitruants mais, comme toujours, c'est la presse française de droite qui se montre la plus zélée : elle est tout bonnement horrifiée par la seule perspective d'une situation meilleure en Europe. Prenez, par exemple, l'hebdomadaire *L'Express*. Le 6 mars 1987, il nous attribuait le désir d'établir notre domination sur l'Europe. Un article publié sous ce titre éclatant : « Gorbatchev et l'Europe » reprenait le schéma du Petit Chaperon rouge et du Grand méchant loup.

Je me suis dit : se peut-il que les lecteurs européens, que les nations de l'Europe soient crédules au point de croire de tels barbouillages de papier ? Nous avons confiance dans le bon sens des Européens et savons bien que tôt ou tard, ils sauront faire la part de la vérité et des mensonges. A en juger par les résultats publiés des sondages d'opinion, la majorité des gens en Europe de l'Ouest semble apprécier la politique d'ouverture européenne de l'Union soviétique visant à mettre un terme aux querelles constantes sur ce continent.

### *Deux Allemagnes*

En examinant la notion de maison commune européenne, nous ne pouvons qu'exprimer notre attitude à l'égard de la situation produite par la Seconde Guerre mondiale au coeur de l'Europe où deux États allemands — la République démocratique allemande et la République fédérale d'Allemagne — existent aujourd'hui. J'ai eu l'occasion d'en discuter de manière très approfondie avec le président de d'Allemagne fédérale, Richard von Weizsäcker.

Il me disait qu'en Allemagne de l'Ouest, les gens prêtaient une oreille attentive au slogan d'une « maison commune européenne ». « Comment l'entendez-vous en Allemagne de l'Ouest ? » lui ai-je demandé. Qu'on me permette de reproduire ici une bref extrait du dialogue qui s'en suivit :

« *Richard von Weizsäcker :* C'est un point de référence qui nous aide à visualiser de quelle manière il conviendrait d'arranger cette maison commune européenne. Plus précisément, dans quelle mesure ses appartements seraient accessibles pour des visites réciproques.

*Mikhaïl Gorbatchev :* Vous avez tout-à-fait raison. Mais tout le monde n'aime pas recevoir des visites nocturnes.

*Richard von Weizsäcker :* Nous ne sommes pas non plus spécialement ravis de voir notre séjour commun traversé par une tranchée profonde. »

Il faisait allusion à la division de la R.F.A. et la R.D.A. par une frontière internationale qui traverse en particulier Berlin. Telle est la réalité modelée par l'histoire et engendrée par les agressions consécutives à la Seconde Guerre mondiale.

On peut toujours spéculer sur l'aspect qu'aurait aujourd'hui l'Allemagne si elle avait respecté dans son intégralité l'accord de Potsdam. Il n'y avait pas d'autres bases que l'unité de Potsdam. Mais à l'époque, non seulement les dirigeants américains, britanniques et français ont saboté les accords, mais les tenants de la politique de la force en Allemagne de l'Ouest s'y sont opposés. Pour eux, Potsdam était un cauchemar. On en connaît tous le résultat.

Nous avons, naturellement, tendance à être alertés par toutes les déclarations affirmant que le « problème allemand » reste ouvert, que tout n'est pas réglé avec les « pays de l'Est » et que les accords de Yalta et Potsdam sont « illégitimes ». Ce genre de déclaration n'est pas rare en République fédérale d'Allemagne. Et qu'on me permette de dire tout net que toutes ces déclarations sur la renaissance de « l'unité de l'Allemagne » est bien loin de la « realpolitik », pour reprendre l'expression allemande. Elle n'a mené la R.F.A. nulle part au cours des quarante dernières années. Entretenir l'illusion d'un retour à « l'Allemagne des frontières de 1937 » signifie que l'on mine la confiance en la R.F.A. auprès de ses voisins et des autres nations.

Peu importe ce que Ronald Reagan et d'autres dirigeants occidentaux peuvent dire en l'occurrence, ils sont incapable d'offrir la moindre proposition réaliste à la R.F.A. pour résoudre le prétendu problème allemand. Ce qui s'est formé historiquement, mieux vaut le laisser à l'histoire. C'est également vrai du destin de la nation allemande et des formes de l'État allemand.

Ce qui est important, c'est l'aspect politique d'aujourd'hui. Il y a deux États allemands dotés de systèmes politiques et sociaux différents. Chacun d'eux a ses valeurs propres. L'un et l'autre ont tiré des leçons de l'histoire, et chacun peut contribuer aux affaires de l'Europe et du monde. Et quant à ce qu'il adviendra dans cent ans d'ici, laissons l'histoire en décider. Pour l'heure, il convient de se fonder sur les réalités existantes et ne pas se lancer dans des spéculations effrénées.

On me permettra de citer ici un souvenir que je partage avec Weizsäcker. En 1975, lors de la célébration du trentième anniversaire de la victoire sur le nazisme, je me trouvais en R.F.A. A une station-service, près de Francfort, j'eus l'occasion de discuter avec le pompiste. Il me dit : « Staline a déclaré : "Hitler passe mais le peuple allemand demeure" et pourtant, une fois la guerre terminée, l'Union soviétique a divisé le peuple allemand. »

Une discussion s'engagea : je lui rappelai les plans de partition de l'Allemagne, élaborés déjà par Churchill et les politiciens américains durant les années de guerre. Nous étions opposés à ces plans, désirant pour notre part l'instauration d'un État allemand unique, démocratique et souverain. Je lui rappelai également le fait que les puissances occidentales avaient soutenu la création d'un État séparé en Allemagne de l'Ouest et que la République démocratique allemande était apparue plus tard. Et qu'en outre, après les conférences de Yalta et de Potsdam, nous étions pour l'instauration d'un État allemand d'une seul bloc, souverain et, avant tout, pacifique, sur la base de la dénazification, la démocratisation et la démilitarisation de l'Allemagne. Mais à l'Ouest existait un certain nombre de forces qui agirent de telle sorte qu'on a débouché sur la situation actuelle. Ce n'est donc pas à l'Union soviétique qu'on peut reprocher la division de l'Allemagne; les responsables devraient être recherchés ailleurs. Et aujourd'hui, il existe deux États allemands, réalité reconnue par les traités internationaux. Tout homme politique à l'esprit conséquent ne peut que se laisser guider par cette donnée de fait et par elle seule.

Telle fut la teneur de notre conversation.

Même après avoir traversé cette terrible guerre, l'Union soviétique est restée ferme sur ses positions. Notre sens des réalités ne nous a pas trahis. Nous n'avons pas voulu confondre le peuple allemand avec le régime nazi. Et nous ne lui tenons pas rigueur des maux que nous a causés l'agression d'Hitler.

Dans nos relations avec la République fédérale d'Allemagne, nous tenons compte de son potentiel et de ses possibilités, de sa place en Europe et dans le monde, et de son rôle politique. L'histoire nous force à nous comporter les uns envers les autres de manière convenable. Le développement de l'Europe est impossible sans une coopération active entre nos deux États. Des relations solides entre la R.F.A. et l'U.R.S.S. revêtiraient une signification réellement historique. Tout en préservant chacun son identité, dans le cadre de son système et de ses alliances propres, nos deux États peuvent jouer un rôle primordial dans le développement de l'Europe et du monde. L'intérêt de l'Union soviétique est que la République fédérale d'Allemagne jouisse d'une sécurité correcte. Si la R.F.A. était instable, il ne pourrait y avoir aucun espoir de sécurité pour l'Europe et par conséquent, pour le monde. Réciproquement, des relations stables entre la R.F.A. et l'U.R.S.S. amélioreraient de manière appréciable la situation en Europe.

### *L'Europe et le désarmement*

Tout ce qui fut discuté à Reykjavik avait un rapport direct avec l'Europe. Dans nos contacts avec les Etats-Unis, nous n'oublions jamais les intérêts de ce continent.

Après Reykjavik, j'ai rencontré les chefs de gouvernement d'un certain nombre de pays européens membres de l'OTAN, à savoir le Danois Poul Schluter, le Hollandais Rudolph Lubbers, le Norvégien Gro Harlem Brundtland, l'Islandais Steingrimur Hermansson et enfin, représentants des dirigeants italiens, l'éminent Président Amintore Fanfani et Giulio Andreotti. Nous avons eu de nombreuses discussions sur le thème : « l'Europe et le désarmement ».

J'ai entendu chez mes interlocuteurs de nombreux commentaires intéressants. Par la suite, nous autres dirigeants soviétiques avons sérieusement pesé leurs idées et leurs arguments et ceux qui nous semblaient justes, nous les avons pris en compte dans notre politique. Ils avaient trait en particulier aux Euromissiles. Mais y eut également des disputes — qui, avec Margaret Thatcher et Jacques Chirac, furent particulièrement enflammées — sur leur conception de la « dissuasion nucléaire » et la doctrine générale de l'OTAN en la matière.

Je leur fis part de ma surprise devant l'émoi soulevé par le sommet de Reykjavik dans certaines capitales occidentales. Il n'y avait aucunement lieu de voir dans ses résultats une quelconque menace pour la sécurité de l'Europe occidentale. De telles conclusions et de tels jugements relèvent d'une pensée dépassée qui remonte au temps de la Guerre froide.

Quand je parle avec les dirigeants étrangers, je leur demande parfois tout de go : « Croyez-vous que l'Union soviétique ait l'intention d'attaquer votre pays et l'Europe occidentale en général ? » Presque tous me répondent : « Non, pas du tout. » Mais certains émettent aussitôt une réserve, disant que l'existence même de l'immense puissance militaire de l'U.R.S.S. crée une menace potentielle.

On peut comprendre ce raisonnement. Mais il est bien moins probant lorsque le prestige national et la grandeur sont liés à la détention de l'arme nucléaire, bien qu'il soit patent que si une guerre nucléaire devait éclater, ces armes ne feraient qu'attirer la riposte et n'auraient donc aucune signification réelle.

Quand nous parlons du désarmement comme d'un point vital qu'il conviendrait d'assurer en premier dans la construction de notre maison commune européenne, nous nous adressons surtout aux puissances nucléaires européennes — la Grande-

Bretagne et la France. L'Union soviétique a fait preuve d'une immense confiance envers l'Europe occidentale en acceptant, dans le cadre des actuelles négociations sur le désarmement, de ne pas prendre en compte leur potentiel nucléaire. La principale raison de ce geste est que nous avons rayé même de nos pensées — pour ne rien dire de nos plans stratégiques — la simple possibilité d'une guerre avec la Grande-Bretagne et la France, sans parler des États non nucléaires de l'Europe.

Alors quand, à la suite de nos propositions, nous tombons sur des spéculations visant à faire accroire que Moscou ruserait, chercherait à faire éclater l'OTAN et tromper la vigilance de l'Europe occidentale pour l'envahir, quand on commence à attaquer l'idée d'une Europe dénucléarisée, jugée néfaste et dangereuse, je dis publiquement à tous : « De quoi avez-vous peur, messieurs ? Est-il si difficile d'élever le niveau des analyses faites sur les processus véritablement historiques qui sont en train d'intervenir en Union soviétique et dans tout le monde socialiste ? Ne pouvez-vous pas comprendre le rapport objectif, infrangible, entre ces processus et la sincérité de nos intentions en politique étrangère ? »

Il est grand temps de couper court à ces billevesées sur l'agressivité de l'Union soviétique. Jamais, en aucune circonstance, notre pays ne prendra l'initiative d'opérations militaires contre l'Europe de l'ouest à moins que nous et nos alliés soyons attaqués par l'OTAN ! Je le répète : jamais !

Que l'Europe occidentale se débarrasse au plus vite de cette crainte de l'Union soviétique dont on l'a abusée. Qu'elle réfléchisse à l'idée que l'élimination des armes nucléaires en Europe créerait une situation nouvelle, non seulement pour l'Occident, mais aussi pour nous. Nous ne pouvons oublier qu'avant l'ère nucléaire, l'Occident a plus d'une fois opéré des incursions sur notre territoire. Et le fait que toutes les manoeuvres militaires de l'OTAN comportent invariablement des scénarios offensifs envers nous n'est-il pas en soi éloquent ?

Nous jugeons d'une grande importance politique le fait que la Grèce, les Pays-Bas, l'Espagne, l'Italie, la Suède, la Finlande et nombre d'autres pays d'Europe aient élevé la voix en faveur de la solution du problème des Euromissiles.

En Occident, on parle d'inégalité et de déséquilibre. C'est exact, il y a des déséquilibres et des dissymétrie dans certains types d'armes et de forces armées dans chaque camp, causés par des facteurs historiques, géographiques et autres. Nous sommes d'accord pour éliminer les inégalités existant dans certains secteurs, non en renforçant les arsenaux de ceux qui sont en retard mais bien plutôt en réduisant les forces de ceux qui ont pris de l'avance.

Dans ce domaine, il y a plusieurs questions spécifiques qui attendent des solutions : la réduction et l'élimination finale des armes nucléaires tactiques, qui doit être couplée avec une réduction massive des forces armées et des armements conventionnels; le retrait des armes offensives des zones de contact direct afin d'éliminer toute possibilité d'attaque-surprise; et un changement dans toute la structure des forces armées avec la perspective de leur impartir un caractère exclusivement défensif. J'en ai parlé plus en détail lors d'une réunion à Prague. Des propositions en ce sens sont détaillées dans le programme de Budapest de l'Organisation du Pacte de Varsovie.

Une mesure fondamentale, propre à renforcer la confiance dans l'esprit de la pensée nouvelle, a été annoncée par les pays du Pacte de Varsovie, lors d'une réunion de leur Comité consultatif politique à Berlin en mai 1987, et concernant leur doctrine militaire qui est strictement défensive dans toutes ses composantes.

Des mesures telles que la création de zones dénucléarisées et de zones libres d'armes chimiques contribuerait également à renforcer la sécurité européenne. Nous soutenons l'offre faite au gouvernement d'Allemagne fédérale par les gouvernements Est-allemand et tchèque de créer un corridor dénucléarisé en Europe centrale. Le parti social-démocrate allemand est connu également pour avoir formulé l'idée d'un tel corridor. Nous sommes prêts à garantir et respecter le statut non nucléaire d'une telle zone. Nous estimons que le plan de compromis polonais sur la question de la réduction des armements et sur les mesures propres à renforcer la confiance en Europe centrale est opportun et prometteur.

Nous pensons que les armements devraient être réduits à un niveau d'efficacité suffisante, à savoir celui nécessaire à des buts strictement défensifs. Il est temps que les deux alliances militaires amendent leurs conceptions stratégiques pour les réorienter vers des objectifs de défense. Chaque appartement de la « maison Europe » a le droit de se protéger contre les cambrioleurs, mais il doit le faire sans détruire la propriété du voisin.

*La coopération européenne*

L'édification de la « maison Europe » requiert des fondations matérielles — une coopération constructive dans quantité de domaines variés. Nous autres, en Union soviétique, nous y sommes prêts, y compris à la nécessité de rechercher de nouvelles formes de coopération, telles que le lancement d'entreprises communes, la mise en oeuvre de projets communs dans des pays tiers et ainsi de suite.

Nous soulevons la question d'une large coopération scientifique et technique non comme des mendiants qui n'auraient rien à offrir en contrepartie. Malheureusement, c'est là le domaine où ont été érigées la plupart des barrières artificielles. On a prétendu que cela incluait des « technologies sensibles » d'importance stratégique. L'expression « technologies sensibles » est essentiellement employée dans le domaine de l'électronique. Cependant, l'électronique est à présent utilisée dans toutes les industries fondées sur des méthodes de production modernes.

L'Europe occidentale ne progressera pas techniquement via le programme militariste de Guerre des Étoiles. Pas plus que la militarisation de l'espace n'ouvre la voie au progrès technique. C'est là pure démagogie parfumée d'impérialisme technologique. Il existe bien des occasions, bien des domaines pour instaurer une coopération scientifique et technique pacifique. Il y a eu l'expérience du projet commun d'étude de la comète de Halley avec la sonde spatiale Vega. Ce projet a permis de trouver de nouveaux matériaux de construction, et d'autres découvertes ont été faites à cette occasion dans les domaines de l'électronique de transmission, des systèmes de commande, des mathématiques, de l'optique... L'idée de Giulio Andreotti d'un « laboratoire mondial » semble également prometteuse. Elle représente un projet de recherche international largement neuf qui semble vouloir décoller.

Quant à la coopération dans l'utilisation de l'énergie thermonucléaire, une base scientifique a été créée par des chercheurs venus de plusieurs pays et qui travaillent sur des idées suggérées par leurs collègues soviétiques. Les scientifiques américains pourraient se joindre à cette recherche. Il existe également des possibilités telles que l'exploration et l'exploitation en commun de l'espace et des planètes du système solaire, ainsi que la recherche dans les domaines de la supraconductivité et de la biotechnologie.

Certes, tout cela augmenterait l'interdépendance réciproque des États européens mais ce serait au profit de tout le monde et renforcerait la responsabilité et la retenue de tout un chacun.

En agissant dans un esprit de coopération, de grands progrès pourraient être accomplis dans ce vaste domaine que l'on qualifie d'« humanitaire ». Une avancée décisive sur cette voie serait une conférence internationale sur la coopération dans le domaine humanitaire que l'Union soviétique propose de tenir à Moscou. A une telle conférence, les deux camps pourraient discuter de tous les aspects des problèmes qui préoccupent l'Est comme l'Ouest, y compris l'épineux dossier des droits de l'homme. Cela donnerait un nouvel élan au processus d'Helsinki.

Cependant, lorsque nous avons invité les pays occidentaux à discuter de manière sérieuse et constructive des droits de l'homme et à comparer, dans une atmosphère d'ouverture mutuelle, comment les gens vivent réellement dans notre pays et dans les pays capitalistes, ces derniers ont semblé nerveux et ils cherchent désormais à réduire la question aux cas individuels en évitant d'aborder le reste.

J'ai déjà dit, tant en public que lors de réunions avec des délégations et des dirigeants étrangers, que nous étions prêts à discuter dans un esprit humanitaire des cas individuels, mais que nous étions également décidés à discuter ouvertement et largement de ces problèmes dans toute leur étendue.

La coopération pacifique et la compétition entre l'Est et l'Ouest peuvent être, et sont profitables à l'un et l'autre camp. Les petits pays d'Europe et ceux de taille moyenne ont une importante contribution à apporter à cette cause. Nous en avons discuté avec l'ancien premier ministre islandais, Hermannsson, le premier ministre hollandais Lubbers, le premier ministre suédois Carlsson et d'autres dirigeants.

*Les premiers signes de la pensée nouvelle en Europe*

Je crois que récemment, en particulier après Reykjavik, l'Europe occidentale a fini par percevoir avec plus d'acuité la nécessité de contribuer à l'amélioration de la situation sur le continent. Et nous apprécions le fait que les Européens fassent dorénavant de multiples efforts pour détendre l'atmosphère politique dans le monde.

Je ne crois pas divulguer un grand secret si je raconte une histoire que m'a confiée Amintore Fanfani, le président du Sénat italien. Il discutait un jour des difficultés de la situation internationale avec le célèbre metteur en scène Eduardo de Filippo. « Alors, qu'allons-nous faire ? » demanda de Filippo. « Nous en remettre à Dieu », répondit Fanfani. A quoi de Filippo rétorqua : « Alors espérons que les gens ne lui mettront pas de bâtons dans les roues. »

Cette prise de conscience que nous sommes tous responsables de l'avenir du monde est particulièrement importante et précieuse aujourd'hui. Et l'on doit reconnaître à certains hommes politiques d'Europe occidentale qu'ils ont perçu la nécessité pour tous leurs compatriotes de conjuguer leurs forces pour préserver les fondations établies à Reykjavik.

Nous pouvons voir fleurir les premiers signes d'une nouvelle perspective sur les affaires internationales en Europe occidentale. Certains changements se produisent également parmi les sphères dirigeantes. Bon nombres de partis socialistes et sociaux-démocrates d'Europe occidentale sont en train d'élaborer de nouvelles attitudes à l'égard de la politique de défense et de la sécurité. Ils sont guidés par des hommes politiques d'expérience, ayant une large ampleur de vue sur les problèmes mondiaux.

Peu après ma visite en France en 1985, des journalistes français m'ont demandé de commenter nos relations avec les gouvernements sociaux-démocrates en Europe. Je leur ai dit que ces dernières années, nous avions activement coopéré avec les sociaux-démocrates sur des sujets portant sur la guerre et la paix. Les réunions avec des délégations de partis socialistes et sociaux-démocrates entrent pour une grande part dans mes contacts avec les dirigeants étrangers.

J'ai reçu le Conseil consultatif de l'Internationale socialiste, dirigé par Kalevi Sorsa et j'ai rencontré Willy Brandt, Egon Bahr, Felipe Gonzalez et d'autres dirigeants sociaux-démocrates. Chaque fois, nous avons noté que nos vues sur les sujets cruciaux de la sécurité internationale et du désarmement étaient proches, voire indentiques. Je suis particulièrement désolé de n'avoir jamais rencontré Olof Palme dont la disparition tragique a été pour nous un grand choc. L'idée de « sécurité pour tous », qu'il avait avancée puis approfondie au sein de la commission Palme, a bien des similitudes avec notre concept de sécurité globale.

Le dialogue entamé entre communistes et sociaux-démocrates n'oblitère en rien leurs différences idéologiques. Dans le même temps, on ne peut pas dire qu'aucun des participants à ce dialogue ait perdu la face ou se soit trouvé mis sous la coupe de l'autre camp. L'expérience a montré qu'il n'y avait aucun risque que cela se produise.

Nous avons de bonnes relations et des contacts utiles avec les sociaux-démocrates de la République fédérale d'Allemagne, de Finlande, de Suède et du Danemark, avec le Parti travailliste britannique, les socialistes espagnols, etc. Nous apprécions grandement ces contacts. En général, nous sommes ouverts à la coopération avec toutes les forces qui sont intéressées à surmonter les tendances dangereuses dans l'évolution de la situation mondiale.

Néanmoins, je crois que la contribution de l'Europe à la cause de la paix et de la sécurité pourrait être bien plus importante. Bon nombre de dirigeants d'Europe de l'Ouest manquent en ce domaine de volonté politique et peut-être d'occasions favorables. Et pourtant, la vie forcera tout le monde à changer et à adopter un jugement réaliste sur ce qui est en cours.

### *De l'Europe et des États-Unis*

Il est regrettable que les gouvernements des pays dc l'OTAN, y compris ceux qui, en parole, se dissocient des dangereux extrêmes de la politique américaine, finissent par céder à la pression, assumant ainsi une responsabilité dans l'escalade de la course aux armements et de la tension internationale.

En voici un exemple. En avril 1986, des appareils militaires américains bombardaient Tripoli, Benghazi et d'autres établissements en territoire libyen. Le prétexte à cet acte d'agression directe est absolument indéfendable face aux critères d'une société civilisée. Les avions de guerre américains ont décollé de bases en Grande-Bretagne et traversé l'espace aérien de l'Europe occidentale. Et qu'a dit celle-ci ? Rien ! Les gouvernements des pays de l'OTAN ont observé en silence la situation sans oser s'opposer aux agissements des États-Unis. J'ai dit au premier ministre suédois, avec qui je m'entretenais, quelques heures après que fut parvenue la nouvelle de ce raid aérien, qu'une telle attitude me rappelait celle, conciliante, adoptée à l'égard des agresseurs à la veille de la Seconde Guerre mondiale. Et s'il prenait aux militaires américains l'idée de punir l'un des pays du Pacte de Varsovie en le bombardant ? Comment réagir ? Faire comme si de rien n'était ? Mais ce serait la guerre ! La reponsabilité de tous s'est accrue de manière incommensurable à notre ère nucléaire.

Il existe dans la mythologie grecque une vieille légende sur l'enlèvement d'Europe. Or, ce sujet de fable est soudain devenu d'actualité aujourd'hui. Il va sans dire que l'Europe, en tant que notion géographique, demeurera en place. Parfois, cependant, on a l'impression que les politiques indépendantes des nations d'Europe occidentale ont elles aussi subi un rapt, qu'on les a emportées de l'autre côté de l'océan; que les intérêts nationaux ont été mis en gérance sous le prétexte de protéger la sécurité.

Une menace sérieuse plane également sur la culture européenne. Cette menace émane d'un assaut de la « culture de masse » venue de l'autre côté de l'Atlantique. Nous comprenons parfaitement l'inquiétude des intellectuels d'Europe occidentale. Assurément, on ne peut que s'étonner qu'une culture européenne profondément intelligente et par essence pétrie d'humanisme, batte en retraite devant un déferlement incontrôlé de violence et de pornographie, un flot de sentiments de bas étage et de viles pensées.

Quand nous insistons sur l'importance d'une position indépendante de l'Europe, on nous accuse fréquemment de vouloir braquer celle-ci contre les Etats-Unis. Nous n'avons jamais eu, et n'avons pas plus aujourd'hui la moindre intention de cet ordre. Loin de nous la volonté d'ignorer ou de sous-estimer les liens historiques qui existent entre l'Europe occidentale et les Etats-Unis. Il est ridicule d'interpréter la ligne européenne de l'Union soviétique comme l'expression de quelque « anti-américanisme ». Nous ne désirons pas nous engager dans des tours de passe-passe diplomatiques et nous ne souhaitons pas engendrer le chaos dans les relations internationales. Ce serait incompatible avec l'objectif essentiel de notre politique étrangère qui est de promouvoir une paix durable et stable bâtie sur la confiance réciproque et la coopération entre les nations.

Notre idée d'une « maison commune européenne » n'implique certainement pas l'idée d'en fermer les portes à tout le monde. Certes, nous n'aimerions pas voir n'importe qui ouvrir à coups de pied la porte de la maison Europe et venir s'installer au bout de la table dans l'appartement du voisin. Mais enfin, c'est l'affaire du propriétaire dudit appartement. Par le passé, les pays socialistes ont bien répondu positivement à la participation des États-Unis et du Canada au processus d'Helsinki !

### *La responsabilité de l'Europe*

Aussi, sans diminuer le rôle et l'importance des autres continents et des autres peuples, évoquerons-nous ceux, uniques, dévolus à l'Europe.

Le succès du processus européen pourrait lui permettre de contribuer plus encore au progrès du reste du monde. L'Europe ne doit pas esquiver sa participation au règlement de problèmes comme ceux de la faim, de la dette et du sous-développement, ou sa contribution à l'élimination des conflits armés.

Il ne fait aucun doute que tous les peuples d'Europe sans exception sont en faveur de l'instauration d'un climat de confiance et de bon voisinage, de coexistence et de coopération sur leur continent. Ce serait un triomphe pour la nouvelle pensée politique au plein sens du terme. L'Europe peut créer un exemple de valeur. Le monde se trouve aujourd'hui à la croisée des chemins et la direction qu'il prendra dépend largement de la position politique de l'Europe.

Personne ne peut remplacer l'Europe avec ses immenses possiblilités et sa vaste expérience, que ce soit dans la politique internationale ou le développement mondial. L'Europe peut et doit jouer un rôle constructif, innovateur et positif.

CHAPITRE VII

## Les problèmes de désarmement et les relations américano-soviétiques

Quand j'étais étudiant à l'université de Moscou, je me suis intéressé à l'histoire des États-Unis. J'ai lu plusieurs ouvrages d'auteurs américains et retracé l'historique de nos relations. Celles-ci ont connu sans transition des hauts et des bas : de l'alliance en temps de guerre à la Guerre froide des années cinquante et soixante; de la détente des années soixante-dix à la détérioration brutale du début des années quatre-vingt.

L'intervalle entre la réunion plénière d'avril 1985, qui fut pour nous un moment décisif, et la publication de ce livre a vu se produire un grand nombre d'événements, dont certains directement liés au développement des relations américano-soviétiques.

Maintenant, nous avons repris le dialogue avec les États-Unis. Le président américain et moi nous écrivons périodiquement. Nos négociateurs discutent de problèmes réellement importants.

On a pu observer un léger dégel dans des domaines tels que la coopération scientifique et culturelle depuis un an ou deux. A l'heure actuelle, l'Union soviétique et les États-Unis discutent, à divers échelons, de sujets qui constituaient naguère encore matière à mutuelles récriminations. Des perspectives de contacts ont commencé de se faire jour jusque dans le domaine de la circulation de l'information, qui doit être débarrassée de toute incitation à la violence et à l'inimitié, et de toute ingérence dans les affaires intérieures de l'autre.

Eh bien alors, la glace a-t-elle été rompue et nos relations entreraient-elles dans une phase plus calme et plus constructive ? On aimerait voir se poursuivre le processus; mais prétendre que des progrès décisifs ont été accomplis serait énoncer une contre-vérité. Si nous avons le souci d'une réelle amélioration des relations américano-soviétiques, nous devons évaluer leur état avec honnêteté. Les changements en mieux, s'il y en a eu, ont été extrêmement lents. De temps à autre, les anciennes méthodes, les attitudes irrationnelles, prévalent encore, à l'encontre de l'impérieuse nécessité de revitaliser les relations entre nos deux pays.

Les progrès de la haute technologie et de l'informatique ont aujourd'hui rapproché les gens. Ces mêmes processus peuvent servir à promouvoir une meilleure compréhension réciproque. Mais ils peuvent également être utilisés pour diviser. Ceux qui s'y étaient complus semblent y avoir plus ou moins renoncé à présent, bien qu'on doive déjà déplorer des dégâts immenses par leur faute. Mais aujourd'hui le monde est parvenu à un point où nous — je veux parler des États-Unis et de l'Union soviétique — devons réfléchir à la manière dont nous allons cohabiter. Si nous ne changeons rien, il est difficile de prévoir où nous en serons dans dix, quinze ou vingt ans d'ici. Il me semble que les inquiétudes pour nos deux pays et l'avenir de la civilisation s'accroissent. Au sein de la nation soviétique aussi bien qu'au sein de la nation américaine.

Quoi qu'on puisse me dire, je me refuserai toujours à accepter l'affirmation selon laquelle les Américains sont agressifs à l'égard de l'Union soviétique. Je ne peux y croire. Il y a, peut-être, quelques individus satisfaits de l'existence d'un climat de tension, d'affrontement et d'intense rivalité entre nos deux pays. Peut-être certains ont-ils quelque chose à y gagner. Mais un tel état de choses ne doit pas venir à l'encontre des intérêts généraux de nos deux peuples.

Nous pensons en tout état de cause à ce qu'il faut faire pour améliorer nos relations. Et elles en ont bien besoin. Car non seulement nous n'avons pas réussi à progresser en ce sens depuis le milieu des années soixante-dix mais une grande partie de ce qui avait alors été créé et réalisé s'est vu détruit. Nous n'avons pas avancé, mais plutôt fait marche arrière. Nous disons que la faute en revient aux Américains. Les Américains disent que la faute en revient à l'Union soviétique. Peut-être nous faudrait-il chercher les raisons sous-jacentes à ce qui s'est produit, parce que nous devons tirer les leçons du passé, y compris de l'historique de nos relations. C'est une science, parfaitement sérieuse et digne de confiance, si bien sûr l'on s'en tient à la vérité des faits. Car ce à quoi nous devons penser le plus aujourd'hui, c'est à la manière dont nous allons vivre ensemble dans ce monde et dont nous allons coopérer.

J'ai eu de nombreuses rencontres avec des personnalités et des hommes politiques américains. Parfois, cela me crée un emploi du temps quelque peu chargé, mais à chaque occasion, j'essaie de trouver le temps pour ces rencontres. Ma mission, telle que je l'envisage, n'est pas simplement de faire comprendre notre politique et notre vision du monde, mais aussi de comprendre plus complètement l'état d'esprit des Américains, de mieux cerner leurs problèmes et, en particulier, de mieux apprendre quelles sont leur méthodes politiques spécifiques. On ne peut faire autrement. Une politique scientifique doit se bâtir sur une stricte évaluation de la réalité. Il est impossible d'aller vers des relations plus harmonieuses entre le États-Unis et l'U.R.S.S. si l'on se laisse hypnotiser par des mythes idéologiques.

Nous ne communiquons pas suffisamment, nous ne nous comprenons pas suffisamment, et même nous ne nous respectons pas suffisamment. Certaines forces se sont employées à mener à un tel état de fait. Bien des malentendus se sont développés au point d'entraver la coopération et de bloquer son développement.

L'histoire des relations américano-soviétiques dans la période d'après-guerre n'est pas le sujet de ce livre. Mais il suffit de se remémorer les événements d'un passé récent pour voir quel mauvais service ont rendu les préjugés et le rejet des idées neuves. Lorsque j'ai rencontré l'ancien président américain Jimmy Carter, au tout début de l'été 1987, je lui ai dit franchement que nous ne considérions pas tout ce qui était advenu durant son mandat de manière négative. Il y avait eu aussi quelques points positifs. Je fais allusion en particuler aux accords SALT II qui, bien que jamais ratifiés, jouent un rôle utile, en dépit de la ligne actuelle du gouvernement américain. L'esprit de ces accords est toujours vivant. Mais dans le même temps, on ne peut manquer de voir qu'un certain nombre d'occasions n'ont pas été exploitées. Nous étions persuadés, et le sommes encore, qu'à l'aube des années quatre-vingt, on n'était qu'à un jet de pierre d'accords décisifs, dans des secteurs tel que les armes anti-satellites, les ventes d'armes, la réduction de l'activité militaire dans l'Océan indien et le problème des camps au Moyen-Orient. Dix ans déjà! Combien de temps et de ressources gâchés dans la course aux armements et combien de vies humaines perdues !

*Qu'attendons-nous des États-Unis d'Amérique ?*

Lorsque j'ai répondu au magazine *Time* en août 1985, j'ai dit : « Nos deux pays ne peuvent tout simplement pas se permettre de laisser les choses en arriver à l'affrontement. C'est ici que se trouve l'intérêt véritable des peuples soviétique et américain. Et cela doit s'exprimer dans le langage de la politique pratique. Il est nécessaire de stopper la course aux armements, de relancer le désarmement, de normaliser les relations américano- soviétiques. En toute franchise, il est temps de rendre les relations entre nos deux grands peuples dignes de leur rôle historique. Car le destin du monde, le destin de sa civilisation dépendent réellement de nos relations. Nous sommes prêts à oeuvrer en ce sens. »

Nous devons apprendre à vivre dans le monde réel, un monde qui sache prendre en compte les intérêts de l'Union soviétique et des États-Unis, de la Grande-Bretagne et de la France, et aussi de la République fédérale d'Allemagne. Mais il y a également les intérêts de la Chine et de l'Inde, de l'Australie et du Pakistan, de la Tanzanie et de l'Angola, de l'Argentine et d'autres nations; les intérêts de la Pologne, du Viêt-Nam, de Cuba et d'autres pays socialistes. Ne pas les reconnaître serait dénier à ces peuples la liberté de choix et le droit à une organisation sociale qui leur convienne. Même s'ils se trompent dans leur choix, c'est à eux de trouver une issue. C'est leur droit.

J'ai parlé de tout cela avec bon nombre d'Américains, y compris M. George Shutz, qui se trouvait à Moscou au printemps 1987. Notre tour d'horizon a été très large mais je n'ai cessé de ramener mon interlocuteur toujours à la même idée : essayons de vivre dans le monde réel, essayons de tenir compte des intérêts de nos deux nations. Et cela est impossible si l'on fait fi des intérêts des autres membres de la communauté mondiale. Nous n'aurons pas de relations internationales convenables si nous n'envisageons que les seuls intérêts de l'U.R.S.S. et des États-Unis. Il faut qu'il y ait un équilibre.

Cette question prend un nouvel aspect à chaque étape de l'histoire. Les intérêts changent, l'équilibre aussi. Ce qui implique de nouvelles façon de l'aborder. Je répète qu'il serait dangereux et dommageable de bâtir une politique à la fin du XXe siècle sur la méthode qui a inspiré le discours de Fulton de Churchill et la Doctrine de Truman. Un effort sincère pour restructurer les relations américano-soviétiques se fait attendre depuis bien trop longtemps. Une fois ce fait admis, il faudra renoncer aux habitudes de domination. Ni l'Union soviétique, ni les États-Unis, ni aucun autre pays ne peut considérer le monde ou quelque partie du monde comme un objet d'exploitation, pas même sous couvert de l'« intérêt national ».

Les tentatives pour instaurer des relations par des pratiques dictatoriales, la violence et la domination n'ont jusqu'à présent guère rencontré de succès. Bientôt, elles ne réussiront plus du tout. Le processus d'appréhension des réalités nouvelles n'est pas simple. Il requiert de tous du temps et des efforts. Mais une fois lancé, il continuera tout seul. Nous devons apprendre à nous écouter les uns les autres, nous comprendre les uns les autres. Nous sommes, ai-je dit à M. Shultz, en faveur d'une collaboration avec les États-Unis et je parle d'une coopération constructive, car personne d'autre n'assumera la responsabilité que l'U.R.S.S. et les États-Unis ont à supporter.

Je me souviens de ma conversation avec l'ancien président des États-Unis, M. Richard Nixon. Il me cita les paroles de Winston Churchill — non prophétiques, j'espère — disant que les ailes brillantes de la science pouvaient fort bien ramener l'âge de pierre sur la planète, avant de souligner que nous aurions, moi-même, en tant que Secrétaire général, et le président Reagan, comme ses successeurs, à faire le choix historique en faveur d'un avenir pacifique.

Je répondis alors à M. Nixon que j'avais vu un jour un film sur le voyage effectué par des touristes américains le long de la Volga. On y voyait nos concitoyens aux côtés des Américains. Et il n'était pas facile de distinguer un Américain d'un Russe. Les gens discutaient entre eux et l'on sentait bien qu'ils parlaient en amis, se comprenaient mutuellement : tout juste ce que ne parviennent pas à faire les hommes politiques.

Il est bon que ce ne soit pas uniquement les hommes politiques qui dialoguent, mais que de simples représentants des masses populaires fassent de même. C'est très important. Et je me féliciterais que cela se généralise. Qu'Américains et Soviétiques se rencontrent plus souvent, et qu'ils se forment chacun leur opinion sur l'autre. La communication, la communication directe des gens est une grande chose. Sans elle, sans des échanges à grande échelle et une compréhension mutuelle entre les peuples, la politique ne pourra pas grand-chose.

J'ai fait remarquer à M. Nixon que le fait que ce soit nos deux pays qui détiennent un colossal arsenal militaire, y compris nucléaire, constituait la réalité la plus sérieuse du monde d'aujourd'hui. Je lui ai dit que si nous bâtissions nos politiques réciproques et vis-à-vis du reste du monde sur des prémisses erronées, on risquait d'atteindre une situation de confrontation extrême, avec les plus tragiques conséquences pour l'U.R.S.S., les États-Unis et le reste de l'humanité.

Et aujourd'hui encore, je suis prêt à répéter ce que j'ai dit lors de cette conversation : il existe dans la société soviétique, et pas seulement dans les sphères dirigeantes, une ferme intention de rechercher les moyens de normaliser les relations américano-soviétiques, de trouver et d'élargir les terrains d'entente communs pour parvenir à des relations amicales à long terme. Peut-être cela peut-il sembler un espoir trop ambitieux au point où nous en sommes. Nous sommes pourtant convaincus que c'est le seul choix possible car autrement, il est impossible d'imaginer ce qui pourrait advenir.

Pour le meilleur ou pour le pire, le mode subjonctif n'existe pas en politique. L'histoire se joue sans répétitions. On ne peut pas la rejouer. Il n'en est que plus important de savoir en discerner le cours et en tirer la leçon.

### *Les États-Unis : « Cité radieuse au sommet d'une colline »*

Nous avons trop souvent rencontré des visions déformées de notre pays de même que des stéréotypes antisoviétiques largement répandus — et par conséquent, nous ne savons que trop bien quel mal peuvent produire ces falsifications conscientes ou inconscientes — pour ne voir les États-Unis que tout noirs ou tout blancs.

Je sais que la propagande américaine — oui, la propagande — présente l'Amérique comme une « cité radieuse au sommet d'une colline. »

L'Amérique a une grande histoire. Qui discutera l'importance de la Révolution américaine dans le progrès social de l'humanité, ou le génie scientifico-technologique de l'Amérique, ses réussites dans la littérature, l'architecture et les arts ? Tout cela, c'est l'Amérique. Mais l'Amérique d'aujourd'hui, c'est également quantités de problèmes aigus, sociaux ou autres, auxquels non seulement la société américaine n'a pas trouvé de réponse mais, pis encore, pour lesquels elle cherche des réponses telles que ce seront les autres qui risquent d'en payer le prix.

Les États-Unis ont un potentiel productif immense, une énorme richesse matérielle, mais dans le même temps, des millions de malheureux — cela donne à réfléchir; une passion quasiment missionnaire pour prêcher les droits de l'homme et la liberté, et le dédain pour l'application de ces mêmes droits élémentaires chez eux — voilà aussi qui fait penser; de perpétuels discours sur la liberté de l'homme et d'un autre côté, des tentatives pour imposer aux autres leur mode de vie, une vaste propagande pour le culte de la force et de la violence : comment pouvons-nous comprendre tout cela ? Une puissance arrogante, en particulier dans le domaine militaire, un accroissement constant des dépenses d'armements et des trous dans le budget, une dette intérieure et maintenant également, extérieure : pourquoi ? Qu'est-ce qui motive les États-Unis ? Nous nous posons toutes ces questions et bien d'autres, quand nous cherchons à saisir la réalité de l'Amérique et discerner les ressorts essentiels de sa politique.

J'admets franchement que ce que nous savons des États-Unis d'Amérique ne nous donne guère l'image de « cité radieuse au sommet d'une colline ». Tout aussi catégoriquement, je puis dire que nous ne considérons pas non plus les États-Unis comme « l'empire du mal ». Comme tous les pays, l'Amérique a en réalité ses zones d'ombre et de lumière. Nous la voyons telle qu'elle est dans les faits : diverse dans ses opinions, à l'intérieur comme dans l'image qu'elle donne de la société américaine.

La direction soviétique n'a pas une perception unidimensionnelle des États-Unis, mais distingue nettement toutes les facettes de la société américaine : les millions de travailleurs qui accomplissent leur tâche quotidienne et qui sont généralement favorables à la paix; les hommes politiques à l'esprit réaliste; les conservateurs influents avec près d'eux, les groupes réactionnaires liés au complexe militaro- industriel et qui profitent de la fabrication d'armes. Nous constatons un sain intérêt à notre égard et aussi, largement répandus, un anticommunisme et un antisoviétisme aveugles.

Nous croyons que le système politique et l'ordre social des États-Unis sont l'affaire des Américains. Ils doivent décider du gouvernement de leur pays, du mode d'élection de leurs dirigeants et de leur gouvernement. Nous respectons ce droit souverain. Si nous nous mettions à douter du choix du peuple américain, qu'en sortirait-il ? La politique doit être bâtie sur des réalités, sur une compréhension du fait que chaque nation a le droit de choisir en toute indépendance son mode de vie et son propre système de gouvernement.

Les États-Unis sont une puissance avec laquelle nous devrons vivre et édifier des relations. C'est une réalité. Si contradictoire que soit la nature de ces relations, il est évident que nous ne pourrons rien faire pour assurer la paix sans les États-Unis, et que, sans nous, les États-Unis n'accompliront rien non plus. Plus question pour l'un de se passer de l'autre. Contacts et dialogue sont nécessaires et nous devons rechercher les moyens d'améliorer nos relations.

Nous savons très bien et nous prenons en compte que les États-Unis ont un gouvernement — la Maison Blanche — et un parlement, le Congrès. Et nous désirons coopérer aussi bien avec le gouvernement qu'avec le Congrès. Nous cherchons à l'heure actuelle à améliorer notre perception des rouages de la politique américaine. Nous voyons bien, en particulier, la divergence de vue entre le ministre de la Défense, un civil, et les militaires de carrière américains. Pour le premier, les commandes et les ventes d'armes jouent un rôle important, quand les professionnels, plus réalistes, sont tout-à-fait conscients de la puissance qu'ils détiennent et des conséquences qu'elle peut avoir sur le monde. Comprendre cela justifie que les militaires se targuent d'un sens du réalisme et de la responsabilité. Il est absolument primordial que les militaires sachent appréhender correctement la situation actuelle.

Qu'on me permette d'ajouter que nous n'avons pas l'intention de modeler nos relations sur l'évolution de la situation politique intérieure des États-Unis. Aujourd'hui, les Républicains sont à la barre; demain, ce seront les Démocrates, ou les Républicains de nouveau. Il n'y a pas de différence particulière. Mais il y a les intérêts des États-Unis en soi. Et nous maintiendrons des relations avec le gouvernement au pouvoir. Que les Américains règlent leurs affaires, et nous les nôtres. Tel est notre principe de base.

*L'« image de l'ennemi »*

Nous n'avons certainement nul besoin de voir dans l'Amérique l'« image de l'ennemi », pas plus dans l'intérêt de notre politique intérieure qu'étrangère.

On n'a besoin d'un ennemi, imaginaire ou réel, que lorsqu'on veut maintenir un climat de tension, de confrontation, lequel peut avoir des conséquences d'une portée considérable et, j'ajouterais, imprévisible. Notre orientation est différente.

L'Union soviétique ne développe aucune propagande hostile à l'endroit des Américains, ne nourrit aucun mépris pour l'Amérique. Dans notre pays, il n'y a rien de cet ordre dans la vie publique ou l'éducation. Nous critiquons certes une politique avec laquelle nous sommes en désaccord. Mais c'est une autre affaire. Cela ne signifie pas que nous manquions de respect pour le peuple américain.

Durant l'été 1987, j'ai rencontré un groupe de professeurs américains, enseignant le russe, venus suivre deux mois de cours de perfectionnement à Léningrad. Ce fut une intéressante conversation, franche et chaleureuse.

Comme je demandais : « Avez-vous rencontré, ne fût-ce qu'un seul exemple d'attitude irrespectueuse à l'égard des Américains durant votre séjour ? », on me répondit : « Non, bien qu'un jour, un homme dans la rue m'ait demandé : quand y aura-t-il la paix ? Je lui ai répondu que j'espérais que la paix viendrait bientôt. »

C'est pourquoi j'ajoutai : « C'est une information fort intéressante. Je suis persuadé, mes amis, que, où que vous alliez en Union soviétique, vous ne rencontrerez jamais d'attitude d'irrespect à l'égard des Américains. Nulle part. Vous pouvez également lire nos journaux. Vous y trouverez des critiques, une analyse, des opinions et des jugements sur la politique gouvernementale, sur les déclarations et les agissements de groupes particuliers, mais jamais la moindre mention irrespectueuse à l'égard de l'Amérique ou des Américains. De sorte que si "les Rouges arrivent", ils arriveront avec vous sur la route commune de l'humanité. »

Pourtant, il s'avère que d'aucuns aux États-Unis, « ont besoin » de présenter l'Union soviétique sous l'image de l'ennemi. Sinon, il est difficile de comprendre certains films, le ton enflammé des programmes radiophoniques américains émis depuis Munich, le déferlement d'articles et de programmes remplis de vocifération et de haine à l'égard du peuple soviétique. Tout cela relève des années quarante, si ce n'est pas plus tôt.

Je ne voudrais pas idéaliser chaque étape de la politique étrangère soviétique au cours des décennies passées. Il y a eu aussi des erreurs. Mais bien souvent, elles furent la conséquence d'une réaction imprévoyante aux actions américaines, à une politique destinée par ses concepteurs à « faire chavirer le communisme ».

Nous sommes attentifs, et, pour être sincères, sourcilleux à l'égard des efforts menés pour donner de l'Union soviétique l'image de l'ennemi; d'autant plus qu'ils n'impliquent pas simplement les exercices idéologiques déclinant les fantasmes habituels sur « la menace militaire soviétique », « la main de Moscou », « les desseins du Kremlin » assortis d'un portrait totalement négatif de nos affaires intérieures. Je n'ai même pas envie de souligner l'absurdité de telles assertions, mais on ne peut pas non plus ignorer le fait que tout en politique répond à une intention précise. Car il s'agit bien d'une affaire de pratique politique qui sous-tend certaines intentions et certains plans. Nous devons nous défaire de toute trace de chauvinisme dans nos deux pays, surtout lorsqu'on considère la puissance que l'un et l'autre détiennent. Le chauvinisme risque d'introduire en politique des éléments inadmissibles mais incontrôlables.

Le fait est triste, et particulièrement désolant, mais les relations américano-soviétiques sont depuis longtemps sur la pente descendante. De brèves périodes d'amélioration ont laissé place à des accès prolongés de tension et d'hostilité croissante. Je suis convaincu que s'offrent à nous toutes les occasions de rectifier la situation et il semble que les choses s'orientent en ce sens. Nous sommes prêts à tout entreprendre pour amener des changements favorables.

### *La course aux armements : Pour qui ? Pourquoi ?*

Quand on réfléchit à ce qui entrave les bonnes relations américano-soviétiques, on en vient à la conclusion que c'est pour l'essentiel, la course aux armements. Je ne vais pas en récapituler l'historique. Qu'on me permette simplement de rappeler une fois encore qu'à presque toutes ses étapes, c'est l'Union soviétique qui a dû rattraper son retard. A l'orée des années soixante-dix, nous avions atteint approximativement l'équilibre militaro-stratégique. Mais à un niveau réellement terrifiant. L'Union soviétique comme les États-Unis ont aujourd'hui la capacité de se détruire mutuellement un grand nombre de fois.

Il pourrait sembler logique, au vu de cette impasse stratégique, de stopper la course aux armements et de redescendre vers le désarmement. Mais la réalité est autre. Les arsenaux qui débordent déjà continuent de se garnir de nouveaux types d'armes perfectionnées et de nouvelles branches de la technologie militaire sont en cours de mise au point. Les États-Unis donnent le ton de cette course dangereuse, voire fatale.

Je ne trahirai aucun secret si je dis que l'Union soviétique fait tout le nécessaire pour entretenir une défense fiable et moderne. C'est notre devoir à l'égard de notre peuple et de nos alliés. En même temps, j'aimerais dire avec fermeté que ce n'est pas notre choix. On nous l'a imposé.

On a répandu toutes sortes de doutes chez les Américains sur les intentions soviétiques en matière de désarmement. Mais l'histoire a montré que nous savons tenir parole et que nous honorons les engagements pris. Malheureusement, on ne peut pas en dire autant des États-Unis. Le gouvernement conditionne l'opinion publique, l'intimide avec une prétendue menace soviétique s'y employant avec un entêtement particulier dès qu'il s'agit de faire voter de nouveaux crédits militaires devant le Congrès. Nous devons nous interroger sur les raisons de cette attitude et les objectifs poursuivis par les États-Unis.

Il est d'une clarté limpide que dans le monde où nous vivons, le monde de l'arme nucléaire, toute tentative de recours à celle-ci pour résoudre les problèmes américano-soviétiques équivaudrait au suicide. C'est un fait. Je ne pense pas que les hommes politiques américains l'ignorent.

Qui plus est, une situation franchement paradoxale s'est instaurée aujourd'hui. Même si un seul pays continue à renforcer son arsenal tandis que l'autre n'en fait rien, le premier n'y gagnera malgré tout aucun avantage : le camp le plus faible peut tout simplement faire sauter toutes ses charges nucléaires, même sur son propre territoire, et ce serait alors le suicide pour lui mais également la mort lente pour l'ennemi. C'est pourquoi tout effort pour atteindre la suprématie militaire correspond à courir après sa queue. Ce n'est pas une méthode applicable sérieusement en politique.

Les États-Unis ne sont pas non plus pressés de se départir d'une autre visée : je veux parler de leur intention de saigner à blanc l'économie soviétique, de nous empêcher de mener à bien nos plans de construction en nous enfonçant toujours plus dans le bourbier de la course aux armements.

Je demande au lecteur de reconsidérer l'expérience des décennies d'après-guerre. L'Union soviétique est sortie de la Seconde Guerre mondiale dans un état extrêmement difficile. Certes, nous avions remporté le combat contre le fascisme, nous étions victorieux avec les États-Unis et les autres participants à la coalition antihitlérienne. Mais alors que pas une seule bombe n'était tombée sur le territoire américain, pas un seul tir ennemi n'y avait été entendu, une vaste partie de notre territoire avait servi de champ aux plus farouches batailles. Nos pertes — en vies humaines comme en matériel — étaient énormes. Malgré tout, nous avons réussi à reconstruire ce qui avait été détruit, à développer notre potentiel économique et à aborder avec confiance nos tâches de défense. N'est-ce pas une leçon pour l'avenir ?

Il est inadmissible que des États puissent baser leur politique sur des vues erronées. Nous savons que c'est une opinion couramment répandue aux États-Unis, et plus géneralement en Occident, que la menace de l'Union soviétique ne vient pas de ce qu'elle détient des armes nucléaires. Le raisonnement, comme j'ai déjà eu l'occasion de le mentionner, est le suivant : les Soviétiques savent très bien que s'ils attaquent les États-Unis, ils ne pourront échapper aux représailles. Réciproquement, les États-Unis savent parfaitement qu'une ripose suivra toute attaque contre l'U.R.S.S.. Par conséquent, seul un fou déclencherait le feu nucléaire. La vraie menace, à en croire ces gens, surviendra si l'Union soviétique réalise ses plans d'accélération du développpement socio-économique et démontre son nouveau potentiel économique et politique. D'où ce désir de saigner son économie.

Nous donnons ce conseil sincère aux Américains : tâchez de vous défaire de cette manière de voir. Les espoirs d'exploiter un avantage quelconque en matière de technologie ou d'industrie de pointe pour asseoir sa supériorité sur notre pays sont dérisoires. Agir selon l'assomption que l'Union soviétique serait dans une « situation désespérée » et qu'il suffit simplement aux États-Unis de renforcer leur pression pour obtenir tout ce qu'ils désirent est se tromper lourdement. De tels plans ne donneront rien. En politique réelle, on ne prend pas ses désirs pour des réalités. Si l'Union soviétique, alors qu'elle était bien plus faible qu'aujourd'hui, a été en état de répondre à tous les défis qui se présentaient, alors franchement, il faudrait être aveugle pour ne pas voir que notre capacité à entretenir une défense forte, tout en réglant nos problèmes sociaux et autres, s'est considérablement accrue.

Je le répète, pour ce qui est de la politique étrangère des États-Unis, elle se fonde au moins sur deux illusions : la première est de croire que le système économique de l'Union soviétique est sur le point de s'effondrer et que l'U.R.S.S. ne réussira pas sa restructuration. La seconde est de tabler sur la supériorité occidentale en matière d'équipement, de technologie, et en définitive dans le domaine militaire. Ces illusions nourrissent une politique qui vise à épuiser le socialisme par la course aux armements, pour mieux dicter sa loi ensuite. Tel est le plan; disons qu'il est naïf.

Les politiques actuelles des occidentaux ne sont pas suffisamment responsables et pêchent par une absence de renouvellement de pensée. Je le dis comme je le pense : si nous n'arrêtons pas maintenant pour engager un désarmement effectif, il se pourrait bien qu'on se retrouve au bord du précipice.

Aujourd'hui, plus que jamais auparavant, l'Union soviétique et les États-Unis ont besoin de réflexions responsables. L'un et l'autre pays ont leurs problèmes politiques, économiques et sociaux : un vaste domaine d'activités. Dans le même temps, de nombreux brain-trusts élaborent des plans stratégiques et jonglent avec des millions de vies humaines. Leur analyse se résume à ceci : l'Union soviétique constitue la menace la plus horrible pour les États-Unis et le monde. Je le répète : il est grand temps de se départir de cette mentalité préhistorique. Bien sûr, de nombreux diplomates et dirigeants politiques ont précisément engagé des politiques fondées sur une telle mentalité au cours des décennies passées. Mais leur temps est révolu. Une nouvelle perspective est nécessaire à l'ère nucléaire. Les États-Unis et l'Union soviétique en ont le plus grand besoin dans leurs relations bilatérales.

Nous sommes des réalistes. Aussi prenons-nous en considération le fait qu'en politique étrangère, tous les pays, même les plus petits, ont leurs intérêts propres. Il est plus que temps que les grandes puissances comprennent qu'elles ne peuvent plus remodeler le monde selon leurs propres schémas. Cette époque s'éloigne, ou du moins est en train de s'éloigner dans le passé.

### *Quelques autres réalités. Lever l'écueil idéologique dans les relations inter-états*

Nous aurions dû depuis longtemps examiner avec plus de recul le monde qui nous entoure et notre passé. Nous aurions dû voir sans crainte où nous en sommes réellement. Quand un pays voit dans un autre le mal incarné, et lui-même comme l'incarnation du bien absolu, leurs relations débouchent sur une impasse. Je ne parle pas ici de la rhétorique anti-communiste, si pernicieuse fût-elle, mais de l'incapacité, ou la réticence, à admettre que nous représentons tous une seule race humaine, que nous partageons un destin commun et devons apprendre à vivre en voisins civilisés sur notre planète. Les générations d'aujourd'hui ont hérité du passé la confrontation américano-soviétique. Mais sommes-nous condamnés à entretenir éternellement l'inimitié ?

Dans l'ensemble, nous vivons en paix depuis longtemps. Mais on ne peut considérer comme satisfaisante la situation internationale actuelle. La course aux armements, en particulier nucléaires, se poursuit. Des conflits régionaux font rage. Le danger de guerre s'accroît. Humaniser les relations internationales est la seule issue — mais c'est une tâche difficile. Voici comment nous voyons la question : il est essentiel de surmonter les différences idéologiques. Que chacun fasse lui-même son choix, et respectons-le tous. Et pour ce faire, un nouveau mode de pensée politique est nécessaire, qui procède de la reconnaissance de l'interdépendance générale et du postulat que la civilisation doit survivre. Si nous parvenons à une entente fondée sur les critères d'une telle pensée nouvelle, nous parviendrons à des décisions efficaces sur les problèmes globaux. Si les dirigeants politiques comprennent ce point et le mettent en pratique, ce sera une victoire décisive pour la raison.

Quand nous parlons d'améliorer la situation globale, nous mettons en avant deux critères pour une politique étrangère réaliste : la prise en compte par chacun de ses propres interêts nationaux, et le respect des intérêts des autres pays. Cette attitude est saine et raisonnable; on doit la défendre avec obstination. Nous le pensons et agissons en ce sens.

*L'éloignement est nuisible*

On entend souvent dire que l'Union soviétique et les États-Unis pourraient fort bien se passer l'un de l'autre. Pour être sincère, je l'ai parfois dit moi aussi. Eh bien, c'est vrai du point de vue économique, si l'on considère les rapports négligeables que nous entretenons en ce domaine aujourd'hui. Rapports ou pas, nous continuons à vivre et apprenons des leçons que les Américains nous imposent.

Nos importations de céréales étaient un point sensible. Nous avons aujourd'hui assuré notre position en passant des contrats d'importation avec de nombreux pays et en introduisant des techniques de culture intensive pour accroître la production intérieure. Notre tâche actuelle est de commencer à exporter du blé dans un avenir proche.

L'Occident a instauré le Cocom. Les États-Unis veillent jalousement à ce qu'on n'en viole pas les limitations et font tout pour élargir la liste des biens interdits à la vente à l'Union soviétique. L'Amérique n'hésite pas à s'ingérer dans les affaires intérieures des participants à ce programme d'embargo.

L'Union soviétique a promptement réagi en élaborant un programme similaire, baptisé Programme Cent parce qu'il traitait de cent produits. Nous l'avons mis en oeuvre en moins de trois ans. Quelque 90 % de ceux que nous utilisons dans cette liste sont fabriqués chez nous. Nous pouvons donc dire que nous avons dans l'ensemble réglé le problème.

Nous avons déclaré sans ambages qu'il était temps de surmonter notre complexe d'infériorité. Notre pays est vaste, il a des ressources immenses et un potentiel scientifique considérable. Nos partenaires capitalistes à l'étranger ne sont pas toujours fiables et parfois se servent du commerce pour exercer un chantage politique et pratiquer l'intimidation. Les mesures que nous avons prises portent déjà leurs fruits. Des avancées notables ont été effectuées dans la technique des ordinateurs et des superordinateurs, de la supraconductivité et d'autres domaines encore.

Les États-Unis ont l'espoir de toujours diriger le monde : espoir vain, comme s'en rendent compte nombre de scientifiques américains.

Nos pays sont restés éloignés l'un de l'autre depuis des années, et les économies tant américaine que soviétique ont perdu quantité de remarquables occasions. Le soupçon et le manque de confiance nous ont empêchés de réaliser ensemble bien des choses valables.

L'éloignement est nuisible. En outre, les contacts économiques procurent les bases matérielles à un rapprochement politique. Les contacts économiques suscitent des interêts mutuels fort utiles en politique. Si nous renforçons nos relations économiques et commerciales et poursuivons le processus culturel engagé, même sur un rythme plus lent que nous l'aimerions, nous serons capable d'instaurer la confiance entre nos deux pays. Mais les États-Unis ont créé de nombreux obstacles dans le domaine économique.

Nous continuons effectivement à importer des céréales, mais essentiellement pour maintenir les échanges, qui risqueraient sinon de s'éteindre. Toutefois, comme je l'ai dit, il se peut bientôt que nous puissions nous passer entièrement d'importations céréalières. Et le commerce soviéto-américain pour les autres produits est quasiment inexistant. A peine des produits soviétiques ont-ils pénétré le marché américain, que les États-Unis se hâtent de prendre des mesures pour en interdire ou du moins en restreindre le commerce. En Amérique, ce ne sont pas les règlements qui manquent pour empêcher le développement du commerce avec l'Union soviétique.

L'Amérique se passe de l'Union soviétique, et nous aussi, nous nous passons de l'Amérique pour ce qui est du commerce. Mais dès que l'on veut bien songer à quel point le reste du monde dépend de nos deux pays et de leur bonne entente, on se rend compte qu'une compréhension mutuelle doit se développer. Et donc, nos échanges aussi. Ce ne serait que normal, et même passionnant.

Certains groupes aux États-Unis ne sont pas spécialement ouverts à cette idée et ne manifestent aucun désir de l'accueillir. Leur raisonnement est immuable : s'il y a quelque chose à tirer de l'Union soviétique, l'Amérique est toujours là. Mais quand il s'agit de profit mutuel, il n'y a plus personne.

L'Union soviétique détient également sa part de responsabilité. Une grande part en fait. Nous sommes peut-être de mauvais commerçants. Ou bien nous ne savons pas accomplir les efforts nécessaires parce que nous pouvons nous en passer. L'un et l'autre camp doit s'employer à retirer les obstacles.

C'est la méthode convenable pour établir la confiance. Les incantations ne marchent pas ici. La confiance vient en résultat d'une action pratique, y compris les efforts communs pour développer le commerce et les liens économiques, scientifiques, techniques, culturels et autres. Chaque camp doit œuvrer à stopper la course aux armements et passer au désarmement. Si nous travaillons de conserve à résoudre les conflits régionaux, notre confiance réciproque y gagnera aussi.

Quand j'entends qu'il faut d'abord s'occuper de la confiance et qu'on résoudra après les problèmes de fond, je n'arrive pas à comprendre. Cela me semble plutôt une excuse boiteuse. La confiance est-elle un don divin ? Ou naîtra-t-elle toute seule du simple fait que l'Union soviétique et les États-Unis répètent chacun de leur côté qu'ils l'encouragent ? Que non. Susciter la confiance est un long processus. Son degré dépend toujours des relations effectives, de la coopération dans de nombreux domaines.

Nous devons arriver à mieux nous connaître si nous voulons éviter des incidents lourds de possibles désastres. Je le répète encore : il n'y a pas que les facteurs économiques pour nous pousser à coopérer. Les objectifs politiques sont plus importants ici que les objectifs économiques. Notre objectif principal est de normaliser les relations américano-soviétiques. Nous ne devons pas le perdre de vue, si éloigné qu'il paraissse, et même si la voie qui y mène est obscurcie par des facteurs intérieurs ou internationaux.

Tous ceux qui ont l'esprit réaliste, en Amérique comme ailleurs, désirent la coopération, pas la confrontation. Mes informations et mes contacts personnels me le confirment. Ces gens saluent le réalisme de la politique soviétique et fondent sur elle de grands espoirs. J'en ai rencontré beaucoup et je constate qu'ils pensent en termes de situation globale même s'ils n'oublient jamais les affaires. C'est toujours un plaisir pour moi de rencontrer le

Dr Armand Hammer. Il fait beaucoup pour promouvoir la compréhension et les contacts amicaux entre nos deux pays. J'ai récemment entendu dire que M. Bronfman, l'un des plus riches citoyens américains, proposant de boire à la santé de Gorbatchev, l'expliquait ainsi à son compagnon : « Cette vie m'a procuré tout ce qu'il était possible d'obtenir matériellement. Mais à présent, c'est l'avenir de l'humanité qui importe. Si l'Union soviétique continue à se développer, elle sera capable de préserver l'équilibre des forces et, par conséquent, il y aura un marché et la paix. »

L'Union soviétique et les États-Unis sont deux États puissants avec de vastes intérêts, des alliés et amis. Nous avons chacun nos priorités en politique étrangère, mais cela ne veut pas nécessairement dire que nous sommes condamnés à l'affrontement. Une autre conclusion serait plus logique : l'Union soviétique et les États-Unis ont surtout la responsabilité commune de l'avenir de l'humanité.

Le plus gros des armes nucléaires est concentré en Union soviétique et aux États-Unis. Dix ou même un pour cent de leur potentiel suffirait à infliger des dommages irréparables à notre planète.

Ce constat implique que les Américains et nous, nous assumions la plus grande responsabilité à l'égard des nations du monde. Nos deux pays et nos deux peuples, ainsi que leurs hommes politiques ont cette responsabilité unique, particulière devant toute la civilisation humaine. Le peuple américain a été assez fort pour faire de l'Amérique ce qu'elle est aujourd'hui. Et l'Union soviétique a prouvé qu'elle était assez forte pour faire d'un pays naguère arriéré une puissance moderne. Et aujourd'hui, malgré tous les écueils rencontrés au long d'une histoire difficile, l'Union soviétique est devenue un État développé, une nation policée au vaste potentiel intellectuel. Aussi, j'espère que les Américains et nous, forts de nos réussites historiques, nous aurons la sagesse, la capacité, le sens des responsabilités et le respect mutuel nécessaires pour prendre la réalité à bras le corps et éviter la catastrophe.

Nous sommes parfaitement conscients des monceaux de problèmes accumulés entre nos deux pays. Il est impossible de traiter rapidement et de résoudre d'un coup des difficultés amassées au fil des années. Ce serait se conduire en songe creux que de penser autrement. Le plus important, dans les relations américano-soviétiques, est non pas de courir après des utopies mais de voir les choses telles qu'elles sont. Nous considérons le monde, les États-Unis compris, d'un oeil politique réaliste. Et nous partons du fait fondamental que ni le peuple américain, ni le peuple soviétique ne désire l'auto-destruction. Convaincu de ceci, nous nous sommes embarqués sur une route vouée à l'amélioration des relations avec les États-Unis, et nous attendons qu'on nous rende la pareille.

*Sur la route de Genève*

Effectuant un vaste inventaire de nos affaires intérieures et de la situation internationale à l'issue de la réunion plénière, en avril 1985, du Comité central du PCUS, la direction soviétique en est arrivée à la conclusion que la situation mondiale était trop dangereuse pour qu'on laisse échapper ne fût-ce que la plus infime chance de l'améliorer et d'instaurer une paix durable.

Nous avons décidé d'essayer la persuasion, en faisant un exemple montrant la voie du bon sens, afin de renverser le dangereux cours des événements. La gravité de la situation nous a convaincus de la nécessité d'une rencontre en tête-à-tête avec le président américain. Ne serait-ce que pour avoir un échange de vue approfondi et mieux comprendre nos positions réciproques.

Plusieurs mois avant la rencontre, nous avons commencé à préparer le terrain en créant un climat plus favorable. Durant l'été 1985, l'Union soviétique a instauré un moratoire unilatéral sur toutes les explosions nucléaires et exprimé sa volonté de reprendre sur-le-champ les négociations pour un traité d'interdiction totale des essais nucléaires. Nous avons également réaffirmé à cette occasion notre moratoire unilatéral sur les essais d'armes anti-satellites et avancé une proposition radicale pour la réduction des arsenaux nucléaires. Enfin, nous avons appuyé notre ferme conviction que la course aux armements ne devait pas essaimer dans l'espace, d'une proposition de large coopération internationale pour son exploration et son exploitation pacifique.

A la veille de la rencontre de Genève, les pays du Pacte de Varsovie ont déclaré lors de la réunion de leur Comité consultatif politique à Sofia, qu'ils étaient décidés à continuer d'œuvrer pour la paix, la détente, contre la course aux armements et la confrontation; ainsi que pour une amélioration de la situation internationale dans l'intérêt de tous les pays du monde.

### *Genève*

Tous les détails du sommet de Genève sont encore frais dans ma mémoire. Durant deux journées chargées, j'ai eu plusieurs discussions en tête-à-tête avec le président Reagan. Il y en eut cinq en tout, pour être précis, sans compter celle où nous nous sommes revus pendant quelques minutes pour nous saluer.

Comme je l'ai déjà dit, nos discussions ont été franches, longues, serrées; et parfois même, très serrées. Nous avons pris conscience que nous disposions de ce que je vois comme un tremplin pour œuvrer vers de meilleures relations américano-soviétiques : la conviction qu'une guerre nucléaire ne pouvait pas être gagnée et ne devait pas être déclenchée.

Ce point de vue avait été exprimé à de nombreuses reprises tant par le camp soviétique que par les Américains. Il signifie que le point crucial des relations entre nos deux pays aujourd'hui est la sécurité. J'ai dit au Président que nous devions songer aux moyens d'améliorer les relations bilatérales dans l'intérêt mutuel des peuples américain et soviétique, puis essayer de rendre ces relations amicales, en prenant en compte non seulement les différences mais les inter-relations entre nos deux pays. C'est la seule autre alternative à la destruction universelle.

C'est en partant de là que nous avons discuté des mesures nécessaires pour empêcher la course aux armements dans l'espace et la stopper sur Terre, ainsi que de l'importance du maintien d'un équilibre stratégique et de la réduction de son niveau. C'est également à partir de cette position que nous avons discuté du monde qui nous entoure, cette communauté de nations aux facettes multiples, chacune avec ses intérêts, ses aspirations, sa politique, ses traditions et ses rêves. Nous avons évoqué le désir naturel de chaque nation d'exercer ses droits souverains dans la sphère politique, comme dans les sphères économique et sociale. Chaque pays a le droit de choisir son mode de développement, son système et ses amis. Si nous ne reconnaissons pas ce fait, nous ne serons jamais capables d'instaurer des relations internationales normales.

Il y eut des moments où le Président partageait mes vues mais, sur bien des points, nous n'avons pu parvenir à un accord. Nos divergences substantielles sur des questions de principe demeuraient. A Genève, nous n'avons pu trouver de solution au problème fondamental de l'arrêt de la course aux armements et du renforcement de la paix.

Malgré tout, même alors, à l'automne 1985, j'ai pensé, et je pense encore, que la rencontre était utile et nécessaire. Dans les périodes les plus difficiles de l'histoire, on a besoin de moments de vérité comme d'air pur. La course aux armements a rendu la situation internationale trop instable, et l'on a proféré trop d'absurdités à ce sujet. Le temps est venu de dissiper ce brouillard et de confirmer les paroles par des actes. Rien ne vaut pour ce faire une discussion directe et c'est à quoi servent les rencontres au sommet. Dans un débat direct, on ne peut se dérober à la vérité.

A Genève, nous avons appris à mieux nous connaître, nous avons cerné clairement la nature de nos différences et entamé le dialogue. Nous avons signé un accord sur les échanges culturels qui fonctionne déjà à notre mutuel avantage. Nous avons pris conscience que la route était encore longue pour parvenir à une compréhension mutuelle satisfaisante et qu'il faudrait travailler vraiment dur pour amener un progrès dans les relations américano-soviétiques et dans le monde en général.

*L'après-Genève*

Que s'est-il passé après Genève ? Nous avons toujours su que rien ne changerait tout seul et qu'il faudrait faire preuve d'initiatives nombreuses pour prolonger ce qui avait été obtenu. Les accords signés à Genève, dans lesquels chaque camp s'engageait à ne jamais déclencher de guerre nucléaire, à ne jamais chercher à assurer sa supériorité militaire, et à accélérer les négociations engagées, ces accords, il fallait les traduire en gestes concrets. Ces gestes, nous les avons faits.

Le 1er janvier 1986, notre moratoire unilatéral sur les explosions nucléaires venait à expiration, mais l'Union soviétique le prolongea. Ce fut une décision très sérieuse qui impliquait pour nous certains risques, car les progrès dans la technologie spatiale se poursuivaient et de nouveaux types d'armes, tels les lasers à pompage nucléaire étaient en cours de mise au point. Pourtant, nous avons eu le courage de faire ce que nous avons fait et d'inviter les États-Unis à nous suivre dans l'intérêt de la paix mondiale.

Une interdiction des essais nucléaires constitue une pierre de touche. Si vous souhaitez sincèrement éliminer les armes nucléaires, vous serez d'accord pour en interdire les essais car une telle interdiction conduira à une réduction des arsenaux existants et à la fin de leur modernisation. Si vous ne le voulez pas, vous ferez au contraire tout pour assurer la poursuite des essais.

Une interdiction des essais nucléaires est une mesure qui introduirait aussitôt un élément nouveau, encourageant, dans les relations américano-soviétiques et la situation internationale dans son ensemble. Il existait de bonnes bases pour mettre en oeuvre cette mesure. L'Union soviétique et les États-Unis sont tous deux signataires du traité bannissant les essais nucléaires dans trois environnements[1]. Nous avions abouti à un accord sur la limitation des explosions nucléaires souterraines et avions quelque expérience des négociations sur leur interdiction totale.

Auparavant, la pierre d'achoppement avait toujours été le problème de la vérification. Pour le supprimer, nous avons déclaré que nous étions prêts à accepter toutes formes de vérification et à utiliser dans ce but les installations techniques nationales et celles de trois pays tiers.

S'agissant d'une action plutôt que d'une simple proposition, le moratoire soviétque sur les explosions nucléaires démontrait la sincérité de notre programme de désarmement et de nos appels à une politique nouvelle — une politique de réalisme, de paix et de coopération.

Les gens de bonne volonté ont salué notre décision de moratoire sur les explosions nucléaires. Nous avons entendu, venant de toutes parts, des paroles d'approbation et de soutien. Hommes politiques et parlementaires, personnalités publiques et organisations ont vu dans cette action l'exemple d'une manière correcte d'aborder les problèmes contemporains ainsi qu'un espoir de délivrer le monde de la peur d'une catastrophe nucléaire. Le moratoire soviétique reçut l'aval de l'Assemblée générale de l'ONU, la réunion d'États la plus représentative au monde.

Nous avons également reçu le soutien de physiciens et de médecins de renom qui perçoivent peut-être mieux que quiconque les dangers de l'atome. Le moratoire soviétique a inspiré des actions vigoureuses aux membres de la communauté scientifique dans de nombreux pays.

Néanmoins, toutes ces manifestations évidentes et encourageantes du nouveau mode de pensée sont contrecarrrées par le militarisme et les attitudes politiques qui en découlent et qui restent si dangereusement à la traîne des bouleversements radicaux en cours d'instauration à l'échelle internationale. La réaction du gouvernement américain au moratoire soviétique a été sans équivoque : il a poursuivi une série d'essais nucléaires. Son porte-parole a déclaré officiellement que c'était l'affaire de Moscou d'essayer ou non des charges nucléaires. En ce qui concernait les États-Unis, les essais continueraient sans discontinuer.

Le silence régnait sur les sites d'essais soviétiques. Bien sûr, nous pesions les dangers impliqués par les actions de Washington et constations avec quelle publicité et quelle impudence le gouvernement américain appliquait sa doctrine au mépris total des appels lancés pour faire cesser toutes les explosions nucléaires. Néanmoins, ayant examiné le problème sous tous les angles, et guidé par son sens des reponsabilités à l'égard du sort de la planète, le Bureau politique du Comité central du PCUS et le gouvernement soviétique résolurent en août 1986 de proroger leur moratoire unilatéral sur les essais nucléaires jusqu'au 1er janvier 1987. Les États-Unis, toutefois, n'ont pas jugé bon là encore de suivre l'exemple soviétique.

Je ne pense pas que notre moratoire soit improductif. L'opinion publique mondiale a appris que l'on pouvait arrêter les essais nucléaires et elle a pu voir aussi qui s'y opposait. Il est exact qu'on a raté là une occasion historique de stopper la course aux armements mais les leçons politiques de cet épisode n'ont pas été perdues. Maintenant qu'on est parvenu à un accord pour entamer au 1er décembre des négociations échelonnées sur les essais nucléaires, nous pouvons tous nous féliciter d'avoir réussi à faire décoller la question.

*Le programme de désarmement nucléaire*

Le 15 janvier 1986, nous avons avancé un programme échelonné sur quinze ans d'élimination des armes nucléaires pour la fin du XXe siècle. Nous avons élaboré ce programme avec soin, en cherchant à garantir un équilibre des intérêts mutuellement acceptable à chacune de ses étapes, afin qu'à aucun moment ne soit compromise la sécurité de quiconque. Toute autre approche serait purement et simplement irréaliste. Sur la base de ce programme, nos délégués ont émis des propositions de compromis décisives aux négociations de Genève.

Elles avaient trait aux missiles à moyenne portée, aux armes stratégiques offensives et à la non-militarisation de l'espace.

La déclaration du 15 janvier était de nature politique. Nous désirions distinguer la principale menace contre la civilisation, liée aux armes et aux explosions nucléaires, sans passer sous silence les questions ayant trait à l'interdiction et l'élimination des armes chimiques et à une réduction massive des armements conventionnels. Il s'agissait d'un ensemble général de mesures. Le principe dominant, appliqué à toutes les étapes, était le maintien de l'équilibre. On n'a pas besoin de ruses et de roueries mais d'une responsabilité politique et de la claire compréhension que personne ne doit tromper personne quand il s'agit de domaines aussi sensibles que la sécurité d'un État.

Un pas tel que celui que nous avons accompli le 15 janvier 1986 exigeait non seulement de savoir discerner notre responsabilité mais également une volonté politique. Nous sommes partis de la nécessité d'aborder d'une manière neuve les questions de sécurité à l'ère nucléaire et spatiale. C'était le voeu de notre peuple tout entier.

En accomplissant ce pas, notre dernier souci était de monter une opération de propagande pour l'emporter sur le camp d'en face. Le geste était dicté par le désir de prévenir la guerre nucléaire et de préserver la paix. Notre décision était au diapason de l'opinion publique mondiale; entre autres, elle était une réponse à l'appel du Groupe des Six (Inde, Argentine, Suède, Grèce, Mexique, Tanzanie).

Nous sommes profondément dévoués à l'idée d'un monde dénucléarisé. Enrichie par la tradition politique indienne et les traits particuliers de la culture et la philosophie de ce pays, cette idée a été développée dans la déclaration de principe de Delhi pour un monde débarrassé de l'arme nucléaire et non-violent. Pour nous, il ne s'agit pas de quelque slogan inventé pour frapper l'imagination. La sécurité est une question politique, non la résultante d'un affrontement militaire. Ne pas le comprendre ne peut que déboucher sur la guerre avec tout son cortège de conséquences catastrophiques. Si jamais l'immense accumulation d'armes nucléaires, chimiques et autres est lâchée sur le monde, il ne subsistera plus rien de notre planète. L'enjeu est la survie de l'humanité. Pour nous, l'idée d'un monde dénucléarisé est une conviction à laquelle nous sommes parvenus à travers quantité de souffrances. Nous considérons la sécurité comme un concept global qui intègre non seulement des aspects politico-militaires mais aussi économiques, écologiques et humanistes.

Lors du XXVII^e Congrès du PCUS, nous avons justifié sous tous les angles le concept d'instauration d'un système global de sécurité internationale. Nous l'avons présenté au monde entier, aux gouvernements, aux partis, aux organisations et mouvements publics authentiquement soucieux de la paix sur Terre[2].

Nous ne renonçons à aucune des propositions de notre programme du Congrès; nous sommes prêts à examiner avec le plus grand soin toute idée susceptible de promouvoir la coexistence pacifique considérée comme le principe le plus noble, le plus universel dans les relations entre États.

Nous avons également parlé au Congrès des relations américano-soviétiques. J'aimerais rappeler ici notre déclaration à ce sujet : « Il est dans la ferme intention de l'Union soviétique de justifier les espoirs des peuples de nos deux pays et du monde entier qui attendent des dirigeants de l'U.R.S.S. et des États-Unis des mesures concrètes, des décisions pratiques, et des accords tangibles pour réfrener la course aux armements. » On peut résumer en quelques mots l'essence même de la position du Congrès à l'égard des relations américano-soviétiques : nous vivons tous sur la même planète et nous ne serons pas en mesure de préserver la paix sans les États-Unis.

*Les États-Unis depuis Genève*

Comment le gouvernement américain s'est-il comporté depuis Genève ? Lancement pour la énième fois d'une campagne tapageuse visant à susciter les passions antisoviétiques; tentatives répétées pour faire de l'Union soviétique une espèce d'épouvantail, et accroître la peur pour faire passer les derniers crédits militaires devant son Congrès. A cette occasion, on a même ressorti le qualificatif d'« empire du mal ». Le Président a de nouveau confirmé qu'il n'allait pas renoncer à ce terme.

On pourrait assimiler tout ceci à de la rhétorique mais, comme je l'ai déjà dit, une rhétorique hostile ruine également les relations. Elle produit un effet boule de neige. Les choses sont aujourd'hui bien plus sérieuses : en témoignent la demande à l'Union soviétique de réduire de 40 % son personnel diplomatique aux États-Unis; l'entrée de navires de guerre dans les eaux territoriales soviétiques près des côtes de Crimée; une attaque militaire contre l'état souverain de Libye. Nous avons jugé ces actions du gouvernement américain dans la situation de la période de l'après-Genève comme un défi, lancé non seulement à l'Union soviétique mais aussi au monde entier, y compris au peuple américain.

C'est alors que les États-Unis ont déclaré leur intention de se retirer du Traité SALT-II. Ce document fut déclaré « éteint ». Au lieu de progresser vers de nouveaux accords décisifs pour arrêter la course aux armements, le gouvernement américain a préféré démanteler ceux qui existaient. On a entamé une campagne d'intoxication des Américains et de l'opinion mondiale pour détruire le Traité illimité sur les missiles anti-balistiques.

La période de l'après-Genève a servi de révélateur : alors que par le passé nous n'avions que des présomptions, nous avons aujourd'hui des faits attestant la réticence du gouvernement américain à respecter les accords de Genève. Cependant, tout en continuant d'agir à sa manière antérieure, il désirait « calmer » le public.

Nous en sommes alors venus à nous redemander si Washington s'imagine traiter avec des gens timorés, s'il croit pouvoir continuer d'agir comme un joueur, et s'imagine que l'Union soviétique se met à trembler chaque fois devant de nouvelles attitudes militaristes ?

A cette époque, je devais prononcer un discours dans la ville de Togliatti pour expliquer à la classe ouvrière de cette cité, ainsi qu'à tout le peuple soviétique, ce qui s'était produit depuis Genève.

Nous avons fait beaucoup, et rempli notre engagement devant le monde, en adoptant une attitude hautement responsable face à nos engagements de Genève. Mais les États-Unis ? J'ai cité des faits, et de nouveau s'est posée la question de leurs intentions réelles s'il faut juger quelqu'un sur sa politique concrète plutôt que sur ses déclarations. Non seulement le gouvernement américain avait abandonné la détente, mais il semblait s'effaroucher de toute manifestation de dégel. Je devais dire honnêtement au peuple soviétique quels intérêts servait une telle politique. Assurément, ce n'était pas le peuple américain qui désirait voir s'accroître la menace militaire, n'est-ce pas ? Il fallait bien alors évoquer le complexe militaro-industriel américain qui, tel le Moloch antique, non seulement dévore les immenses ressources de l'Amérique et des autres peuples, mais aussi les fruits des efforts accomplis pour éliminer la menace de guerre nucléaire.

Bien entendu, nos concitoyens sont inquiets devant l'Initiative de Défense Stratégique. Nous l'avons dit et répété. Mais peut-être s'agissait-il simplement d'une nouvelle tentative d'intimidation? Peut-être valait-il mieux cesser de craindre l'I.D.S.?

L'indifférence n'était certainement pas admissible. Nous avons vu que, bien que des millions d'Américains — parmi lesquels des dirigeants politiques et des personnalités de tout premier plan, des gens ordinaires, des scientifiques, des autorités religieuses, des universitaires et des étudiants — fussent contre l'I.D.S. et les essais nucléaires, certaines factions aux États-Unis s'étaient enflammées pour le programme de Guerre des Etoiles. C'était d'autant plus dangereux qu'il en découlait directement une militarisation rapide de la pensée politique. Et pourtant, il était nécessaire de nous débarrasser de cette pesée inhibante dont nous n'étions pas responsables. Les États-Unis pensaient que si l'U.R.S.S. avait peur de l'I.D.S., l'I.D.S. devrait l'intimider sur tous les plans : moral, économique, politique comme militaire. Ceci explique l'insistance donnée à cette initiative, le but étant de nous épuiser. Aussi avons-nous décidé de dire : oui, nous sommes contre l'I.D.S. parce que nous sommes pour l'élimination totale des armes nucélaires et parce que l'I.D.S. rend le monde encore plus instable. Mais pour nous, c'est, plus que de crainte, une affaire de responsabilité car les conséquences du projet seraient imprévisibles. Au lieu de promouvoir la sécurité, l'I.D.S. détruit ce qui pouvait subsister encore pour la servir.

Parlant à Togliatti, je décidai de répéter que notre réponse à l'I.D.S. serait effective. Les États-Unis espèraient que nous déploierions des systèmes similaires pour qu'ils puissent alors nous dépasser technologiquement et tirer parti de leur supériorité dans ce domaine. Mais nous autres, dirigeants soviétiques, savons que rien de ce que peuvent réussir les États-Unis n'est hors de portée de nos scientifiques et de nos ingénieurs. Le dixième des investissements américains nous suffirait pour créer un contre-système pour déjouer l'I.D.S.

Aussi avons-nous résolu de démonter entièrement les déclarations démagogiques selon lesquelles nous faiblirions devant l'I.D.S.

Dans mon allocution, j'ai répété la formule du Congrès du Parti : nous ne voulons pas plus de sécurité, mais nous refuserons d'en admettre moins.

Résumant les résultats des mois qui avaient suivi Genève, nous avons voulu dire à l'Occident, aux États-Unis et à l'OTAN, qu'en aucun cas nous n'abandonnerions notre politique de paix, même si nous étions lucides sur la véritable politique occidentale. Nous n'implorerions pas la paix. Nous avions plus d'une fois répondu aux défis et nous étions prêts à recommencer.

Il semblait que les États-Unis auraient dû répondre à nos initiatives et à nos gestes depuis le sommet de Genève en faisant la moitié du chemin et en répondant aux aspirations manifestées. Mais tel n'a pas été le cas. L'équipe dirigeante a placé ses intérêts égoïstes au-dessus de ceux de l'humanité et de son propre peuple. Ce qui était également significatif, c'était sa manière brutale et provocatrice de le faire, au mépris total de l'opinion publique mondiale.

De telles attitudes indiquent qu'on a de nouveau fait fi du sentiment de responsabilité pour revenir à la mentalité habituelle selon laquelle on peut se tirer toujours de tout.

Les espoirs soulevés partout, y compris dans la société américaine, après le sommet de Genève, ont bientôt laissé la place à la désillusion, car tout, dans la politique réelle des États-Unis, était resté tel qu'auparavant.

Avril 1986 nous a enseigné — terrible leçon — ce qu'un atome échappant à tout contrôle pouvait faire, même quand il s'agissait d'un atome utilisé à des fins pacifiques. Je fais allusion à la tragédie de Tchernobyl. Toute la vérité a été faite sur les circonstances du drame, ses raisons et ses conséquences. Les responsables de la catastrophe sont déjà passés en jugement. Le monde sait les efforts accomplis dans notre pays pour réduire l'ampleur de cette catastrophe.

Nous avons discuté de nombreuses fois de l'accident au Bureau politique du Comité central. Peu après que les premiers rapports nous ont été transmis, nous nous sommes rendus compte que la situation était grave et que nous étions responsables, à la fois de l'évaluation de l'accident et des conclusions correctes à en tirer. Nos travaux sont ouverts à toute la nation et au monde entier. Croire que nous pouvons nous en tenir à des demi-mesures et esquiver la question n'est pas admissible. Il faut une information impartiale et complète sur ce qui s'est passé. Une attitude lâche serait une politique inacceptable et aucune position acquise ne peut nous pousser à dissimuler la vérité.

La direction soviétique s'est directement impliquée dans les efforts mis en oeuvre pour régler les conséquences de l'accident. Nous l'estimions de notre devoir envers notre peuple, et de notre responsabilité internationale.

On a fait appel aux meilleurs scientifiques, médecins et techniciens pour juguler les conséquences de l'accident. Nous avons reçu l'aide — qui fut particulièrement appréciée — de scientifiques, de firmes industrielles et de médecins, y compris venus des États-Unis. Et finalement, nous sommes parvenus à un certain nombre de conclusions cruciales concernant le développement futur de notre industrie nucléaire.

Grâce aux efforts désintéressés de dizaines de milliers de personnes et à un soutien national, y compris par des dons, nous avons réussi à limiter les conséquences de l'accident. Mais nous ne considérons pas que c'est une raison pour garder le silence. Nous ne sommes pas enclins à simplifier outrageusement la situation, que ce soit pour nous ou pour les autres. Le travail continue. Il prendra des années même si la situation, je le répète, est aujourd'hui maîtrisée.

Et c'était un accident qui n'a impliqué qu'un seul réacteur. Tchernobyl nous a rappelé impitoyablement ce que nous endurerions tous si l'apocalypse nucléaire était déclenchée.

Je ne vais pas rappeler ici tous les mensonges débités à propos de Tchernobyl. Qu'on me permette simplement de dire que nous avons apprécié la compréhension et l'aide de tous ceux qui ont compati à notre infortune mais que nous avons encore une fois pu constater combien le monde recélait de malveillance et de méchanceté.

### *Reykjavik*

Nous avions pris conscience que la faction militariste aux États-Unis (je ne parle ni des partis démocrate ou républicain mais de ceux qui sont étroitement liés au commerce des armes) était terrifiée par le moindre indice de dégel dans les relations entre nos deux pays. Cette faction avait fait tout son possible — et même l'impossible — pour faire oublier entièrement le sommet de Genève, effacer son esprit, et supprimer tous les obstacles entravant la course aux armements, y compris dans la nouvelle direction : vers l'espace.

Mais nous étions également tout-à-fait conscients que la faction militariste était loin d'être la seule force sur la scène politique américaine. Les hommes politiques américains qui avaient adopté des positions réalistes et n'entretenaient aucune illusion sur la situation du monde, prônaient la poursuite de négociations avec l'U.R.S.S. pour trouver les moyens de normaliser les relations américano-soviétiques, conscients qu'ils étaient que la course aux armements aurait de sérieuses conséquences négatives sur les États-Unis eux-mêmes. Mais les intérêts de la faction militariste trouvaient toujours moyen de triompher, comme en fait, cela s'était déjà souvent produit.

Les chances d'organiser dans les règles un sommet américano-soviétique fructueux s'évanouissaient rapidement. Se rendre à un nouveau sommet rien que pour se serrer la main et maintenir des relations superficiellement amicales aurait été frivole et stupide. Et pourtant, nous ne pouvions pas accepter le « non » américain à nos constants efforts pour réussir un rapprochement de nos positions et parvenir à élaborer un compromis raisonnable. Nous savions que nous avions besoin d'une avancée et que le temps travaillait contre les intérêts de l'humanité. Surgit alors l'idée de tenir un sommet américano-soviétique intérimaire pour donner un élan véritablement puissant à la cause du désarmement nucléaire, surmonter les tendances dangereuses et réorienter le cours des événements dans la bonne direction. Le président américain accepta notre initiative, ce qui semblait de très bon augure. C'est ainsi que fut ouverte la route du sommet de Reykjavik en octobre 1986.

Au cours de notre première discussion à Reykjavik, j'ai dit au Président qu'à la suite du sommet de Genève, nous avions réussi à mettre en branle la vaste et complexe mécanique du dialogue américano-soviétique. Mais cette mécanique avait eu plus d'une fois des ratés : aucun progrès n'avait été fait sur les questions décisives qui préoccupaient les deux camps — comment désamorcer la menace nucléaire, comment tirer parti de l'élan donné par le sommet de Genève, comment parvenir à des accords précis. Cela nous préoccupait beaucoup. Je lui dis également que les pourparlers de Genève s'embourbaient dans des discussions interminables menant à des impasses. Il y avait entre cinquante et cent solutions de rechange à l'étude, mais aucune susceptible d'ouvrir la voie vers le progrès.

Nous avions soigneusement planifié le sommet de Reykjavik et accompli un important travail préparatoire. Nous poursuivions une ligne ferme et clairement définie qui était de nous mettre d'accord à long terme sur une élimination totale des armes nucléaires avec un niveau de sécurité égal pour les États-Unis et l'Union soviétique à toutes les étapes du processus menant vers ce but. Toute autre approche aurait été vague, irréaliste et non valide. La rencontre de Reykjavik, étions-nous convaincus, devait ouvrir la voie à la signature d'accords sur les problèmes fondamentaux du contrôle des armements lors de notre réunion suivante.

Nous avions apporté avec nous à Reykjavik le premier jet d'une série de mesures radicales. Eussent-elles été acceptées que l'humanité se serait trouvée à l'orée d'une ère nouvelle, une ère débarrassée du nucléaire. La question en jeu n'était pas la simple réduction des armes nucléaires, comme dans les accords SALT-I et II, mais plutôt l'élimination rapide de celles-ci.

La première proposition avait trait aux armes stratégiques offensives. Je déclarais que nous étions prêts à voir leur nombre réduit de moitié dans les cinq années à venir.

Ce que j'entendis en réponse, ce fut toutes sortes de remarques sur les niveaux, les sous-niveaux et autres estimations ahurissantes, le genre de points sur lesquels les délégués aux négociations de Genève avaient ruminé et ergoté des mois durant avant de se retrouver coincés dans une impasse. Je commençai à discuter mais m'aperçus bientôt que la discussion ne menait nulle part. Pour nous dégager des impasses créées durant les négociations de Genève — pas du tout accidentellement mais dans l'intention délibérée de discréditer les pourparlers et de tourner toute l'affaire en farce — j'avançai une solution simple et claire. Nous avions la triade d'armements stratégiques : les missiles balistiques terrestres, les missiles balistiques lancés de sous-marins, et les bombardiers. L'U.R.S.S. et les États-Unis disposaient des trois systèmes, même s'il existait de part et d'autre des différences d'origine historique dans nos systèmes d'armes offensives stratégiques. Eh bien, que l'on diminue de moitié l'ensemble des trois composantes, à savoir chacun des éléments de la triade, de manière juste et équitable.

Pour faciliter l'accord, nous fîmes une concession significative, en retirant notre demande antérieure d'inclure dans l'équation stratégique les missiles américains de portée intermédiaire susceptibles d'atteindre notre territoire, et les systèmes de bases avancées américaines. Nous étions également prêts à prendre en compte l'inquiétude formulée par les États-Unis à l'égard de nos missiles lourds.

Le Président approuva cette manière de voir. Mieux encore, il avança l'idée d'une élimination complète des armes stratégiques offensives au cours des cinq ans à venir, une proposition que je soutins avec fermeté.

Notre seconde proposition concernait les missiles de portée intermédiaire. Je suggérai au Président l'élimination totale des armes américaines et soviétiques de cette classe déployées en Europe. Dans ce secteur également, nous faisions de larges concessions. Nous ignorions les têtes nucléaires britannique et françaises braquées contre nous. Nous étions d'acccord pour un gel des missiles d'une portée inférieure à mille kilomètres et l'ouverture immédiate de négociations sur leur avenir, dans la perspective certaine de débarrasser définitivement le sol de l'Europe de ce type d'arme. Finalement, nous acceptions la proposition américaine de réduire nettement le nombre des missiles de portée intermédiaire déployés dans la partie asiatique de l'Union soviétique, en ne laissant qu'une centaine de têtes aux missiles basés à l'est de l'Oural en U.R.S.S. et une centaine de têtes aux missiles américains à moyenne portée sur le territoire des États-Unis. En suite de quoi, il semblait bien que l'on allait pouvoir demander à nos ministres des Affaires étrangères de se mettre à plancher sur l'ébauche d'un accord sur les missiles de portée intermédiaire.

La troisième question que je soumis au Président lors de notre première rencontre, et que nous estimions indissociable de notre ensemble de propositions, était de renforcer l'application du Traité sur les Missiles Anti-Balistiques et de parvenir à une interdiction des essais nucléaires.

J'essayai de convaincre le Président que, puisque nous cherchions à réduire les armes nucléaires, nous devions nous assurer qu'aucun des deux ne ferait quoi que ce soit pour compromettre la sécurité de l'autre camp. D'où la signification clé du renforcement du traité sur les ABM. Nous prenions également en compte le fait que le Président tenait beaucoup à l'idée d'I.D.S. Nous proposâmes que l'on indique que les recherches de laboratoire sur l'I.D.S. étaient autorisées, puis que soit résolue la question du non-recours au droit à dénoncer le traité sur les ABM durant dix ans. Le non-recours au droit à dénoncer le traité sur les ABM durant dix années était indispensable pour nous assurer que, en traitant du contrôle des armes, nous préserverions la sécurité mutuelle en prévenant toute tentative de prendre un avantage unilatéral par le déploiement de systèmes basés dans l'espace.

D'un point de vue politique, pratique et technique, ces limitations ne causaient de menace à personne. Je reviendrai sur ce point ultérieurement mais pour l'heure, j'aimerais rappeler qu'à Reykjavik, nous avons proposé au Président de nous mettre d'accord pour que nos délégations entament les négociations sur l'interdiction des essais nucléaires, sitôt conclue la rencontre dans la capitale islandaise. Nous faisions preuve là aussi de souplesse dans l'abord de ce problème, puisque nous avions déclaré que nous considérions un traité en bonne et dûe forme sur l'interdiction totale et définitive des essais nucléaires comme un processus impliquant des progrès échelonnés. Dans ce contexte, les questions prioritaires pouvaient englober la « capacité seuil » des essais nucléaires, le nombre annuel de tirs, et l'avenir des traités de 1974 et 1976. Sur cette question aussi, nous étions bien près de trouver les formules appropriées.

Je persiste à croire que la voie vers un moratoire n'est pas irrémédiablement bloquée. Le fait que nous ayons dû reprendre les essais n'est certainement pas l'indice que les États-Unis sont seuls à pouvoir écrire le scénario. Il est difficile de dire quand le réalisme prévaudra dans nos évaluations. Mais cela se produira bien un jour, peut-être à l'improviste, car la vie nous a enseigné l'humilité en ce domaine. L'histoire est riche d'exemples qui montrent à quel point la situation peut se retourner brusquement.

Ainsi donc le sommet de Reykjavik s'annonçait comme une chance d'annoncer à nos ministres des Affaires étrangères qu'ils pouvaient rédiger les grandes lignes des trois accords à signer lors du prochain sommet américano-soviétique. Mais l'occasion, si claire et palpable, de réussir une avancée sur la voie d'un compromis authentiquement historique entre l'U.R.S.S. et les États-Unis, fut ruinée en fin de compte, bien qu'elle eût été à portée de la main.

La pierre d'achoppement s'avéra être la position américaine sur le Traité ABM. Après Reykjavik, je me suis demandé quantité de fois pourquoi les États-Unis avaient éludé un accord sur le renforcement du régime d'application de ce traité à durée illimitée. Et chaque fois, la conclusion à laquelle je suis parvenu a toujours été la même : les États-Unis ne sont pas prêts à renoncer à leur espoir de parvenir à la supériorité nucléaire et cette fois, ils veulent même prendre de l'avance sur l'Union soviétique en accélérant les recherches sur l'I.D.S.

Dans ce contexte, j'aimerais rappeler encore une fois que si les États-Unis réussissent à mettre en œuvre leur Initiative de Défense Stratégique — ce dont je doute fort — la réponse soviétique ne se fera pas attendre. Si les États-Unis ne renoncent pas à l'I.D.S., nous n'allons pas leur faciliter la vie. Notre riposte sera effective, crédible, et pas trop coûteuse. Nous avons un projet expérimental pour percer l'I.D.S. sans dépenser les sommes fabuleuses dont auront besoin les États-Unis pour l'installer. Que les Américains reconsidèrent s'il est rentable pour eux de se saigner pour l'I.D.S. De toute manière, elle n'offrirait pas une protection fiable.

Mais l'I.D.S. signifie déplacer les armes vers un nouveau milieu, ce qui déstabiliserait grandement la situation stratégique. D'un autre côté, l'adhésion à l'I.D.S. révèle des intentions et des visées politiques : placer l'Union soviétique d'une manière ou de l'autre, en état d'infériorité. Ce furent ces intentions politiques, ces desseins illusoires — dominer l'URSS par le biais de l'Initiative de Défense Stratégique — qui ont empêché le sommet de Reykjavik d'être couronné par des décisions d'une portée historique.

Ronald Reagan et moi-même avons beaucoup discuté de tout ceci, et nos discussions ont été plutôt animées. J'étais sincère en disant au Président que de notre rencontre ne pourrait sortir un seul vainqueur : soit nous gagnions tous les deux, soit nous perdions ensemble.

Et pourtant, Reykjavik a marqué un tournant dans l'histoire du monde. Il a démontré de manière tangible que l'on pouvait améliorer la situation mondiale. Une situation nouvelle s'est fait jour. Désormais, plus personne ne peut agir comme nous le faisions auparavant. A Reykjavik, nous avons acquis la conviction que notre ligne de conduite était correcte et qu'un mode de pensée politique nouveau et constructif était essentiel.

La rencontre, en vérité, a fait progresser d'un échelon le dialogue américano-soviétique, et d'ailleurs le dialogue Est-Ouest dans son ensemble. Ce dialogue s'est dorénavant libéré de la confusion des détails techniques, des comparaisons de chiffres et de l'arithmétique politicienne, pour acquérir de nouveaux paramètres. Reykjavik est devenu un « lieu » privilégié d'où discerner les perspectives de solution aux questions difficiles — je songe à la sécurité, au désarmement nucléaire et à la nécessité d'empêcher que la course aux armements ne prenne de nouvelles dimensions. Reykjavik a tracé une route par laquelle l'humanité peut regagner l'immortalité qu'elle a perdue lorsque les armes nucléaires ont réduit en cendres Hiroshima et Nagasaki.

Nous avons le sentiment que la rencontre en Islande a fait date. Elle a signifié la fin d'une étape dans l'effort de désarmement et le commencement d'une autre. Nous avons brisé les anciens schémas de discussion et fait sortir le dialogue américano-soviétique de ce qui était, dirais-je, le brouillard politique et la démagogie. Durant les années de négociations, quantités de propositions lancées de part et d'autres avaient fait que les sujets de désarmement étaient devenus de l'hébreu complet même pour les dirigeants politiques — et ne parlons pas du grand public. Notre dernier programme de désarmement nucléaire est simple et compréhensible par tout le monde. Il se résume en quatre points qui tiennent en une page et demi[3]. Le grand public peut le comprendre. C'était notre objectif délibéré, pour faire en quelque sorte de l'opinion mondiale un participant à nos discussions.

*L'après-Reykjavik*

La dialectique de Reykjavik est celle-ci : le but se rapproche et devient plus palpable, tandis que la situation elle-même est devenue plus complexe et contradictoire. On voit sans peine que d'un côté, l'accord, d'une ampleur sans précédent, est à notre portée, et que de l'autre, des barrières énormes s'interposent. Car d'une manière générale, jamais encore nous n'étions arrivés si près d'un accord.

Et effectivement, il s'est avéré que sur les premier et second point de notre plateforme — les armes stratégiques et les missiles de portée intermédiaire — nous sommes parvenus à une entente, nonobstant les difficultés. Ce seul fait a grandement accru notre expérience. Nous avons mesuré les difficultés du Président et compris qu'il n'était pas libre de sa décision. Nous n'avons pas dramatisé sur le fait que le problème des ABM avait empêché Reykjavik de devenir un total succès. Nous nous sommes dit : que le Président réfléchisse à tout ce qui s'est passé, qu'il consulte le Congrès. Il faudra peut-être une autre tentative pour surmonter ce qui nous divise. Nous pouvons attendre. C'est pourquoi nous n'avons pas retiré les propositions que nous avions apportées à Reykjavik.

Reykjavik nous aura permis de faire nettement le point. La situation exige une réflexion claire et l'approche ne doit pas être simplificatrice. En aucune manière, je ne qualifierai Reykjavik d'échec. Ce fut une étape dans un dialogue long et difficile, dans la recherche de solutions qui doivent être à grande échelle. Alors seulement un accord sera possible. De Reykjavik, nous avons tiré la conclusion que la nécessité du dialogue s'était accrue. C'est pourquoi, après Reykjavik, je suis même encore plus optimiste.

Le texte de ce livre était déjà sur le bureau de l'éditeur quand Edouard Tcheverdnadze et George Shultz sont convenus à Washington qu'un accord sur les missiles à courte et moyenne portée serait élaboré rapidement et signé avant la fin de l'année. Cela constituera le premier pas capital vers le désarmement. Et ce sera en outre un résultat pratique du sommet de Reykjavik, preuve qu'il s'agissait bien d'une rencontre historique, d'un moment décisif. Et ainsi, aurons-nous la réponse à une question que j'avais souvent posée à l'époque : le monde est-il devenu plus sûr depuis Reykjavik ?

D'aucuns ont tenté d'expliquer le drame de Reykjavik (la situation était effectivement dramatique) comme si toute l'affaire tenait à un seul mot et aurait capoté à cause de celui-ci. Non, ce fut une question de principe. Nous avions fait de grands pas pour rencontrer le camp d'en face, mais nous ne pouvions accepter une concession qui eût compromis la sécurité de notre État. De retour à Moscou, j'ai parlé à deux reprises des résultats de Reykjavik et pas seulement pour restaurer la vérité que l'on était en train de déformer. Mon but était avant tout de déterminer la prochaine étape. J'avais dit à l'époque, et j'en reste convaincu, que l'insuccès de Reykjavik était dû à deux erreurs de conception stratégique, typique de certains milieux occidentaux.

Primo, que les Russes ont peur de l'I.D.S. et par conséquent seraient prêts à toutes les concessions. Et secundo, que nous avons un plus grand intérêt au désarmement que les États-Unis. Ces sentiments ont eu leur impact sur le cours des pourparlers de

Reykjavik. Nous ne tardâmes pas à pressentir ce qu'on attendait de nous : la délégation américaine était arrivée sans programme défini et n'était venue que pour grapiller quelques avantages.

Les partenaires américains nous poussèrent avec entêtement dans la voie stérile des discussions déjà entreprises par nos délégations aux pourparlers de Genève. Nous, de notre côté, nous désirions voir les principes acquis au sommet de Genève mis en pratique et traduits dans les faits. En d'autres termes, nous voulions donner une impulsion au processus d'élimination des armes nucléaires.

Certes, toutes les discussions précédentes avaient traité de la limitation des armes nucléaires. Mais cette fois, il s'agissait de leur réduction *et* de leur élimination. Cela étant, il devenait indispensable d'obturer toutes les ouvertures afin de déjouer les manœuvres de débordement visant à garantir une supériorité. C'est pourquoi le point-clé s'avérait le respect du Traité ABM. La position américaine à Reykjavik sur la question montra clairement que le camp américain n'avait pas renoncé à ses visées de suprématie. Mais il se trouva manquer à la fois du sens de la responsabilité et de la détermination politique pour franchir ce seuil car c'eût été s'affranchir de l'influence du complexe militaro-industriel.

Quoi qu'il en soit, nous ne considérons pas la cause perdue. Nous partons de la certitude que Reykjavik a ouvert de nouvelles chances permettant à tous — les Européens, les Américains et nous — de voir ce qui se passait. Une chose est claire pour nous, en tout cas : puisque les Américains veulent se débarrasser du Traité ABM et poursuivre l'I.D.S. — qui est un instrument de domination — alors, il est nécessaire d'avoir des propositions globales où tout est interconnecté. Et nous souhaitons être justes : en avançant ces propositions globales, nous avons voulu montrer au monde que l'I.D.S. constituait l'obstacle principal à un accord sur le désarmement nucléaire.

Le temps qui s'est écoulé depuis Reykjavik a été hautement instructif. Les milieux militaristes ont créé une véritable panique. Ils ont essayé, et essaient encore, d'accumuler les obstacles les plus absurdes sur la voie du processus ouvert à Reykjavik, pour le faire tourner court par tous les moyens. On a débité toutes sortes d'histoire au sujet de nos discussions à Reykjavik et fait tous les efforts possibles pour dissimuler que le camp américain s'y était rendu les mains vides, préparé simplement à grapiller des concessions soviétiques.

Toutes sortes de choses se sont produites dans les jours, les semaines et les mois — aujourd'hui presque un an — depuis Reykjavik. J'ai choisi d'appeler un chat un chat : le gouvernement américain a en fait mis le cap vers une négation des résultats de Reykjavik. Aucun de ses agissements ne laisse le moindre doute à ce sujet. Nous avons vu les États-Unis commencer à embrouiller les choses concernant la réalité de ce qui s'était passé à Reykjavik, et l'Europe occidentale être balayée par un véritable vent de panique.

Mais le principal reste les activités des États-Unis. Je veux parler du fait que les États-Unis aient dépassé les limites du traité SALT-II en déployant leur 131e bombardier stratégique équipée de missiles de croisière. Plus encore, je veux parler des débats tonitruants au sein du gouvernement américain en faveur d'une prétendue « interprétation large » du traité ABM. Et dans les premiers mois de 1987, nous avons appris de Washington qu'il était temps pour les Etats-Unis de commencer à déployer les premières composantes de l'I.D.S. dans l'espace.

Les pourparlers de Genève progressaient également au ralenti. Il y eut des tentatives pour nous ramener en arrière, et ces fameux niveaux et sous-niveaux furent de nouveau remis sur le tapis. Dans un but de propagande, le tout fut enveloppé de remarques sur la fermeté et l'obstination soviétique; on prétendit que l'URSS présentait ses propositions groupées et empêchait ainsi les solutions là où elles étaient déjà possibles.

Qu'étions-nous supposés faire ? Réagir d'une manière similaire ? Mais rien de bon ne sortira jamais d'une telle attitude.

Nous n'avons pas suivi l'« exemple » américain mais dit au contraire que nous continuerions d'honorer nos engagements nés du Traité SALT-II. Un bombardier de plus ou de moins, peu importe dans le contexte de l'équilibre stratégique actuel entre l'URSS et les États-Unis. La violation par Washington du Traité SALT-II était de nature plus politique que militaire. C'était une sorte d'« invite » à l'Union soviétique à régresser à l'époque d'avant Reykjavik.

Nous avons gardé notre sang-froid quant aux États-Unis, des groupes de droite ont parlé d'accélérer l'I.D.S. et de tester et même déployer immédiatement les systèmes ABM basés dans l'espace.

Quant aux discussions sur les propositions groupées soviétiques, je persiste à croire que, si les États-Unis avaient accepté cette proposition en bloc, avec éventuellement des précisions et certaines modifications, on aurait accompli des progrès considérables. Plus tôt encore, cette proposition groupée incluait des dispositions pour limiter et prévenir la militarisation de l'espace. Ces domaines sont indissolublement liés. C'est de la coordination stratégique. S'il n'y a pas de restrictions radicales pour empêcher la course aux armements dans l'espace, il n'y aura pas de réduction de armes stratégiques offensives. Ce doit être absolument clair pour tout le monde.

A Reykjavik, nous avons inclus dans la proposition groupée la question des missiles de portée intermédiaire parce que nous voulions restreindre la course aux armements dans toutes les directions clés simultanément. En même temps, je le répète, nous voulions attirer l'attention sur l'I.D.S. pour que le monde entier voie bien qu'elle constituait l'obstacle principal dans la voie du désarmement nucléaire. De nombreux hommes politiques occidentaux nous ont critiqués et condamnés pour avoir réintroduit les missiles de portée intermédiaire dans la proposition groupée. Je sais que divers secteurs de l'opinion publique sont également en désaccord avec nous. Je persiste à croire que nous pris la décision juste.

*Le Forum de Moscou et les missiles de portée intermédiaire*

Le Forum de Moscou « pour un monde dénucléarisé et la survie de l'humanité » m'a fait une très profonde impression et il en fut de même des autres dirigeants soviétiques. Nous avons pris conscience avec acuité des sentiments de l'opinion mondiale : son anxiété et son inquiétude sur le sort de Reykjavik, sur le fait que, peu après ce sommet, l'Union soviétique avait dû suspendre son moratoire unilatéral sur les essais nucléaires, que les États-Unis sapaient le Traité SALT-II et que le Traité ABM était menacé. Nous autres en Union soviétique, nous avons beaucoup réfléchi et décidé de faire un nouveau pas pour revivifier les pourparlers de Genève et parvenir à une réorientation positive du désarmement. Ce que j'avais en tête, c'était le découplage du cadre des propositions globales de la question des missiles de portée intermédiaire.

Et qu'est-il arrivé ?

Exactement comme après Reykjavik, le camp de l'OTAN a fait sonner l'alarme. En réponse à notre nouveau pas vers l'Ouest et sous les yeux de tous, les sphères dirigeantes de l'OTAN se sont mises à se désolidariser de positions qui tenaient depuis longtemps, rejetant leur propre option zéro ou l'éludant avec toutes sortes de conditions. Ils allèrent même jusqu'à suggérer un renforcement des arsenaux nucléaires en Europe par le déploiement de missiles américains à courte portée, au lieu de réduire de tels arsenaux.

Nous entendîmes également les déclarations suivantes : l'Ouest n'accordera crédit aux propositions soviétiques de réduction des armements que si l'URSS change son système politique, si elle prend pour modèle la société occidentale. C'est tout bonnement ridicule.

Après Reykjavik et plus particulièrement après notre proposition d'accord séparé sur les missiles de portée intermédiaire, les milieux de l'OTAN ont organisé toute une campagne d'intoxication sur l'impossibilité d'assurer la paix en Europe sans armes nucléaires.

J'ai eu un vif débat à ce sujet avec Mme Thatcher. Elle prétendait que les armes nucléaires britanniques étaient l'unique moyen de garantir la sécurité du Royaume-Uni dans l'éventualité d'un conflit conventionnel en Europe. C'est une philosophie de l'échec. J'ai répondu au premier Ministre britannique : « Quand vous jurez que les armes nucléaires sont un bienfait et que les États-Unis et l'URSS peuvent bien réduire le niveau de celles-ci pourvu que la Grande-Bretagne continue à faire bande à part, il ne devient que trop patent que nous avons devant nous un ardent supporter des armes nucléaires. Supposons que l'on engage le processus de désarmement, que l'on retire d'Europe les missiles de portée intermédiaire et réduise de 50 % ou tout autre pourcentage les armes stratégiques offensives, tandis que vous continuez à renforcer votre force nucléaire. Avez-vous songé à l'image que vous aurez dans l'opinion publique mondiale ? »

J'ai cru de mon devoir de rappeler que la Grande-Bretagne avait été partie prenante dans les négociations trilatérales sur l'interdiction totale et généralisée des essais nucléaires avant de perdre tout intérêt pour ces négociations. Nous avons observé pendant dix-huit mois un moratoire sur les essais nucléaires, ce qui n'était pas le cas de la Grande-Bretagne.

L'existence des armes nucléaires est lourde d'un risque permanent d'imprévisibilité. Si nous suivons la logique consistant à dire que les armes nucléaires sont un bienfait et une garantie fiable de sécurité, alors adieu également au traité de non-prolifération nucléaire. D'autant que des dizaines d'États ont aujourd'hui la capacité scientifique, technique et matérielle de construire leur propre bombe. Quel droit moral ont les actuelles puissances nucléaires de refuser qu'il en soit de même pour, disons, le Pakistan, Israël, le Japon, l'Afrique du sud, le Brésil ou tout autre pays ? Mais dans ce cas, que deviendrait le monde et que deviendraient les relations internationales ?

Examinant la situation, le Bureau politique du Comité central du PCUS a confirmé la direction soviétique dans sa réprobation catégorique de l'attitude prétendant qu'on ne peut mener les affaires internationales et garantir la sécurité nationale qu'en s'appuyant sur les armes nucléaires.

Revenons à présent à la question des missiles de portée intermédiaire. Strictement parlant, c'est le président Reagan qui a proposé l'option zéro pour l'Europe. Helmut Schmidt revendique également le droit exclusif à cette idée. Sans doute, Schmidt fut-il le premier à avancer cette proposition lorsqu'il était Chancelier de la République fédérale d'Allemagne. A Reykjavik, le Président et moi avons trouvé une solution et l'avons pratiquement menée jusqu'au stade de l'accord. Aujourd'hui, elle peut se concrétiser. Un journal d'Allemagne de l'Ouest a écrit qu'un certain nombre de gens en Allemagne fédérale insistaient pour qu'on prenne au mot Gorbatchev. Mais qu'ayant admis l'option, c'est Gorbatchev qui les avait pris au mot. Eh bien, poursuivait l'article, qu'ils nous prouvent maintenant que leur option zéro n'était pas plus une parole en l'air dont ils comptaient bien que les Russes la repousseraient de toute manière. J'ai bien ri en lisant cela. Et puis, je me suis dit : bon, peut-être que l'article a raison après tout.

Le problème des missiles de portée intermédiaire pourrait également se résoudre. Nous sommes pour l'élimination de ces missiles. Voyons maintenant le déroulement des événements. En avril 1987, George Shutz est arrivé à Moscou et a essayé de nous convaincre que les États-Unis devaient avoir le droit de renforcer leur arsenal en déployant un certain nombre de missiles de cete catégories jusqu'à ce que l'Union soviétique ait éliminé totalement ses propres missiles.

C'est une logique étrange, une logique renversée. Nous sommes disposés à éliminer les missiles de portée intermédiaire en cours de retrait de la R.D.A. et de la Tchécoslovaquie et nous sommes prêts ensuite à éliminer le reste de ceux-ci. Mais quand nous avons avancé cette proposition, l'OTAN s'est remise à pinailler comme un chat autour d'une écuelle trop chaude : l'histoire se répète.

Ceci, toutefois, ne nous a pas découragés. Ayant examiné avec soin la situation née des pourparlers de Genève durant le printemps et le début de l'été, et tenant compte de la voix de l'opinion européenne et asiatique, nous avons pris une autre mesure décisive.

Le 22 juillet 1987, j'ai annoncé, au nom de la direction soviétique, que l'URSS était prête à éliminer également tous les missiles de portée intermédiaire de la partie asiatique de son territoire. Cela résoudrait la question du maintien des cent têtes nucléaires montées sur des missiles de portée intermédiaire sur laquelle nous étions tombés d'accord avec le Président américain à Reykjavik, et qui devait être rediscutée par nos délégués à Genève. Naturellement, ceci à la condition que les États-Unis fassent de même. Les missiles à courte portée seront également éliminés. En un mot, l'Union soviétique est prête à mettre en œuvre l'option globale double zéro.

La conscience claire, nous disons : l'Union soviétique a fait tout ce qui était en son pouvoir pour donner naissance au premier accord capital sur l'élimination non pas d'une, mais de deux catégories d'armes nucléaires.

Mais combien de barrières n'a-t-on pas dressées et mises en travers de la voie d'un accord ! Quel course d'obstacle pour que la raison et le bon sens finissent par prévaloir sur la folie nucléaire !

Alors, qu'on juge de notre sentiment quand, ayant accepté l'« option double zéro », on nous dit que soixante-douze missiles Pershing 1A resteraient sur le territoire de la République fédérale d'Allemagne et qu'un nombre équivalent de têtes nucléaires américaines devraient rester pour équiper ces missiles. Il s'avérait en fin de compte que tout ce qui avait été fait — le statut dénucléarisé de la R.F.A., le Traité sur la non-prolifération des armes nucléaires et le principe d'égalité des parties concernées —, tout était bon à jeter. Mais si, les choses prenant cette tournure, la R.D.A., la Tchécoslovaquie ou la Pologne nous demandaient de leur donner quelque chose pour contrebalancer le complexe de missiles nucléaires américano-germanique ? Alors quoi ? Devrions-nous accepter une situation dans laquelle la course aux armements, après s'être vu barrer la voie, reprendrait par un autre chemin ?

Je répondis au ministre des Affaires étrangères américain : « Nous croyez-vous vraiment assez faibles pour être prêts et disposés à courtiser sans cesse votre gouvernement ? Ou croyez-vous peut-être que nous sommes les seuls intéressés par le développement des relations américano-soviétiques et que le camp américain n'a par conséquent aucun effort à faire de son côté ? Si tel est le cas, c'est une illusion, une illusion extrêmement dangereuse. Je vous le dis tout net, sans circonlocutions diplomatiques. »

Le monde est malade et fatigué de la tension. Les gens attendent avec impatience une chance de voir s'améliorer la situation et réduire le danger de guerre. L'Union soviétique a fait des concessions sans précédent pour permettre à une telle chance d'émerger. Si l'on manque cette chance, toute la politique mondiale en sera marquée.

Mais à vrai dire, pourquoi faut-il que l'Union soviétique montre une telle hâte en la matière, peut-on nous demander. Car après tout, nous aurions à éliminer plus de missiles de portée intermédiaire que l'Ouest et faire à peu près de même avec les missiles à courte portée. Qu'est-ce qui nous aiguillonne ? Il n'y a qu'une seule chose qui nous fait nous hâter : c'est la claire compréhension de la nécessité d'agir, de prendre des mesures concrètes pour que s'enclenche effectivement le processus de désarmement; même si c'est avec lenteur, même si c'est fonction des circonstances particulières, mais qu'au moins il s'enclenche.

Il faut rechercher des solutions aux problèmes cruciaux dans toutes les discussions, toutes les réunions, et par-dessus tout, aux pourparlers de Genève. Nous y prêtons une attention considérable. Je pense que le lecteur sait maintenant ce que nous avons fait pour que des progrès s'y accomplissent.

Et nous ne voulons pas simplement mener des négociations. Je dois déclarer ouvertement que le simple fait que des négociations se déroulent suffit à certaines personnes en Amérique. Mais cela ne nous suffit pas. Il est bon que des discussions se poursuivent. Mais il est essentiel d'avancer quelque part pour faire des progrès, parvenir à des accords et donner aux gens en Union soviétique, en Amérique et dans le monde entier, à travers les accords de Genève, la solution qui supprimera la menace nucléaire et ouvrira la voie au désarmement.

C'est à quoi nous nous employons. Si les pourparlers servent de paravent à la poursuite de tous les programmes militaires et à l'escalade des budgets de défense, alors nous sommes contre, résolument contre. Ce serait une méthode inacceptable.

Bien sûr, il n'est pas facile de changer les méthodes sur lesquelles les relations Est-Ouest se sont bâties depuis cinquante ans. Mais le nouveau monde frappe littéralement à notre porte. Nous autres, la génération actuelle des dirigeants politiques, nous devons y prêter attention. Malheureusement, de nombreux hommes politiques sont encore hypnotisés par les complexes et les stéréotypes anciens.

Le temps est venu de faire un choix. Nous devons tous passer l'épreuve de la bonne volonté, du courage politique et du bon sens. Il est clair qu'une solution heureuse aux problèmes liés aux missiles à courte et moyenne portée revêtira une grande signification et qu'elle aura d'importantes conséquences sur le processus de désarmement dans son entier. Ce serait un facteur pour renforcer cette confiance dont on a si cruellement besoin.

Naturellement, nous continuerons de négocier sur les armements stratégiques et leur réduction. Il existe grosso modo une égalité et une parité entre les États-Unis et l'URSS en termes de puissance et de potentiel des forces stratégiques. J'ai plus d'une fois entendu les Américains dire que les États-Unis considéraient nos missiles balistiques intercontinentaux comme une menace particulière. Nous voyons dans les missiles lancés de sous-marins américains une menace bien plus grande car ils sont moins vulnérables, et coiffés en outre d'ogives multiples guidables indépendamment vers leur objectif et sont d'une extrême précision. Nous discernons une autre menace dans les nombreuses bases militaires qui cernent l'URSS. Quoi qu'il en soit, il existe une parité stratégique entre nous. Par conséquent, puisque cette parité stratégique est assurée aujourd'hui au sein de la structure actuelle et avec le stock actuel d'armes stratégiques offensives, l'équilibre serait maintenu après une réduction de cinquante pour cent, il serait simplement à un niveau plus bas. Et cela changerait la situation du tout au tout. C'est ce que j'ai suggéré au président Reagan à Reykjavik : réduire de cinquante pour cent toute la triade et chacune de ses composantes. Cela aurait constitué une réussite décisive.

Bien entendu, le Traité ABM doit être respecté fidèlement. Pour ce qui est de l'I.D.S., nous n'émettons pas d'objection à une recherche dans les limites de laboratoires, instituts, usines et périmètres d'essai. Notre proposition, d'ailleurs, prend en compte les cinq à huit points auxquels tiennent les États-Unis dans le cadre de leur approche de l'I.D.S. Laissons donc les spécialistes en discuter ensemble, faire le tri et voir quelles composantes peuvent être ou non déployées dans l'espace. Nos propositions de compromis fournissent une bonne occasion de parvenir à une solution.

L'Union soviétique a pris des mesures décisives pour créer une nouvelle situation et de nouvelles opportunités pour améliorer les relations américano-soviétiques et les rendre plus dynamiques. Aucun des gouvernements précédents au cours des décennies passées n'a eu de telles chances d'améliorer les relations avec l'URSS. Et alors ? Eh bien, il n'y a pas de quoi pavoiser ! Nous n'avons pas avancé d'un pouce jusqu'à présent.

Et le temps presse. Nous sommes convaincus que soit nous parviendrons à un accord, soit il ne nous restera plus qu'à jeter des brindilles dans le faible foyer des relations américano-soviétiques pour l'empêcher de s'éteindre tout-à-fait.

Nous avons engagé les mesures nécessaires pour débarrasser notre politique des préjugés idéologiques. L'Occident doit en faire de même. Il doit, avant tout, se défaire de l'illusion que l'Union soviétique a plus besoin du désarmement que l'Ouest et qu'une petite pression suffirait à nous faire renoncer au principe d'égalité. Nous ne le ferons jamais.

On peut les retourner dans tous les sens, toutes les propositions soviétiques envisagent une égalité et un équilibre à tous les stades. Ceci concerne les armes nucléaires, les armes conventionnelles et les armes chimiques, sur n'importe quel secteur géographique : l'Est, l'Ouest, l'Europe et l'Amérique. Nous préparons scrupuleusement nos propositions, partant du principe qu'aucun pays n'accepterait d'agir au détriment de sa sécurité.

Quand nous soumettons nos propositions aux négociations, par exemple aux pourparlers de Genève ou bien d'ailleurs, nous partons du principe que si nous ne prenons en compte que les seuls intérêts de l'Union soviétique en ignorant ceux du partenaire, on n'aboutira jamais à aucun accord. Nous invitons le camp américain à faire de même — à nous traiter de la même manière, car nous ne tolèrerons jamais une supériorité du camp adverse ou des atteintes à notre sécurité. Pas plus que nous ne voulons porter préjudice à la sécurité des États-Unis. Si chaque partie agit de la sorte, les avancées les plus décisives dans tous les domaines de la coopération américano-soviétique seront possibles.

Bien entendu, nous pouvons attendre qu'une

nouvelle équipe vienne au pouvoir mais nous aimerions mieux nous entendre avec celle-ci. Nous avons déjà avancé; il y a des contacts personnels et une certaine compréhension mutuelle. Nous attachons la plus grande importance à l'instauration d'un climat normal dans lequel il serait possible enfin de progresser vers un accord. Mais le camp américain ne cesse de trébucher. Pis encore, chaque fois que nous faisons un pas en direction de Washington, les forces contraires font tout pour compliquer la question et bloquer le mouvement en intensifiant leur activité.

L'une des dernières illustrations de ce fait est l'affaire des écoutes dans les Ambassades. J'ai suggéré à George Shultz une nouvelle conception : admettre que les principaux espions étaient Tcheverdnadze et lui ! Et que nos ambassadeurs à Moscou et à Washington étaient eux aussi des espions : ne sont-ils pas en poste précisément pour informer leur pays de l'état des affaires et des intentions de l'autre ? Toute cette agitation sur l'espionnite dans les ambassades était absurde. Nous connaissons tout ce qu'il y a d'important à savoir concernant les États-Unis et les États-Unis savent tout sur nous. Cette fois-ci, le coup des espions a été monté parce que c'est devenu une règle : dès lors que des contours définis deviennent visibles, dès qu'apparaît la possibilité de dénouer un point de nos relations, on trouve aussitôt un truc ou une ruse quelconque pour la torpiller.

Je sais qu'on a émis plusieurs hypothèses fausses sur l'attitude de la direction soviétique à l'égard du président Ronald Reagan. J'ai un certain nombre d'impressions personnelles sur le Président. Nous nous sommes rencontrés à deux reprises et nous avons parlé de nombreuses heures. D'après moi, il s'est instauré entre nous un dialogue sérieux, malgré toutes les difficultés. Parfois, nous nous disons des choses désagréables et nous les disons même en public et en termes assez vifs. Pour ma part, je dirai que nous allons poursuivre nos efforts. Nous rechercherons la coopération et le dialogue productif quels que soient le Président et l'équipe élus par le peuple américain. Elire un Président — démocrate ou républicain — est l'affaire des Américains. Je répète que nous coopérerons avec l'équipe à qui le peuple américain aura confié le gouvernement de son pays. J'estime que dans tous les cas on devrait agir de la sorte. Que les Américains vivent à leur guise dans leur pays et nous vivrons en Union soviétique comme nous le désirons. Et ne divisons jamais la liste des hommes politiques en préférés ou non préférés, en respectés ou non respectés. Il y a des réalités et l'on doit en tenir compte. Sinon, la politique tourne à l'improvision, aux basculements d'un extrême à l'autre, à l'imprévisibilité. Ce serait une erreur d'agir de la sorte, tout particulièrement dans les relations entre des États tels que les États-Unis et l'Union soviétique. C'est une affaire trop grave.

Il est fondamental que l'Union soviétique comme les États-Unis partent de la conviction que nous devons réussir à nous entendre, que nous sommes tenus d'apprendre à vivre en paix.

Un vaste travail d'une importance historique attend l'Union soviétique et les États-Unis. Aucun de nos deux pays ne sera capable de l'accomplir seul. Je veux parler de la question qui s'impose à notre époque : conjurer la menace de la destruction de l'humanité dans une guerre nucléaire. Si ce travail est accompli avec succès, on a tout lieu de présager un épanouissement des relations américano-soviétiques, un « âge d'or » qui profiterait à l'URSS et aux États-Unis, à tous les pays et à la communauté mondiale dans son entier.

## NOTES DU CHAPITRE VII

1 Les essais dans l'espace, dans l'atmosphère, et sous-marins. *(N.d.T.)*

2 Nous voyons comme suit les principes fondamentaux de ce système :

*1. Dans le domaine militaire :*

a) renonciation par les puissances nucléaires à la guerre — nucléaire et conventionnelle — entre elles ou contre des pays tiers;

b) interdiction de la course aux armements dans l'espace, cessation de tous les essais d'armes nucléaires et destruction totale de telles armes, bannissement et destruction des armes chimiques et renonciation à mettre au point d'autres moyens de destruction massive;

c) réduction strictement contrôlée du niveau des capacités militaires des pays jusqu'à des limites raisonnablement suffisantes;

d) démantèlement des alliances militaires et, en première étape dans cette voie, renonciation à leur élargissement et à la formation de nouvelles;

e) réduction équilibrée et proportionnée des budgets militaires.

*2. Dans le domaine politique :*

a) respect strict dans les pratiques internationales du droit des peuples à choisir les voies et les modalités de leur développement en toute indépendance;

b) règlement politique juste des crises internationales et des conflits régionaux;

c) élaboration d'une série de mesures destinées à bâtir la confiance entre les États et création de garanties effectives contre les attaques de l'extérieur et pour l'inviolabilité de leurs frontières;

d) élaboration de méthodes effectives pour prévenir le terrorisme international, y compris celles assurant la sécurité des communications internationales terrestres, maritimes et aériennes;

*3. Dans le domaine économique :*

a) exclusion de toute forme de discrimination dans les pratiques internationales, renonciation à la politique de blocus et de sanctions économiques si elle n'est pas directement envisagée dans le cadre de recommandations de la communauté internationale;

b) recherche commune des moyens justes de régler le problème de la dette;

c) instauration d'un nouvel ordre économique mondial garantissant une égale sécurité économique pour tous les pays;

d) élaboration de principes pour l'utilisation d'une partie des fonds dégagés par la réduction des budgets militaires pour le bien de la communauté mondiale et d'abord des nations en voie de développement;

e) conjugaison des efforts pour explorer et exploiter l'espace de manière pacifique, et pour résoudre les problèmes globaux dont dépend le destin de la civilisation.

*4. Dans le domaine humanitaire :*

a) coopération dans la dissémination des idées de paix, de désarmement et de sécurité internationale; renforcement de la circulation d'informations générales objectives et multiplication des contacts entre les peuples afin d'apprendre à mieux se connaître; renforcement de l'esprit de compréhension mutuelle et de concorde dans leurs relations;

b) extirpation du génocide, de l'apartheid, de l'apologie du fascisme et de toute forme d'exclusion raciale, nationale ou religieuse, ainsi que de la discrimination exercée de ce fait à l'égard des individus;

c) extension — dans le respect des lois de chaque pays — de la coopération internationale pour la mise en œuvre des droits politiques, sociaux et personnels des individus;

d) solution dans un esprit humain et positif des questions liées à la réunion des familles, au mariage, et promotion des contacts entre individus et entre organisations;

e) renforcement et recherche de nouvelles formes de coopération dans la culture, les arts, les sciences, l'éducation et la médecine.

Et maintenant, il est temps de conclure... Simplement, en quelques mots.

J'ai la profonde conviction que ce livre n'est pas encore fini, qu'il ne peut pas l'être. Il devrait se compléter avec des actes, des actions pratiques destinés à aboutir aux objectifs que j'ai essayé, avec franchise, de décrire dans ces pages.

La restructuration n'a rien pour nous d'une sinécure. Nous jugeons de manière critique chaque étape franchie, nous nous mettons nous-mêmes à l'épreuve des résultats pratiques, et sommes pertinemment conscients que ce qui paraît acceptable et suffisant aujourd'hui peut être dépassé demain.

Les deux ans et demi écoulés nous ont apporté beaucoup. Les années, peut-être même les mois qui viennent, verront se produire de nouveaux et surprenants changements. Dans le cadre de la restructuration, nous élargissons et clarifions nos notions sur le passé, le présent et l'avenir du socialisme. Nous nous redécouvrons. Nous l'avons fait et nous continuons de le faire, je l'ai déjà dit, non pas pour frapper l'imagination, non pas pour nous « attirer la sympathie » ou recueillir des louanges. Nous sommes mûs par les idées de la Révolution d'Octobre 1917, les idées de Lénine, les intérêts du peuple soviétique.

Nous croyons que les fruits de la restructuration seront également bénéfiques aux relations internationales, y compris les relations américano-soviétiques. La nouvelle mentalité politique est un impératif de notre temps.

Grands sont les dangers auxquels doit faire face l'humanité. Les éléments de confrontation ne manquent pas mais les forces désireuses et capables de stopper et surmonter cette confrontation sont en train de gagner en force et en portée sous nos yeux mêmes.

Passer du soupçon et de l'hostilité à la confiance, de l'« équilibre de la terreur » à celui de la raison et de la bonne volonté, d'un égoïsme étroit et nationaliste à la coopération — voilà ce que nous préconisons. C'est le but de nos initiatives de paix, et pour cela, nous continuerons d'œuvrer, inlassablement.

Il existe dans le monde une grande soif de compréhension mutuelle et de communication. Elle est ressentie dans les milieux politiques et gagne du terrain parmi l'intelligentsia, auprès des représentants de la culture et du public en général. Et si le mot russe « perestroïka » est si facilement entré dans le lexique international, ce n'est pas dû au simple intérêt pour ce qui est en train de se passer en Union soviétique. Aujourd'hui, le monde entier a besoin d'une restructuration, à savoir un développement progressif, un changement fondamental.

Les gens le ressentent et le comprennent. Ils doivent trouver leur cap, appréhender les problèmes qui assaillent l'humanité, réaliser comment il faudrait qu'ils vivent à l'avenir. La restructuration est une nécessité pour un monde submergé par les armes nucléaires; pour un monde tourmenté par des problèmes économiques et écologiques sérieux; pour un monde affligé du fléau de la pauvreté, du retard et de la maladie; pour une race humaine, enfin, confrontée à l'urgence d'assurer sa propre survie.

Nous sommes tous les élèves d'un maître qui s'appelle la vie, le temps. Je crois que de plus en plus de gens en viendront à comprendre qu'à travers la RESTRUCTURATION au plein sens du terme, l'intégrité du monde sera renforcée. Ayant reçu l'approbation de notre maître principal — la vie — nous entrerons dans le XXI^e^ siècle bien préparés et sûrs que naîtront encore de nouveaux progrès.

Nous voulons voir la liberté régner sans partage au siècle qui vient, dans le monde. Nous voulons voir se développer sans entraves une compétition pacifique entre les différents systèmes sociaux, encourager une coopération mutuellement profitable plutôt que la confrontation et la course aux armements. Nous voulons que les gens de tous les pays jouissent de la prospérité, du bien-être et du bonheur. La route qui y mène passe par l'instauration d'un monde dénucléarisé, non violent. Nous sommes embarqués sur cette route et invitons tous les autres pays et nations à nous y rejoindre.

# TABLE DES MATIÈRES

---

*Achevé d'imprimer à la S.E.P.C. à Saint-Amand-Montrond en octobre 1987*

Dépôt légal : novembre 1987. — N° d'édit. 11431. — N° d'imp. 2054